浙江师范大学出版基金资助

Publishing Foundation of Zhejiang Normal University

Historical Thinking and Other
Unnatural Acts:

Charting the Future of Teaching the Past

历史思维

描绘历史教育的未来

[美]萨姆·温伯格◎著

张禄佳　王　婷　张朝阳◎译

乔建华◎校

TEMPLE
UNIVERSITY PRESS

ZHEJIANG UNIVERSITY PRESS
浙江大学出版社
·杭州·

图书在版编目(CIP)数据

历史思维：描绘历史教育的未来／（美）萨姆·温伯格著；张禄佳，王婷，张朝阳译. —杭州：浙江大学出版社，2023.6

书名原文：Historical thinking and other unnatural acts：charting the future of teaching the past

ISBN 978-7-308-23953-0

Ⅰ.①历… Ⅱ.①萨… ②张… ③王… ④张… Ⅲ.①历史教学－教育心理学－研究 Ⅳ.①K－4

中国国家版本馆 CIP 数据核字（2023）第 111784 号

Temple University Press，Philadelphia 19122

浙江省版权局著作权合作登记图字：11－2023－272

历史思维：描绘历史教育的未来

（美）萨姆·温伯格 著

张禄佳 王 婷 张朝阳 译 乔建华 校

策划编辑	吴伟伟
责任编辑	陈 嬿
文字编辑	刘婧雯
责任校对	丁沛岚
封面设计	雷建军
版权支持	谢千帆
出版发行	浙江大学出版社
	（杭州市天目山路 148 号 邮政编码 310007）
	（网址：http://www.zjupress.com）
排 版	浙江大千时代文化传媒有限公司
印 刷	广东虎彩云印刷有限公司绍兴分公司
开 本	710mm×1000mm 1/16
印 张	19.5
字 数	253 千
版 印 次	2023 年 6 月第 1 版 2023 年 6 月第 1 次印刷
书 号	ISBN 978-7-308-23953-0
定 价	78.00 元

版权所有 侵权必究 印装差错 负责调换

浙江大学出版社市场运营中心联系方式 （0571）88925591；http://zjdxcbs.tmall.com

序

　　我们每个人都出生在自己的家庭中,听着父母和祖父母给我们讲的出生前的故事长大。这些故事成为塑造我们的不可或缺的部分。

　　然而,当这些故事彼此之间发生冲突时怎么办呢? 我们来思考这样一个例子:关于我们出生的故事。父亲记得你出生在午夜刚过的凌晨时分,当你刚刚来到这个世界的时候,他透过医院的窗户看到一轮满月,认为这是你降生的好兆头。但是,你的母亲却说这是无稽之谈。她回忆起分娩时太阳已经出来了,灿烂的阳光充满了房间。姑姑证实了你母亲的说法,而叔叔却说你父亲是对的。你该相信谁呢?

　　当故事出现不一致时应该如何处理,这是历史思维的核心。我们怎样才能更接近真相,明确我们出生时的情况呢? 有人拍过照片吗? 从哪里可以找到这些照片? 照片上有时间标记吗? 医院里存有记录我们出生时间的档案吗? 你出生时还有其他家庭成员在场吗? 他们又怎么说?

　　上述这些要素共同构成了史学家所说的证据。而事实上,我们需要一系列的证据来帮助我们在互相矛盾的解释中做出裁决。在这个例子中,证据能帮助我们判断究竟是父亲还是母亲的描述更为可信。

　　你手上的这本书,从多个不同的角度探讨了历史思维的诸多课题。本书最基本的观点是历史思维并非与生俱来，必须被教授才可获得。历史思维是一种严谨的思维形式，用来找到历史中存在的疑问并确定解决这些问题的证据。本书的各章节描述了具有不同知识和技能水平的人们——学生、教师和历史学家是如何应对那些复杂而又难以确定的历史问题的。

我邀请您参与到这些历史问题的探索中来，希望您能在阅读过程中提高自身提出富有洞察力的问题的能力，并最终提升您的历史思维能力。

萨姆·温伯格

2023 年 3 月 31 日

前言　走进历史思维

请考证下面这句引文的原始出处：

> 哪怕是美国历史上最简单、最引人关注的历史常识，学生也只能拿到 33 分的成绩，任何美国高中都不会引以为荣。

上述关于美国高中学生历史知识水平的描述来自：

（1）拉维奇（Ravitch）和芬恩（Finn）在 1987 年发布的《全美教育进展评估报告》（National Assessment of Educational Progress）。在这份报告中，他们指出历史考试成绩显示学生面临着因无知而"残缺"的风险，主要因为他们忽视了在步入成年、成为真正公民及为人父母阶段所应具备的常识。

（2）1976 年，《纽约时报》发表了关于美国年轻人的调查报告，标题为"时报调查测试表明美国年轻人的历史知识很有限"。

（3）基于 1942 年《纽约时报》的历史测试报告，阿兰·内文斯（Allan Nevins）做出了美国高中学生"普遍忽视美国历史"的结论。

（4）以上答案都不对。

正确的答案是(4),以上答案都不对。[①] 这句引文既不是选自《全美教育进步评估报告》,也不是出自其他更早的报告。要找到它的出处,需要追溯到1917年,这比我们用来解释成绩差的因素如电视的出现、社会科游说团体(the social studies lobby)、"思维技能"(thinking skills)教学、家庭破碎、网络发展或其他都要早。

1917年,J.卡尔顿·贝尔(J. Carleton Bell)和戴维·麦科勒姆(David McCollum)对得克萨斯州(Texas)的668名高中学生进行了测试,并在刚创刊不久的《教育心理学》上发表了他们的测试结论,这些结论与此后研究的发现没有区别。1917年能读高中的学生与如今近乎全入学的高中学生间有很大不同,但他们对历史的无知却保持了惊人的一致。全世界都发生了翻天覆地的变化,有一个事实却没有任何变化:孩子们不了解历史。

这种状况依然在继续,但它的基础并可靠。[②] 它可能是因为我们花了太多的时间去发现学生所不知道的知识(而且同样的结果反复出现),以至于我们忽视了对于理解年轻人对历史知识的掌握情况更有益的问题。举个例子,关于历史,学生都知道些什么? 除了课本和老师,还有哪些资源可以帮助学生理解历史? 他们是如何从复杂的历史文献中提取有效信息并赋予其意义的? 他们是如何处理从家中获得的历史印象与从学校学到的知识的? 他们是如何将自己所处的历史阶段放到国家和世界历史背景中去的?

[①] Diane Ravitch and Chester Finn, Jr., What Do Our 17-Year-Olds Know? A Report on the First National Assessment of History and Literature (New York, 1987), 201; Allan Nevins, American History for Americans, New York Times Magazine(May 3, 1942), 6, 28-29; J. Carleton Bell and David F. McCollum, A Study of the Attainments of Pupils in United States History, Journal of Educational Psychology, 8(1917), 257-274.

[②] 心理测量专家戴尔·惠廷顿(Dale Whittington)根据大规模的实验结果,质疑了历史知识退步的说法。可参见她的:What Have 17-Year-Olds Known in the Past? American Educational Research Journal, 28(1991), 759-780.

　　这些问题很少被提及。从 1917 年贝尔和麦科勒姆的调查到 1987 年的全美评估，都花费大量精力试图去理解儿童的历史知识，却使用了一成不变的方法和路径。成年人聚到一起讨论决定孩子们应该知道哪些历史事实，并组织学生考试。但当考试结果显示学生学习效果很差时，他们又很少问学生是怎样思考的，或者是如何理解历史学习任务的。对儿童心智的思考就如同昆虫学家在凝视一只蚂蚁，这只蚂蚁（或这个儿童）被看作渺小且比我们要低级很多的物种。① 我们从外界观察他们，测量他们，并对他们进行编号。至于青少年，"他们没有掌握我们想让他们了解的知识"与"他们什么都不知道"两个结论间有很大不同，但我们很快就忘记了两者的差异。

　　对于学生的历史知识掌握情况，采用贴标签而不是试图去理解的做法，引发了许多有关教学法的讨论。一般认为，如果教师教授的是内容而不是"技能"（skills），学生就会知道更多的历史知识。如亚瑟·贝斯特（Arthur Bestor）在 1953 年写的《教育的废墟》或肖恩·威伦茨（Sean Wilentz）在 1996 年写的"社会科游说团体是妖魔"（人们不禁要问，1917 年何种游说团体在幕后操纵着得克萨斯州，但贝斯特和威伦茨都没有提到这一点）。② 其他讨论则主要关注美国史课程的分期或课程中各主题排序的合理性问题。1987 年布拉德利委员会提出，多样化的教学方法是学习的调节剂，非常鼓励教师采用融合技术的教学方法。但资深教师不仅需要选择正确的教学方法，更重要的是选择正确的文献进行历史解释。

---

　　① 这个类比是戴维·欧森（David Olson）和南希·托兰斯（Nancy Torrance）提出的。参见：David Olson and Nancy Torrance, Handbook of Education and Development（Cambridge, Mass., 1996）.

　　② Arthur Bestor, Educational Wastelands: The Retreat from Learning in Public Schools（Urbana,1953）;Sean Wilentz, The Past Is Not a Process, New York Times April,20,1996.威伦茨预测"今天学生对历史的无知程度将在下一代加剧"，而未提到 1917 年、1942 年与 1987 年也曾出现过类似的悲观预言。

这些讨论的共同特点,是模糊了学习者的形象以及学习者对教学的影响。确切地讲,就如迈克尔·舒德森(Michael Schudson)所说,历史知识"渗入了文化的每个毛孔中",尽管这些知识并不"容易从 17 岁学生的测试"中检测出来。大量测试或许可以告诉我们学生所了解的历史知识,但据此就假定这是他们整个历史知识体系的话,就会妨碍任何对美国精神文化与生活的调查研究。①

在耸人听闻的标题和束手无策之外,更根本的问题是:历史教学为民主社会做出了什么贡献? 或者,如我的同事该亚·莱因哈特(Gaea Leinhardt)所指出的,历史为提升社会素养(social literacy)做出了怎样的贡献? 如果我们将历史从课表中去掉,将有什么思维、写作和提问方式会失传?

当然,这并非新问题。伍德罗·威尔逊(Woodrow Wilson)在指出"历史赋予我们极其宝贵的精神力量——判断力"时就强调了这一点。每当美国历史学会(Americom Historical Association)对全美大学专业进行研究时,类似的说法总是被反复提及。② 然而,历史具有改变人们思维、提高文明素养(而非记住姓名和日期),促进辨别、判断和借鉴能力的学科价值,却没有在公共领域获得显著的地位。

本书始于一个基本的假设:历史教会我们做出选择、平衡不同意见、讲故事并在必要时对其进行反思。这种历史观有别于拉什·林堡(Rush Limbaugh)的观点:"历史是很简单的。你知道历史是什么吗? 它就是已发生过的事实。"③

拉什·林堡的观点曾对高中时代的我产生过很大影响。当时,我

---

① 参见:Michael Schudson, Watergate in American Memory: How We Remember, Forget, and Reconstruct the Past(New York, 1992), 64.

② 见本书第一、第三章。

③ Rush Limbaugh Ⅲ, October 4, 1994, 引自 Gary Nash, Charlotte Crab Tree, and Ross Dunn, History on Trial: Culture Wars and the Teaching of the Past(New York, 1997),6.

认为历史就是分析试题,以及揣摩我的老师弗朗西斯·T.佩里塔诺(Frances T. Peritano)的想法,以便构思某道问答题的答案。我在这种观念体系中如鱼得水。直到我在布朗大学(Brown University)读大一时,雅各布·纽斯纳(Jacob Neusner)的宗教史课程才使我开始怀疑自己作为历史专业学生的能力。纽斯纳(非官方的课程指南说"这是一次不容错过的经历")直接以一个问题开始了他的教学,"课本是干什么的"? 坐在座位上的 100 个左右的学生都有些紧张。充满疑惑的学生一个接一个小心地归纳着课本,纽斯纳却用拳头敲着讲台大声说道:"干了什么,而不是说了什么。课本是干什么的?"

许多年后,当我教授初中和高中历史的时候,我意识到我也可以引导学生去考察关于"课本的争论"(polemic of the text)(这个名词是纽斯纳让我铭记于心的)。但是,除了使用一些经实践证明且真实有效的教学方法如再读法或者慢读法(read it slowly)、同伴互读法(read it to your partner)、组内互读法(read it in groups),我依然无法理解为什么某些学生可以,而有些学生却不能够领会在我看来显而易见的解释。

教学类书籍为我提供了一些线索。有关学习的心理学课本和实用手册[例如,麦基奇(McKeachie)的《教学建议》(*Teaching Tips*)]等大部分是关于教学技能(technique)的,[①]比如何时在课堂中引入例子、如何组织小组讨论,如何基于布卢姆(Bloom)的目标分类学所划分的不同水平进行提问。不过,困扰我的并非一般性问题。我更想知道的是历史课本带给学生哪些具体挑战,以及哪些因素妨碍了学生更理性地阅读这些历史课本。

我在斯坦福大学研究生院学习时,正赶上"认知革命"(cognitive

---

① Wilbert James McKeachie, McKeacbie's Teaching Tips: Strategies, Research, and Theory for College and University Teachers(Boston, 1999).

revolution)在心理学和教育学领域逐步盛行。20 世纪 80 年代早期,行为主义心理学在占据主导地位数十年后走向了衰落,主要原因是心理学家和教育学家意识到试图通过测验无意义符号来理解记忆或通过抽象的逻辑问题来探究推理的本质是多么荒唐。我只有宗教史学士学位,从来没有上过一次心理学的课程。后来我在斯坦福大学攻读博士学位,参加"教育中的心理学研究"项目时,感到自己犹如离水之鱼。但我的申请却莫名其妙地落在了李·舒尔曼(Lee Shulman)的书桌上,他笃定我给这个项目带来的要比我所欠缺的更有价值。

在第一学期,我学习了"认知科学与教育"(cognitive science and education)这门课程,它代表着这一领域正在孕育的新变化。"认知科学与教育"主要讲授了物理学专业学生的"朴素认识论"(naive epistemologies)、导致数学专业学生出现可纠正的系统性错误的"坏原则"(mal-rules)以及生物学专业学生所持有的拉马克式①和反教学辅助观念的最新研究。这门课程要求提交一份关于学校课程中某一学科的文献综述。当我向教授提出想对历史学习的文献进行述评时,却得到了一个非常冷淡的回应。"不可以,"他郑重其事地说,"这方面没有文献可以述评。你还是准备阅读方面的文献综述吧。"

后来,我十分认真地用了两周时间,吃力地翻阅了音素认知、整体语言教学法和难语症以及其他能力缺陷方面的研究。在最黑暗的时候,我曾翻遍抽屉去寻找上年丢在一边的法学院申请。最后,我同我的导师进行了讨论。面对我世界末日般的表情,舒尔曼无动于衷,他说:"没有历史文献","你就开创一个"。

这本书中的论文是我对这些挑战的回应。从我接触认知科学开始,我一直关注如何运用苏珊娜·威尔逊(Suzanne Wilson)的恰当的

---

① 拉马克(Chevalier de Lamarck,1744—1829),法国人,1809 年发表了《动物哲学》一书,系统地阐述了他的进化论。他认为生物的特征可由每一代的学习慢慢积累而成。——译者

表达(apt expression)来研究"历史理解"(historical understanding)方面的问题。为了避免对大量有关这一主题的历史文献的忽略,我向读者保证,我阅读了科林伍德(Collingwood)、赫克斯特(Hexter)、布洛克(Bloch)、戈特沙尔克(Gottschalk)、伍德沃德(Woodward)、贝克尔(Becker)、贝林(Bailyn)、诺维克(Novick)、金兹伯格(Ginzburg)①等学者的著作。这本书的文献综述是带有自传性质的,是作者作为研究者、演讲者和教师的自我反思,包含了丰富的洞察力。但是,总的来说,它着重培养熟练的历史实践,关注历史认知的终点。作为历史认知的一个研究者,我最感兴趣的是历史认知的中间过程,如达到熟练的历史实践前如何中途停顿,不成功的开端、不太成熟的想法,以及基于历史学家的专著及为初学者编撰的书籍展开的徒劳无益的探索。

　　为了揭示历史认知并呈现给公众,我不能只利用传统的研究方法。多项选择题只能告诉我们被涂黑的圆圈是正确选项,却没有告诉我们是什么思维过程导致了这样的选择。在研究历史理解的过程中,我深入了数百节课堂,有时连续几个月听课、观察、记录,并与学生和老师等相关人员交谈。在探寻历史思维的过程中,为了更进一步观察,我一直在教历史学家、学生、老师和家长清晰地说出他们的想法,并让他们采用"有声思维"(read aloud)的方式阅读我给他们的文献,"有声思维"是一种实时触摸历史思维的方法。

---

①　R. G. 科林伍德(R. G. Collingwood, 1889—1943)为英国历史哲学家,著有《历史的理念》《自传》等书;杰克・H. 赫克斯特(Jack H. Hexter, 1910—1996)为美国历史学家,研究方向为都铎时代和 17 世纪的英国历史;马克・布洛克(Marc Bloch, 1886—1944)为法国年鉴学派创建者之一,专攻欧洲中世纪的历史;路易斯・戈特沙尔克(Louis Gottschalk, 1899—1975)为美国芝加哥大学的历史教授;科默・范恩・伍德沃德(Comer Vann Woodward, 1908—1999)为美国著名的历史学家,研究美国南方和种族关系的历史;卡尔・洛特斯・贝克尔(Carl Lotus Becker, 1873—1945)为美国历史学家,专攻启蒙时代的思想史,著有《18 世纪哲学家的天城》;伯纳德・贝林(Bernard Bailyn, 1922—2020)为美国历史学家和作家,专攻美国殖民历史,曾于 1968 年和 1987 年两次获得普利策奖;彼得・诺维克(Peter Novick, 1934—2012)为美国历史学家,专研美国史学史,著有《高贵的梦》;卡洛・金兹伯格(Carlo Ginzburg, 1939—)是意大利著名的历史学家,微观史学的开创者,重要著作为《奶酪与蛆虫》。——译者

　　我已要求历史学家跳出他们的"自然栖息地"(他们擅长的研究领域),去研究历史认知是如何展开的,以及如何评估历史专业训练所带来的"增加值"。比如,一个中世纪史学家去研究美国革命时期的文献或一个美国城市扩张史专家如何看待林肯关于奴隶制的观点。当历史学家也凭借微乎其微的背景知识来面对这些文献时,就与大学生在探究课上,或者是参加 AP① 考试的高中生审读材料分析题(document-based-question)时所面对的情况相同了。如某人写过关于中国明朝的三本专著,后来作为大三学生选修了一门美国史课程,他将如何理解 1775 年 8 月 19 日列克星敦平原发生的事情呢? 我们通过这些来考察历史专业训练到底留下了什么。历史学家在此任务上做得比学生更好,如果说主要因为他们是历史学家,那么就只是用归因替代了解释。准确地说,历史学家在"历史地阅读"(read historically)时,他们做了什么? 是什么具体的认知行为成就了高水平的历史解释?

　　本书的第一部分,即前两章概括梳理了本书的主题。第一章探讨的是 20 世纪 80 年代晚期到 90 年代的历史战争(history wars),当时制定《国家历史课程标准》(*National History Standards*)的事情将尘封已久的课程问题在各大报纸炒得沸沸扬扬。在这场辩论中,争论的焦点过于集中在应该教给学生哪一种历史上(围绕着可预见的政治路线服务而争吵),而为什么要教历史这样更重要的问题却被丢掉了。我主要关注后者。第二章以我的研究项目为背景,考察了历史教与学方面更广泛的研究。这类研究大部分由心理学家指导,并被越来越多的教师和历史学家实践。

---

　　① 美国大学先修课程(Advanced Placement),简称 AP 课程,是由美国大学理事会(The College Board)在高中阶段开设的具有大学水平的课程,主要适合计划在美国就读本科的高中生学习。——译者

　　第二部分主要讲述新手在学习和讲授历史时所遇到的问题。第三章将高中学生与历史学家的文献阅读情况进行了比较。第四章是对两位准备成为教师的大学生的个案研究。第五章聚焦于五年级和八年级学生如何通过绘画清教徒、西部拓荒者和嬉皮士来"描绘过去"（pictured the past）。他们的反应表明，面对课程的干预，传统性别假设依然具有市场。

　　第三部分主要探讨了历史教学问题。这部分的三篇论文来源于我在斯坦福大学时参与李·舒尔曼的教师评价项目（Teacher Assessment Project）。每一篇都是与苏珊娜·威尔逊合作完成的，她与我一样，过去几十年一直满腔热情地将历史教学看作一种复杂的思维行为。

　　第四部分的论文，通过结合社会中的其他"记忆场域"（memory sites）来考虑，试图将历史教学放到一个更广阔的环境中。第一篇论文设定的环境是教室，读者可以很明显地发现高中学生将从家中得来的根深蒂固的故事带进了课堂。最后一章描述了我尝试将研究范围扩展到教室和学校之外，如家庭、社区、教堂和社会都可以作为研究的场地。

　　眼光敏锐的读者会发现本书集合了不同风格、不同叙述语气和不同体裁的论文。有些章是写给心理学家的研究报告，有些是给新教师培训用的个案研究，还有非正式的谈话或学术研讨会记录。我对部分论文进行了修改，以便服务更广泛的读者；有些稍加润饰。每章结尾都会有一个简短的后记，介绍本章的写作缘起和后续最新的研究。

　　这些年下来，我在学术上的师承借取可以说多不胜数。在每一个章节，都可以发现李·舒尔曼关于教学的主张，但不易被发现的是他对我根深蒂固的影响。苏珊娜·威尔逊和彼得·塞克萨斯（Peter Seixas）多次审读了本书中的所有论文。华盛顿大学为本书的撰写提供了良好的工作环境。我从历史系同事身上学到了很多，特别是汤姆·普雷斯利（Tom Pressly）和约翰·芬德利（John Findlay），这两位都深深地被认知心理学家关于历史学习的观点所吸引，并邀请我加入其中。在教育学院，我得到了帕姆·格罗斯曼（Pam Grossman）以及耐心的朋友、同事黛比·克尔德曼（Debby Kerdeman）的大力支持。苏姗·莫纳斯（Susan Monas）也很认真地审读了每篇论文，告诉我哪里还有欠缺并教会了我很多有关写作的知识。在此，我感谢所有人。

1991年，我在美国历史学会刊物《多元视角》（*Perspectives*）上发表了部分研究成果后，收到了罗伊·罗森茨韦克（Roy Rosenzweig）的主动关注和鼓励，正是在罗伊的鼓励下才有了今天的这本著作。没有他和天普大学的珍妮特·弗兰森德斯（Janet Francendese）的鼓励，也不会有这本书。

从博士助教奖学金，到博士与博士后阶段的奖学金，一直到对"历史意识建构项目"（见第十章）的资助，我的工作一直得到斯潘塞基金会的支持。基金会的前主席帕特里夏·格雷厄姆（Patricia Graham）对这一项目特别感兴趣，笃定这条"非传统的"的探究方式最终将会结出果实。在此，非常感谢斯潘塞基金会持续至今的支持。

目　录

第三部分　历史对教师的挑战

第四部分　历史记忆与国家认同

第一部分

为什么学历史

第一章　历史思维及其他有待
后天培养的能力

　　非此即彼的选择看似荒唐,却是对《国家历史课程标准》争论的真实写照。1995 年,国会就"哪个历史人物更能代表我们国家的历史,更值得我们的孩子们去学习"的议题举行辩论,[①]参议员斯莱德·戈顿(Slade Gorton)问道:"是乔治·华盛顿(George Washington)还是巴特·辛普森(Bart Simpson)[②]?"对戈顿来说,《国家历史课程标准》代表了对美国文明的正面攻击,是"意识形态驱动的反对西方正确政治立场的讽刺性里程碑"[③]。参议院以 99 比 1 的绝对优势否定了这一标准。

　　标准的研制者并未因此认输。加里·纳什(Gary Nash)、夏洛特·克拉布特里(Charlotte Crabtree)和罗斯·邓恩(Ross Dunn)对课程标准研制的专题组和委员会的多份报告进行了整理,并撰写了 318 页的辩护书,驳斥了戈顿,以及戈顿的主要赞助人、美国人文社科基金

---

　　① Gary B. Nash, Charlotte Crabtree, and Ross E. Dunn, History on Trial: Culture Wars and the Teaching of the Past(New York, 1997), 232.

　　② 辛普森是美国著名动画片《辛普森一家》中的人物。——译者

　　③ Gary B. Nash, Charlotte Crabtree, and Ross E. Dunn, History on Trial: Culture Wars and the Teaching of the Past(New York, 1997), 234.

会主席林内·切尼(Lynne Cheney)和各种保守联盟(大部分是专栏作家和电台脱口秀主持人)的观点。纳什和他的同事都承认,戈顿所指出的"没有明确称乔治·华盛顿为首任总统"是正确的,但同时也认为这仅是一个技术性问题而已。标准已经明确要求学生"考查在华盛顿任期内年轻的美国所面临的主要问题",K-4 课程标准中也有很多关于"国父"华盛顿的内容。[①] 针对切尼指出的诸如罗伯特·E. 李(Robert E. Lee)[②]或者是赖特兄弟(Wright Brother)等因其是白种人、男性且不幸离世而被忽略的说法,纳什和他的同事对符合这一标准的历史人物进行了统计,其总数多达 700 人,数倍于所有女性、黑人、拉丁美洲人和印度人的总和。[③]

　　类似的针锋相对在这场关于标准的辩论中司空见惯。但争论的背后还存在着更加丑陋的一面:双方都将卑鄙的动机归咎于对方。因此,对于 1996 年共和党总统候选人鲍勃·多尔(Bob Dole)来说,《国家历史课程标准》出自比"外部敌人更坏"的人之手。[④] 对于纳什的团队来说,对标准的批评是出于对美国多元文化的潜在恐惧,"涌入历史舞台的新面孔破坏了过去传统历史的稳定和安全"[⑤],如果用酒吧用语来形容这一争论的话,那些制定标准的人是卖国贼,而反对的一方则是种族主义者。

---

　　① Gary B. Nash, Charlotte Crabtree, and Ross E. Dunn, History on Trial: Culture Wars and the Teaching of the Past(New York, 1997),197.

　　② 罗伯特·E. 李(Robert E. Lee)是美国内战时期南方叛军的司令。——译者

　　③ Gary B. Nash, Charlotte Crabtree, and Ross E. Dunn, History on Trial: Culture Wars and the Teaching of the Past(New York, 1997),204.

　　④ Gary B. Nash, Charlotte Crabtree, and Ross E. Dunn, History on Trial: Culture Wars and the Teaching of the Past(New York, 1997),245.

　　⑤ Gary B. Nash, Charlotte Crabtree, and Ross E. Dunn, History on Trial: Culture Wars and the Teaching of the Past(New York, 1997),10-11. 正如托德·吉特林(Todd Gitlin)指出的那样,历史战争不能简化为一场简单的左翼/右翼政治斗争,它实际上是左翼内部的一场自相残杀。有关吉特林对加利福尼亚州奥克兰市教科书采用过程的描述可参见 The Twilight of Common Dreams: Why America Is Wracked by Culture Wars(New York,1995).

这场争论所引起的怨恨成为酝酿二元思维的沃土。以全美大学优等生荣誉协会(Phi Beta Kappa)的官方刊物《美国学术》(*American Scholar*)组织的论坛为例,该论坛邀请 11 位杰出的史学家用 1000 个词左右的文字来回答"我们的孩子应该学习什么样的历史"这一问题。他们应该学习"爱国主义、英雄主义和国家愿景"还是应该学习"不公平、挫败和领导与统治阶层的伪善"? 如果史学家们未能理解其中的含义,就会被追问美国史是一个"非常成功的历史故事"还是"错失了一个又一个机遇的故事"?[①] 幸运的是,理智占了上风。《印花税法危机》的作者、耶鲁大学的埃德蒙·摩尔根(Edmund Morgan)深谙宣传之道,他指出任何回答"与其说是合理选择历史内容的方法,还不如说是口号",他还讽刺地说根本就不需要"1000 个词"。[②]

了解这场争论的主旨后,有人可能会感到疑惑:为什么历史一直被视为人文学科呢? 要知道人文学科是教我们蔑视口号、适应复杂环境并注重细微差别的。其实,早在 19 世纪末,伍德罗·威尔逊(Woodrow Wilson)和十人委员会(The Committee of Ten)[③]的其他成员就已指出,历史课程如果能超越对特定故事和名字的死记硬背、赋予学生最具价值的"判断力",将会实现它的最高目标。[④] 遗憾的是,现在的争论却集中在"应该学哪一种历史",而忽视了更为根本的问题:为什么要学历史?

这个被忽视的问题的答案并非显而易见。美国人从来没有充分

---

① American Scholar,67(Winter 1998),91.

② Gary B. Nash, Charlotte Crabtree, and Ross E. Dunn, History on Trial: Culture Wars and the Teaching of the Past(New York, 1997),103.

③ 十人委员会(The Committee of Ten)成立于 1892 年,受美国国家教育协会委任,为当时的中学设计相关课程。参见张禄佳博士论文,《美国现代中学历史课程嬗变研究》,2017 年,华东师范大学。——译者

④ Paul Gagnon, History's Role in Civic Education: The Precondition for Political Intelligence, Walter C. Parker, ed., Educating the Democratic Mind(Albany, 1996),243.

肯定过历史在学校课程中的地位。历史教育或许因兴趣而成为一时的"热点"，但并没有牢固的基础。很多州只对历史学习设定了最低要求。师范学校为师范生提供了数学、自然科学、文学的教学法课程，但有关历史教学的课程在整个国家都屈指可数。在国家政策辩论时，历史会占用一些电视广播的时间，但在最重要的地方——孩子学习的学校和培养教师的大学，历史学科的地位并不稳固。

在这一章，我关注的并不是哪种历史——获胜者的历史、战败者的历史或者两者所罗门式的结合——最好，而是从当前的"历史战争"追溯到另一个问题：历史有什么用？为什么要在学校里教历史？我的观点，简言之，就是历史可以通过多种潜移默化的方式使我们更加人性化，这是其他学校课程所不具备的潜质。我并非第一个提出这一观点的人。但每一代人都应该自问为什么学历史是重要的，并提醒自己历史可以将我们凝聚起来，而不是像最近这样拆散我们彼此。

我的论证主要围绕每一次接触历史时出现的潜在冲突，即熟悉与陌生之间的冲突，对需要理解的人物产生的亲近感与疏远感之间的冲突。这两种极端行为都不能公正地反映出历史的复杂性，反而会偏向另一边，将历史细节模糊化，留下的只是一些陈词滥调或者无益的讽刺。要想获得成熟的历史观念，我们必须依靠自己甄别复杂历史情况的能力，以及穿越位于历史熟悉感与陌生感两个极端之间崎岖地带的能力。

极端的熟悉会产生强大的吸引力。熟悉的历史会使我们相信，我们可以在历史中找到自己的位置并增强自己在当今社会中的认同感。通过将我们的故事同过去的人物联系，历史会变成我们日常生活中的有用资源，成为一个无尽的原料库，通过塑造或者改写这些原料可以满足我们的现实需要。对自我进行定位是人的基本需求。事实上，如果不这么做，就不可能对地球上的生命进行概念化。

但是，如果把历史视为无须任何过渡或转化过程就可以直接为我们所用的资源，那最终只是把它转化为另一种即时消费的商品。我们丢弃或者忽视了历史与现实需求间很多不一致或者未能协调一致的方面。这种"可用历史"有一定的魅力，却如跳蚤市场般华而不实。我们在接触历史之前，或多或少地知道自己想要什么，因此与历史的接触不可能改变我们本身，也不会让我们重新思考"我们是谁"。历史在我们手中变成了粪土。我们并没有要求大家学习历史以拓宽视野，而是扭曲历史来适应我们所赋予它的既定含义。

这种冲突的另一个极端，即对历史的陌生感可能会带给我们惊喜和惊讶，我们所接触的历史人物、地点和时代都会激发我们重新思考：如何界定作为人的自己。学习历史可以极大地开拓我们的思维，但如果走向极端，便会带来问题。历史"有着自身的特定背景体系"，它同现在的环境、担忧和需要是分离的，这就往往会引发一种难以理解的"异国情调"。确切地说，这是对专题文献进行现代意义的史学探究后所产生的印象。大部分专业文献可能会吸引一些历史专业人士的关注，但很难引起其他人员的兴趣。[1]

看似与我们现实需求十分相关并为我们所熟知的历史，与实用性不能得到即时验证、陌生且难以理解的历史之间，并没有化解的捷径。这两种不同历史之间的冲突之所以存在，是因为这两种历史都是必要存在且不可删减的。我们需要感觉到与所学的历史人物关系密切，这才可能吸引我们的兴趣，并使我们感觉到彼此间的联系。我们将自己视为历史传统的继承人，传统也为变化无常的现代社会提供了休憩的港湾和安全感。

但这仅仅是故事的一半。为了充分理解历史的人文属性，为了更

---

① 参见 T. S. 哈梅罗（T. S. Hamerow）在 *Reflections on History and Historians*（Madison, 1987）一书中的精彩评论。

好地利用历史的力量，用卡尔·德格勒（Carl Degler）的话说，为了"扩大我们关于何为人的观念和理解"[①]，我们需要学习遥远的历史，但与历史的思想模型和社会组织模型的产生时间相比，其本身发生的时间要距离我们近得多。虽然刚开始时让我们感觉迷惑、糟糕和无趣，但正是这样一种历史，才能让我们认识到我们每个人都远非刚出生时他人赋予的标签。不断地接触有距离感的历史可以让我们懂得自己作为地球上短暂过客的局限，可以让我们参与到全人类前进的步伐中去。矛盾的是，历史的相关性或许恰恰就在这最初令人震惊的不相关性之中。

历史学者是通过史料重建历史的。在此，我并非以历史学者的身份来研究这些问题，而是作为一名心理学者去设计任务和访谈，以阐明我们是如何知道我们是谁的。因此，我的数据并非来自档案史料，而是来自对包括教师、史学家、高中学生和父母在内的不同群体的访谈。下面三个案例中，可以简单地展现这项研究。第一个案例是一位高中学生解读有关独立战争的原始文献；第二个案例是一位小学校长在读到 19 世纪初一位助产士的日记后的反应；第三个案例是一位历史学家解读亚伯拉罕·林肯（Abraham Lincoln）种族观点的文献。

在这些案例中，我试图宏观地向大家展示历史思维，从根本上来说，它既不是本能行为也不会随着心智发展而自动出现。历史思维的获取，其实不同于我们的日常思维，这也是为什么学习名字、日期和故事要比改变我们用以理解历史意义的基本心智结构要简单。在迪士尼和音乐电视主导的世界中，获得成熟的历史思维能力的机会并不多。但这恰恰为它们的使用赋予了更重要的意义。

---

① Carl N. Degler, Remaking American History, Journal of American History, 67(1980), 24.

一、无法跨越的卢比孔河

我们从德里克（Derek）开始。他是一个学习 AP 历史课程的 17 岁的男生（后来他在高中毕业典礼上作为代表致辞，美国一般是由第二名的学生致辞），曾参加过我的一个早期的研究。我对德里克印象深刻，因为正是在与他合作的过程中，我的脑海里第一次出现了本书所提出的主旨问题。[①]

德里克参加了一个高中学生（及专业历史学家）阅读有关"列克星敦的枪声"原始史料的学习项目。德里克读到了英国军队在列克星敦草原遇到了严阵以待的民兵这一内容。他注意到文献中记载的双方参战人数并不对等——数百名英国正规军面对大约 70 名民兵。到战斗结束时，有 8 名民兵牺牲了，而英军方面只有 1 人受伤。这个细节使他意识到，这场战斗与其说是交战还不如说是单方行动。这些细致的观察反映出德里克思维敏捷，使他在同龄人中脱颖而出。然而，当要求德里克选出最能反映这些文字描述的图片时，他并没有选择反映自己阅读过程中所想到的民兵混乱无序的图片。相反，他选择的却是民兵躲在墙后，端着上膛的毛瑟枪瞄准英军的图片。德里克认为这些图片刻画得才最准确：

> 美国民兵好像是在一座山上，这样会使他们处在某种……优势地位，我猜想那是一道墙，民兵会乱作一团并躲到战壕或其他地方，而不是站出来直面英国人……你应该懂的，这里应该有座小山丘，他们应该会躲在什么地方以防在低处被子弹射中，并准

---

① 参见本书第三章，所引用的原始文献可参见：Samuel S. Wineburg, Historical Problem Solving: A Study of the Cognitive Processes Used in the Evaluation of Documentary and Pictorial Evidence, Journal of Educational Psychology, 83(1991), 73-87. 德里克和其他参与者的名字都是化名。

备战斗。如果他们像上面描述的乱糟糟地站着,那简直就是活靶子,岂不太荒唐了!①

如果按照历史课堂行为表现的传统标准,德里克的阅读行为堪称典范。用拉开当代历史教育改革序幕的布拉德利委员会的话来说,学生应该"进入戏剧的世界,抛开已知的结局去体验当时的感觉——一种通过当事人的眼睛看历史的深入感"②。德里克不仅通过别人的眼睛看历史,还试图重建他们的世界观和心态。但是,这些人只有接受了德里克的现代战争规则,即面对强敌,应该躲到墙后开展游击战争,重建才有意义。德里克的阅读构成一种强烈的反讽:他对此历史事件的解读是基于一系列现代人应该如何表现的假设,但这些假设使他之前的观察在评价史料时变得黯然失色。具有讽刺意味的是,德里克认为的理所当然的战争形式,在清教徒眼中却是残忍的。一直到 16 世纪,欧洲的战争演变成了如同绅士相遇般高度复杂的仪式:交战要遵守复杂的战争规则,从开火到再上膛之间要经过 42 个独立小步骤。③

清教徒在新英格兰海岸遇到了土著居民,大规模战争文化与土著民族的习俗发生了冲突。比如,佩科特人④中流行着一种象征行为的军事文化,它的形式不是面对面的大规模流血冲突,而是小规模偷袭,通过强迫缴纳象征性的赔偿来解决矛盾。文化传统的冲突导致了毁灭性的灾难。1637 年,新教徒包围了位于神秘之河流域的整个印第

---

① 参见:Samuel S. Wineburg, Historical Problem Solving: A Study of the Cognitive Processes Used in the Evaluation of Documentary and Pictorial Evidence, Journal of Educational Psychology, 83(1991),79.

② Bradley Commission on History in Schools, Building a History Curriculum: Guidelines for Teaching History in Schools(Washington,D. C. ,1988).

③ Adam Hirsch, The Collision of Military Cultures in Seventeenth-Century New England, Journal of American History, 74(1988),1187-1212.

④ 印第安人的一支,居住在今康涅狄格州泰晤士河谷。——译者

安人村庄，并将其夷为平地。1703 年，所罗门·斯托达德（Solomon Stoddard）①向约瑟夫·达德利（Joseph Dudley）②写信解释道：

> 如果印第安人和其他人一样，按照其他国家的方式公平地解决战争问题，那么（我们）以非基督的方式追赶他们，就会被视为残忍的……但他们被认为是盗贼和谋杀犯……他们并没有公开出现在战场上同我们战斗，还非常残忍地对待俘虏……其行为如狼一般，因此我们也应该以牙还牙。③

德里克并非粗心的读者，相反，他的阅读能力很强，自我认知管理能力（心理学家所说的"元认知"）也非常优秀。但也正因为如此，德里克在解读这些 18 世纪的文献时非常镇静。印第安人的行为并没有吓到他，他也没有发出"哇，这是一群多么奇怪的人啊，他们为什么这样做"的感叹。如果真的是这样，或许会引导他思考行为背后的原因，即责任、荣誉或者死得其所。但是，这些文献并没有促使德里克反思新问题或者以新视角去思考人类的经历。相反，他已有的观念影响了他对新信息的理解，以致新知服从于已知。德里克阅读了这些文献却没有从中学到什么。

德里克的阅读提出了历史理解的核心问题，即我们到底应该如何剥离已知的信息来理解过去的人的思维？这不是一件容易的事。将自己从已知信息中分离出来的观念，以及我们在读到特定词语时可以

---

① 所罗门·斯托达德（Solomon Stoddard，1643—1729）是马萨诸塞州的一位清教徒牧师，是当时殖民地重要的宗教和世俗领袖。——译者
② 约瑟夫·达德利（Joseph Dudley，1647—1720）是当时马萨诸塞州的州长。——译者
③ 所罗门·斯托达德在 1703 年 10 月 22 日写给约瑟夫·达德利（Joseph Dudley）的信，引自：Adam Hirsch, The Collision of Military Cultures in Seventeenth-Century New England, Journal of American History, 74(1988),1208.

停止"激活扩散"(spread of activation)的观念①,使我们想起了艾伦·梅吉尔(Allan Megill)的经历诠释的质朴理念(hermeneutic naivete)或者"完美感知"(immaculate perception)。② 在心理学家中,汉斯-格奥尔格·加达默尔(Hans-Georg Gadamer)对这一问题的研究是最具教育意义的。加达默尔问道,如果既有的思想模型会极大影响人们对事物的理解,我们又如何摆脱这些模型的限制呢?③ 与我们的研究对象一样,我们也是历史人物。我们试图摆脱已知去捕捉历史真相就像试图用肉眼去观察微生物,我们所放弃的正是可以帮助我们观察的工具。

这一观点与罗宾·科林伍德(Robin Collingwood)等人的经典历史主义有很大不同。对于科林伍德来说,"所有历史都是思想史",历史学家需要有能力让自己进入尤利乌斯·凯撒(Julius Caesar)的思想中,"想象……凯撒的处境,思考凯撒是如何考虑当时的处境和问题的解决方法的"④。科林伍德相信我们可以在某种程度上"了解凯撒",是因为人类的思维方式在一定深度和基本方式上可以超越时空,是共通的。

当代史学家对此并不完全赞同。卡洛·金兹伯格(Carlo Ginzburg)是意大利杰出的史学家和畅销书《奶酪与蛆虫》的作者,他在考察了科林伍德的话后,写道:

> 历史学家的任务与大部分人被教导的恰好相反。历史学家

---

① 激活扩散(spread of activation)模型是认知心理学提出的认知发展的网络模型,模型中的概念被以语义相似性或联系为中介组织起来。不同概念之间通过它们的共同特征数量形成联系,它们之间具有的共同特征越多,概念间的关系就越密切,回忆时就更容易相互激活。——译者

② Allan Megill, Recounting the Past: "Description," Explanation, and Narrative in Historiography, American Historical Review, 94(1989), 632.

③ Hans-Georg Gadamer, The Problem of Historical Consciousness, Paul Rabinow and William M. Sullivan, eds., Interpretative Social Science(Berkeley, 1979).

④ Robin G. Collingwood, The Idea of History(Oxford, 1946), 215.

必须打破与历史人物虚假的亲近感，因为他们来自一个与我们非常不同的社会。我们越多地探寻这些人的精神世界，就越对我们与他们之间遥远的文化距离感到震惊。①

或者是备受赞誉的《屠猫记》的作者罗伯特·达恩顿（Robert Darnton）的话：

> 别人是别人。他们并不按照我们的方式去思考，如果我们想了解他们的思维方式，就应该带着捕捉差异性的观念……我们需要不断地从虚假的历史熟悉感中解脱出来，去一次次地感受文化的冲击。②

或者是西方史学家理查德·怀特（Richard White）的话：

> 任何好的历史都是从陌生开始的。过去不应该是理所当然的，也不应该是现实的再现，如果我们非常熟悉，那还有什么必要去重新学习呢？过去应该是陌生的，以至于你会想知道你与你的所知所爱是如何从那样一个时代走出来的。③

在理解我们与凯撒有何不同时，是以他认识自己的方式还是以当时人们认识他的方式？即使我们相信有理解的可能，但在没有通灵术（short of appealing to necromancy）的情况下，我们又如何知道自己成功了？换句话说，当代历史学家的观点似乎与前面引用的观点——"历史理解的目标应该是通过当事人的眼睛看历史"背道而驰。如果金兹伯格和其他历史学家是对的，那么历史研究的目标应该是教会我们所未能亲眼看到的，让我们熟悉视野中先天模糊的部分。

---

① Jonathan Kandell, Was the World Made Out of Cheese? Carlo Ginzburg Is Fascinated by Questions That Others Ignore, New York Times Magazine(November 17,1991),47.

② Robert Darnton, The Great Cat Massacre(New York,1985),4.

③ Richard White, Remembering Ahanagran: Storytelling in a Family's Past(New York 1998),13.

历史知识应该为解决现实问题提供借鉴的观点也面临着挑战。历史哲学家路易斯·O.明克(Louis O. Mink)指出:我们对过去了解得越多,在类比前就越谨慎。明克认为历史知识能够割裂我们与过去的联系,使我们难以将自己视为研究对象的延续。比如约翰·洛克(John Locke),由于他对政府和人类动机有着看似"现代化"的理解而不再被视作同时代的人。相悖的是,与洛克的断裂感强迫我们去协调两种相反的力量:与《政府论》作者洛克的亲近感和与《论基督教的合理性》的反经验主义的作者洛克的疏远感。在研究符合我们印象的洛克和复杂的洛克时,我们可以看到两者之间更细微的性格差别:洛克远不只是我们从自己视角所做的推测。"新的洛克,"明克写道,"他的遥远与陌生并非遥不可及。准确地说,是奇怪的加尔文主义,打破了我们在与'当代'洛克讨论政治与哲学问题的幻觉。"[1]换言之,当我们思考埃及绘画和代表性作品时,我们再也不能"假定埃及人和我们看到了同样的东西,但画出来的却和我们画的不一样"[2]。相反,我们必须考虑这可能是因为他们的观察视角不同,所描绘的作品也就不同了,在这种观察过程中某些东西已无可挽回地丢掉了。尽管尝试了很多次,我们却不能完全跨越隔在我们与凯撒思想之间的"卢比孔河"。[3]

二、传承与演变

我们有多大的意愿来面对这个问题?在人类的历史长河中,上个月就已经令人感到陌生,那上一年不就应该算得上是遥远的了吗?事实上,当我们将历史没有延续性的观点推向极端时,就犯了如同历史

---

[1]　Louis O. Mink, Historical Understanding(Ithaca,1987),103.

[2]　Louis O. Mink, Historical Understanding(Ithaca,1987),103.

[3]　卢比孔河是意大利和高卢的界河,公元前 49 年凯撒违约带兵越过该河,从而引发了战争。这里指鸿沟、界限。——译者

直接反映现实观点一样的严重错误。戴维·洛温塔尔（David Lowenthal）提醒我们过去是一个"陌生的国度"①，而不是陌生的星球。用僵化的孤立意识去代替朴素的历史主义是在精神层面的换汤不换药，是放弃一种简化法而采用另外一种。

历史思维要求我们调和两种对立的立场：第一，我们已建立的思维模型是一种继承，不能被丢弃；第二，我们如果不试图去丢弃它们，就一定会转向令人厌烦的现代主义，将现实与历史硬扯上关系。恰恰是这一矛盾使我关注到了劳雷尔·撒切尔·乌尔里克（Laurel Thatcher Ulrich）的《助产士的故事》，它讲述的是一个生活在 1735 年到 1812 年间的助产士玛莎·巴拉德（Martha Ballard）的故事。正如卡尔·德格勒的评论：乌尔里克"揭示了一个如此精彩的群体生活，与我们的生活如此不同而又如此相似"②。

就在我读此书时，明尼苏达州（Minnesota）的一个教育组织邀请我举办一次历史研讨会，主要阐释历史是一种认知方式，绝非只是姓名与日期的汇编，这也大大超越了明尼苏达州内的"结果导向教育"③。在两天的研讨活动中，我决定将两种历史学习方法进行对比：像乌尔里克一样从书中学习历史和参与者都很熟悉的从课本中学习历史。

教科书作为了解历史的媒介，给学生提供了有趣的挑战，但也会产生一系列特有的问题。教科书是按照被罗兰·巴尔特（Roland Barthes）称为"参照错觉"（referential illusion）的理念编写的，即按照

---

① David Lowenthal，The Past Is a Foreign Country(Cambridge，England，1985).

② 关于德格勒(Degler)的语录见于：Laurel Thatcher Ulrich，A Midwife's Tale：The Life of Martha Ballard，Based on Her Diary，1785—1812(New York，1990).

③ 这个研讨会是兰迪·申卡特(Randy Schenkat)的创意，由我与密歇根州立大学(Michigan State University)的凯西·罗斯(Kathy Roth)教授(生物学教学专家)共同授课。研讨会的目的是建立一种跨学科的教学模式，一方面能合不同学科之力，另一方面又得以保留两个不同学科在看待同一问题时的独特视角。参见 Roth 对 K-12 环境中跨学科课程模式的批判：Second Thoughts about Interdisciplinary Studies，American Educator，18(1994)，44-48.

历史发生的方式来讲述历史。① 为了制造这种错觉,教科书使用了多种语言规范。第一,教科书删除了"元话语"(metadiscourse)或者说是原作者插入的表明关系与立场的文本内容。历史学家们在写作中经常使用元话语,但在为学生编写的教科书中却删除了。② 第二,有关课文如何编写的痕迹被隐藏或删掉了:课文很少引用文献记录,如果有原始材料也通常是放在旁边的"注释栏"以不干扰正文。第三,教科书以全知的第三者角度来叙述。读者感受不到原作者的存在;取而代之的是一个作者群,以超然存在而又无所不知的姿态讲述历史。

研讨会开始之前,我把温思罗普·乔丹(Winthrop Jordan)的《美国人》上的一道选择题呈现给 22 位参会者,这本书是十一年级学生广泛使用的美国史教科书。③ 在讲述与巴拉德日记基本同一时期的殖民地经济时,乔丹主要关注"三角贸易"(triangular trade),即殖民地、西印度群岛、非洲之间进行的奴隶、甘蔗和朗姆酒贸易。他对故事的标题"北方发展商业与城市:蔗糖和朗姆酒"进行了加粗处理,妇女只在"家庭农场"一节中出现。在此后的两天里,下面这段描述妇女经济生活地位的文本成为鉴定我们理解力的试金石,也是我们在研讨会的最后几个小时试图去重写的课文。

> 任何一个在家庭农场中生活过的人都知道,在这种生活中,每个人都要长时间地辛苦劳动。孩子们从学会剥豌豆、剥玉米或

---

① Roland Barthes, Historical Discourse, Michael Lane, ed, Introduction to Structuralism (New York,1970), 145-155.

② Avon Crismore, The Rhetoric of Textbooks:Metadiscourse, Journal of Curriculum Studies,16(1984),279-296.另见 Richard Paxton, "Someone with Like a Life Wrote It":The Effects of a Visible Author on High School History Students, Journal of Educational Psychology, 89(1997), 235-250.

③ 这本书是乔丹(Jordan)与另外两位合作者共同撰写的:Winthrop Jordan, Miriam Greenblatt, John S. Bowes, The Americans:The History of a People and a Nation(Evanston, Ill. , 1985).

捡柴火的年龄开始，就至少要有一部分时间用来参加劳动。妇女们承担着无休止的任务。她们用挂在露天壁橱上的金属锅做饭，将带有烟囱的空心厢当作烤箱来烘烤，用纺织粗布来为家人缝制衣服，用自制的肥皂在木盆中洗衣服和床品。①

在考察了这段话和背景故事后，我们回到乌尔里克的书中。作为用来探索历史思维的文本，《助产士的故事》提供了多个切入点。每章都以玛莎的数页日记开始，并完全使用了 18 世纪的拼写方法和语法规则。乌尔里克首先让读者感受到她查阅了各种各样的证据，然后开始探讨玛莎生活的主题和趋向。下面所引用的日记（节选）是一份代表性资料，所有参加研讨会的人都进行了研读：

11 月 15 日 星期六 在帕克先生（Mr Parker）家，霍德曼夫人（Mrs Holdman）也在这里。

多云，寒冷。霍德曼夫人来这儿要做件长袍，本杰明夫人（Mrs Benjamin）要裁剪披风，波莉（Polly Rust）工作完后就生病了，下午被帕克先生喊去了。巴拉德先生（Mr Ballard）更好一点……

11 月 17 日 星期日，迪透斯（Ditoes）及普尔先生（Mr Poore）的家里。第 47 个孩子出生了，是个女孩。我也去了梅罗思船长那里。

下雨。凌晨 2 点，我接到帕克先生的电话，要我去普尔先生家。在我到达前他们也打电话给佩琪医生。我做了接生，是个女孩，医生负责缝合阴道伤口。早上 8 点我回到家。作为回报，我收到了 6 英镑。巴拉德先生和艾弗姆（Ephm）先生去参加了礼拜，下午多利（Dolly）和萨莉（Sally）也去了。查尔斯和约翰在这

①　Winthrop Jordan, Miriam Greenblatt, & John S. Bowes, The Americans: The History of a People and a Nation(Evanston, Ill. , 1985),68.

里吃晚餐。晚上 11 点我被叫去梅罗思船长那里。下雨，接生普尔先生的女儿，已收钱。①

这段摘录是我们探究的一部分。我们也考察了乌尔里克从玛莎日记中整理出的数据，并将这些数据与詹姆斯·法林顿博士（Dr. James Farrington）（1824—1859）统计的数据进行了比较。詹姆斯·法林顿博士是玛莎之后的一代，当时，助产士已经变得不受欢迎，医生在产妇分娩时使用放血疗法和鸦片衍生品（如鸦片酊）。② 我们对助产士地位的戏剧性变化感到疑惑，18 世纪初玛莎还可以站在医生旁边进行尸检，但不到 20 年，哈佛大学的一位教授写道："医学里，我们不能像教男学生那样教女学生，也不能将她们带进解剖室……这在有助产士和女医生的诊所属于核心原则。"③

从修订和扩展教材的角度考虑，我们尝试提出那些指导课本编写的鲜为人知的假设。当我们将课本与乌尔里克的故事进行对比时，这些假设就很明显了。在乌尔里克所讲的故事中，我们可以感受到她自己的存在，可以充分了解她是如何从模糊的文献中（from the haziest of references）把新英格兰殖民地的错综复杂的社会关系整理出来的；为解释传统疗法的神秘原因，她是如何使自己沉迷于草药世界的；为了理解玛莎丈夫伊弗雷姆（Ephraim）的工作，她是如何学习 18—19 世纪锯木厂的运营的。

我们越深入玛莎的世界和工作，就越禁不住去思考历史学家乌尔里克的世界和工作。我们惊异于她在面对"这本书什么时候才能完

---

① Laurel Thatcher Ulrich, A Midwife's Tale：The Life of Martha Ballard, Based on Her Diary, 1785—1812(New York, 1990),162.

② Laurel Thatcher Ulrich, A Midwife's Tale：The Life of Martha Ballard, Based on Her Diary, 1785—1812(New York,1990),151.

③ Laurel Thatcher Ulrich, A Midwife's Tale：The Life of Martha Ballard, Based on Her Diary, 1785—1812(New York,1990),151.

成"的现实问题时,能坚定地进行细致研究。① 我们发现不先了解乌尔里克就无法了解巴拉德,这也证明了历史学家没有任何隐瞒。事实上,乌尔里克在书中明确表达了自己的观点。比如,她讲到其他历史学家发现玛莎日记是如何"琐碎且不重要",她认为这个观点如果是来自 19 世纪的男性历史学家或许可以理解,但这是 20 世纪 70 年代的一位女性历史学家认为它"充满了琐碎",这就太过分了。

> 玛莎·巴拉德的这本日记的真正价值就是介绍了日常琐事,详尽的日常琐事。为了在冬天能够穿过河流需要制作鞋袜,为了度过漫长的秋天需要制作皮衣、腌制腊肉和挑选白菜,这就破坏了真实、稳定、文雅和公正的历史记载……当(玛莎)被历史学家忽视的琐事压得喘不过气或因之而兴奋起来时,她说这既不是清教徒自我反省的方式,也不是多愁善感者所写下的自我感受,而是一种平淡、真实和难以忘怀的声音。在 27 年多的时间里,准确地说是 9965 天,她一直如实地记载……"现在结束的这天来到了,"她在 1800 年 12 月 31 日写道,"如果能完善这一时期的记载,那是令人高兴的。"对于她来说,生活是用劳动丈量的,没有什么是微不足道的琐事。②

这段简短的摘录反映了在过去的半个世纪中历史写作领域所发生的深刻变革。③ 历史叙事不再局限于记录治国之类的伟大行为,而是转向包括分娩等日常行为以及普通人努力维持生计的日常生活。虽然这段话反映了社会史学和女权主义的影响,同时也突出了历史学

---

① Laurel Thatcher Ulrich, A Midwife's Tale: The Life of Martha Ballard, Based on Her Diary, 1785—1812(New York,1990),41.

② Laurel Thatcher Ulrich, A Midwife's Tale: The Life of Martha Ballard, Based on Her Diary, 1785—1812(New York,1990),9.

③ 参见 Peter Novick, That Noble Dream: The "Objectivity Question" and the American Historical Profession(Cambridge, England,1988).

家在历史叙事方面新的、更为积极的作用——乌尔里克的著作要优于参会者最熟悉的课本。作为故事讲述者,乌尔里克在故事最精彩的部分,分享了她对以往历史学家轻视玛莎日记的气愤,并在玛莎生命即将结束时表达了悲哀。在揭示玛莎助产士生活的同时,乌尔里克也展示了自己。从乌尔里克强有力的声音到玛莎不屈不挠的精神,当读者大声朗读这段引文时,很多参与者感动得流下了眼泪。

科琳(Colleen)就深受感动。她是一名小学校长,上一次学习历史是在读高中时。她报名参加这次研讨会,是因为她的学校要开始跨学科整合,她想了解如何将历史同其他学科整合在一起。在研讨会开始时,她就坦诚地说自己没有好的记忆力,而她认为好的记忆力对历史学习来说至关重要。但科琳对研讨会的目的非常惊讶。她第一时间就融入这些文献中,同玛莎在家内外无休止地工作一样,作为母亲、事业女性、妻子和社区领导的她,每天都在不停地工作。对科琳来说,使用原始史料来学习非常新颖,令她振奋。在为期两天的研讨会上,她是发言最积极和最有激情的参会者之一。

在第二天的最后,我们要求参会者"重写历史"。利用所学撰写一篇关于殖民地时期和独立战争后美国妇女经济生活的故事,并允许对乔丹的课本进行修改或者撇开它重新撰写。科琳把课本放到了一边,迅速提笔书写,同时还喃喃自语地表达对课本的气愤,但很快就把纸揉成一团扔掉了,然后又重新开始写。她不停地写了 35 分钟。

或许你会猜想科琳的论文充满激情,表达了各种情感——从认同、觉醒到生气与愤恨——这些是她在研读文献过程中产生的情感。但事实并非如此,科琳分离式的写作就像她一直想摒弃的教科书叙述一样举步维艰。科琳竭力以第三者的语气去讲述,努力追求客观性,或者正如她后来所说尽力"排除个人情感"。在两页的历史文章中没有出现一次"我",没有出现强调、判断与怀疑的字眼。的确,文章内容已经发生了变化。从科琳的叙述中,我们了解到像玛沙这样的妇女通过参加小规模的纺织、家禽饲养和诸多其他活动为殖民地经济做出了贡献。史实或许发生了变化,但文章的认识论立场毫无变化。

就像之前的德里克一样,科琳面对着两个经验领域的冲突:她阅读这些文章的直接体验与她之前的经历,特别是她对高中的记忆。当她开始下笔时,挫败感不断涌现,她找不到一种途径能够消除"历史教科书在蔑视女性"和历史书写时应该沉着、冷静、科学、客观之间的冲突。在重写历史时,科琳直面自己,但并没有让自己参与到历史中,也没有把历史变为自己故事的一部分,她将自己的工作隐藏起来——将激情、愤怒甚至是做母亲的经历从故事中排除。最终,在科琳的作品中完全找不到她创作的影子。

当然,激情会扭曲我们想要讲的故事。为了兼顾各方,我们需要妥协并以其他方式去看待问题,当然怒火中烧时做出妥协是非常困难的。但科琳却走向了另一个极端,她试图去建构一个没有叙事者的故事——处理自己深层情绪的方式是假定它并不存在,而不是通过与读者分享她的主观认识来弥补。最后,在原始文献中复活的玛莎·巴拉德又在科琳这里重返平静了。

具有讽刺意味的是,科琳的文章同乔丹的《美国人》相似度要比乌尔里克的《助产士的故事》大得多。对于科琳和其他参会者来说,课本和它所有的表征都是传播历史故事的途径,而且是唯一途径。

三、内容的组织

我们如何化解熟悉与陌生之间的矛盾呢?当我接纳和"过去"共有的一些事情时,又如何敞开心扉去接受那些令人震惊的方面,从而思考它们对于人类的意义呢?在遥远的过去,古埃及的丧礼、中世纪的医疗实践、在萨勒姆被吊着的女巫,这些陌生的历史让我们感到震惊。但是,时间上离我们比较近的过去又怎么样呢? 比如拥有电视机、收音机、汽车和飞机的现代,比如除了老式的衣服和发型,和现在非常相似的时代。我们如何了解这段历史而不是将其视为褪色的现在?

当我访问西雅图的一所高中,去观察一个已经看过美国公共广播公司的系列节目"美国民权之路"的班级时,这些问题逐渐吸引了我的注意力。在我到达目的地的当天,学生们已经看过了州长罗斯·巴尼特(Ross Barnett)强烈反对詹姆斯·梅雷迪思(James Meredith)①在密西西比大学注册上学的视频。在接下来的讨论中,老师问学生为什么巴尼特会反对梅雷迪思登记上学。一个学生主动举手回答"因为偏见",老师点头表示认同,讨论继续进行。

这个简单的"偏见"让我感到心神不宁。几百年的种族史就如此被简化成一个词?② 这使我开始考虑,我们在开始对"偏见""种族主义""容忍""公平""平等"这些概念进行历史思考之前,需要付出什么样的代价。从某种角度来说,我们并没有将这些抽象的概念视为超脱于时空的永恒真理,而是作为一种根植于特定历史时刻、发展、成长阶段的思考方式,并在后世以一种新的形式出现时仍带有原来的痕迹。③如果罗斯·巴尼特的问题是因为偏见,那么这些学生和他们的老师如何看待亚伯拉罕·林肯,是按照现实需要称他为"伟大的解放者"还是

---

① 詹姆斯·梅雷迪思(James Meredith)是在 1962 年 9 月 10 日获得最高法院的支持,成功申请进入密西西比大学就读的黑人学生。——译者

② 1550 年后,英国航海家抵达了西非海岸。参见 Winthrop Jordan, White over Black: American Attitudes Toward the Negro,1550—1812(New York,1968),第一章。

③ 参见本书第四章。我对这些问题的框架得益于戴维·洛温塔尔(David Lowenthal)的文章,The Timeless Past: Some Anglo-American Historical Preconceptions, Journal of American History, 75(1989), 1263-1280. 另见: Ronald T. Takaki, A Different Mirror: A History of Multicultural America(Boston,1993).

"白人至上主义者"?①

为了研究这个问题,我将林肯的一系列言论跟同一时代人物的言论放在一起,包括 1858 年同林肯竞争伊利诺伊州(Illinois)参议院议员席位的斯蒂芬·道格拉斯(Stephen Douglas)、从《圣经》中寻找为奴隶制辩护证据的宗教种族主义者约翰·贝尔·鲁宾逊(John Bell Robinson)和约翰·范伊维尔(John Van Evrie)、不知疲倦地为解放事业而奔波忙碌的废奴主义者威廉·劳埃德·加里森(William Lloyd Garrison)。② 在同一个资料集中,我收录了林肯的三个文献,每个文献都反映了他不同时期的生活情况:1841 年林肯是敏锐的考察者,在密西西比州旅行时看到很多奴隶被绑成一串,"就像钓鱼绳上许多的鱼";在伊利诺伊州的渥太华(Ottawa),林肯作为候选人当着一大群道格拉斯支持者的面同道格拉斯辩论;1862 年,作为被围攻的厌战总统,林肯强调在美国中部建立自由民聚居区的可能性。

我将这些文献分别提供给历史专业和非历史专业的大学生,他们全都报名参加了一个为期五年的公立学校老师培训项目。我要求他们阅读这些文献,并告诉我他们从林肯的想法中获得了什么启发。尽管他们的回答各式各样,但可以归纳出两种主要取向:一种专注于林肯演讲的字面价值,他们将这些文献视为了解林肯思想的直接窗口。演讲时的特定环境以及从 1860 年到现在这么长的时间都没有影响读者通过文献了解林肯的思想,在他们眼里林肯是一个种族主义者,纯粹而简单。另一种取向更为细致,读者认识到他们需要了解林肯演讲

---

① 关于历史上对林肯的评价,参见:Merrill Peterson, Lincoln in American Memory(New York,1994). 关于林肯在种族问题上的认识,参见:Arthur Zilversmit, Lincoln and the Problem of Race: A Decade of Interpretations, Papers of the Abraham Lincoln Association(Springfield, Ill., 1980), 22-45. 关于 20 世纪 60 年代黑人权力运动鼎盛时期人们对林肯的看法,参见:Lerone Bennett, Jr., Was Abe Lincoln a White Supremacist? Ebony,23(February 1968), 35-42.

② 在这项活动中,我把林肯置于同时代人中的灵感来自:George M. Fredrickson, The Black Image in the White Mind(New York, 1971).

的背景。但他们不是通过这些文献来推测其发言背景,而是借用了当代社会中的一个背景。

面对林肯看似矛盾的立场,我们现在有诸多的社会媒介与机构可以帮我们协调处理不一致的信息,如记者招待会、舆论导向专家、回访电话。虽然从 1860 年到今天的政治进程中出现了大量的技术变革,我们依然可以看到思维中那些超越时间的一致性。很多大学生在阅读时,把林肯和道格拉斯看成戴着大礼帽、和我们同一时代的人,就像詹姆斯·米切纳(James Michener)的小说中的人物一样,他们衣着古怪,但行为习惯就像我们隔壁的邻居。

换句话说,"现代主义",即以现代视角来审视过去的行为,并不是一个不好的习惯;它是我们在休息时的心理状态,不需要大量努力、自然而然的一种思维方式。如果林肯所讲的话看似矛盾,那是因为他面对的是两个不同的观众群体。在我们现实世界中,我们清楚地知道为什么乔治·W. 布什(George W. Bush)对堪萨斯州(Kansas)的麦农说一种话,而对纽约的股票经纪人说另外一种话。为了理解林肯演讲中的矛盾,我们需站在他的角度去换位思考,他的目标是赢得选举,而且他有幕僚的帮助。[①]

我另外邀请几位历史学家阅读相同的文献以扩展研究。其中的一些人对林肯非常了解,还写过关于林肯的书,而另外一些人仅仅是讲授过大学本科基础课程中的几节课。[②] 高加索人鲍勃·奥尔斯顿(Bob Alston)是一位研究美国史的中年学者,他正好属于后者。他和

---

① 平心而论,这位学生的阅读属于较高水平。在 *The American Political Tradition and the Men Who Made it*(New York,1948)一书中,理查德·霍夫施塔特(Richard Hofstadter)怀疑林肯的思想"是一座分裂的房子。无论如何,很容易从这一切中看出这是一个职业政客寻求选票的行为"(p.116)。

② 关于这些文献的副本参见本书第四章。有关该方法的完整描述,参见:Sam Wineburg,Reading Abraham Lincoln:An Expert-Expert Study in the Interpretation of Historical Texts,*Cognitive Science*,22(1998),319-346.

他所在的教学组里的大部分人一样,曾教授大学生美国通史的课程。在做研究生时,他曾通过了涵盖南北战争在内的考试,但从那以后就再也没有对这段历史进行过认真研究。

奥尔斯顿阅读文献时并不轻松,刚开始时,他几乎就同一些优秀大学生没有本质区别。在阅读第一份文献——道格拉斯在渥太华的公开声明时,他就直接表明自己缺少相关知识:

> 我并没有像自以为的那样非常了解林肯的观点,我的意思是,我在阅读时感觉道格拉斯是在将某些话强加给林肯。关于林肯,我不确定哪些是我了解的、哪些是我不了解的。道格拉斯使人们觉得好像林肯相信几乎在所有层面黑人与白人都是平等的,但我不知道林肯究竟在多大程度上认可这一点。实际上,我知道林肯非常在意把他们聚集在一起,就好像此刻他们在同一个社会中已经平等了一样,但我并不充分了解林肯的观点,这也导致了我无法做出一些判断。

第二份文献是林肯对道格拉斯的驳斥。林肯在文中声明他"无意于在不同种族间实现政治和社会平等"。读到这句话的时候,奥尔斯顿停了下来说:"刚才又重读了那句话,即道格拉斯对林肯关于政治与社会平等的评论,如果道格拉斯认为它已经超出了林肯所确认的政治与社会平等的范畴,那或许有几分真实性。"又读了七行之后,奥尔斯顿再次停下来:"我准备返回再重读那句话。这些19世纪的演讲家使用的是复杂句型,他们不习惯于简要概括。我对他所说的'生理差异'(physical difference)感到疑惑。"

> 如果黑人拥有了"与生俱来的生存、自由与追求幸福的权利",人们就可以假定这将意味着他们不应该成为奴隶。类似地,如果黑人拥有了"享用靠自己劳动换来的面包的权利",也就意味

着他们拥有支配自己劳动产品的权利，这其实是追求幸福或自由的另一种形式。如果这些是自然权利，那么奴隶制则违反了这些自然权利。

当大学生们看到这一点时，他们倾向于在林肯的发言中寻找这样的矛盾，这会让他们认为林肯为人圆滑，对不同的人说不同的话。但奥尔斯顿更关注这些矛盾本身，而不是淡化它们。接下来的五个文献，他的阅读像是在长时间地进行"无知"的练习，平均每个文献他要提出 4.2 个问题，并用马克笔标记"我不能继续读下去了"或"这对我没有什么意义"，这样的批注多达 14 次。直到任务的最后，奥尔斯顿得出了一个类似于解释的观点，它是为了回应约翰·贝尔·鲁宾逊呼吁上帝制裁奴隶制的段落。关于这一点，奥尔斯顿做出了如下评论（*表示他阅读到此处时翻阅了之前的文献）：

> 林肯……探讨了上帝赋予黑人的特定东西，但他并没有提到"奴隶的有用性"或奴隶的身份。（我将会）查阅更早的（文献）。我所要寻找的是他关于两者生理差异和关于自然权利的讨论，以确认他是否将所有这些与上帝联系起来*。最终发现是道格拉斯*认为林肯把黑人与上帝、《独立宣言》联系起来的。但在林肯的回答中*，他指出——我正在查找《独立宣言》中提及上帝的地方——我没有找到，但我还没有查完。在写给玛丽·斯皮德（Mary Speed）*的信中，他确实说到了"上帝让人类可以容忍最差的环境，这个可信度有多少"。但在林肯看来，上帝并没有让奴隶制成为黑人应该陷入的境地。林肯一直没有说到这些事情，他一直在探讨《独立宣言》，他探讨了自然权利——我不能确定他头脑中的这些观念来自哪里——他也探讨了自然区别。但他除了提出上帝让人类可以容忍最差的环境，并没有将上帝引入其他话

题。这是一种宽容，而不是对他们的地位或行为的任何形式的限制。我想——道格拉斯谴责林肯说过在《独立宣言》和上帝那里黑人拥有相同的权利。其实，林肯并没有就这些问题说过这样的话。不管这些出自何处，（他都没有说过）任何关于上帝的话，仅仅说过《独立宣言》和自然权利。

这是一段高频度的引用，其本身就是解释。鲁宾逊提及上帝的讨论引发了奥尔斯顿的疑惑，使他又回到林肯对道格拉斯的回应中去。在那里，他试图寻找林肯引用上帝的地方，但仅发现其只是提到过《独立宣言》，奥尔斯顿又返回去看道格拉斯的公开声明。然后他又找到了 1841 年玛丽·斯皮德写的信，并在信中找到了"上帝"的字眼，但同鲁宾逊所引用的"上帝"的含义有很大不同。奥尔斯顿又从斯皮德的信回到了第二个文献"林肯对道格拉斯的回复"，再一次阅读林肯对《独立宣言》和"自然权利"的引用。

在这个反复的评论过程中，奥尔斯顿先后八次参考之前的文献。鲁宾逊借助上帝来证明奴隶制是一种适应低等人的制度，林肯则借助上帝之名以共同的人性统合不同的种族。通过参考不同的文献，奥尔斯顿了解到林肯并没有借助上帝而是通过借助"自然权利"来证明黑人是平等的，林肯的观点与理查德·韦弗（Richard Weaver）"从概念出发进行辩论"的解释非常相似。[①] 尽管开始时奥尔斯顿充满了疑惑和问题，但最后他对林肯的观点和立场有了更为细致的理解。

奥尔斯顿阅读时，被把林肯"定位"或"放到"背景中去的观念误导了。这种观念让人联想到拼图玩具，它里面的每一块会被插入预先设定好的框架中。其实，背景既不能被"找到"（found）也不能被"定位"（located），文字也不能被放入（put）背景中。"背景"（Context）一词来

---

① Richard M. Weaver, The Ethics of Rhetoric(Chicago,1953).

源于拉丁语"Contexere"，意味着交织在一起，通过某种模式将各部分联系到一起的积极过程。奥尔斯顿的创新之处在于，在他接触这些文献和面对自己的无知前没有任何杂念。

奥尔斯顿所提出的问题是他创新的工具，它存在于其现有知识与历史环境之间。确切地讲，奥尔斯顿是一个专家，但在某些专业方面并不擅长。他并没有关于这一主题的知识储备，但在遇到困难后，他能坚强地站起来，开始关注自己所不知道的新知识，并制定出路线图来引领自己对新事物的学习。他是培养困惑的专家，他能够不受第一印象的影响去思考、记录、整合问题并指明新的学习方向，这就是他的能力。这种研究方法要求具备相关的能力、技术和大量的专门知识。而成熟的历史认知能力要求更多：它是一种需要用心的行动。

所以，当奥尔斯顿在看到林肯对解放后的奴隶说"我们有些人……是可以像白人那样思考的"这句话时，他既感到困惑也感到震惊。但奥尔斯顿不是通过归因于林肯是个种族主义者来解决自己的疑惑，而是带着这个疑问阅读多个文献。他边摇头边说"我不知道林肯在说什么"，他的意思并不是看不懂纸上的文字，而是不明白更深层的意义。他迷惑于这些文字所描绘的世界，一个人居然可以去市场花钱把别人买回来。在那个世界中，林肯的话是什么意思呢？[①] 作为一名当代史学家，他不知道是什么阻止了自己完全融入林肯的世界。

在我们短暂的现代经历面前，奥尔斯顿的阅读显示出一种谦逊，在浩瀚的历史面前展示出了一种开放。这种谦逊与开放让我们首先想到的是质疑自己对历史的理解能力。这并不意味着我们不能对过去做出判断，但这也确实意味着严禁轻易地做出判断。有些读者用这些文献去证明他们的已有观念，而奥尔斯顿则从文献中了解过去并从中学习。

---

① 关于这一点，参见：Quentin Skinner, Meaning and Understanding in the History of Ideas, History and Theory, 8(1969), 3-53.

四、独角兽或是犀牛

许多年前我去看《辛德勒的名单》，和很多父母一样，我早就对史蒂文·斯皮尔伯格（Steven Spielberg）的作品非常熟悉，于是很快就沉浸到电影中。但多年后令我记忆犹新的，是电影播放完后所发生的事。我看到我前面的男子扭过脸对他的妻子说道："直到现在我才理解发生了什么，现在，就是现在，我终于理解了。"

对于这名男子来说，是这段在克拉科夫（Kraków）①的拍摄让他突然理解了某个现实的碎片，对此我不想过多地去评论。当我坐在电影院里，我的思绪停留在意大利化学家普里莫·莱维（Primo Levi）所提出的理解之谜上，他关于大屠杀的描写，感情丰富、令人难以忘怀，总能给我们提供一种视角。"在给我们的那些问题中，"莱维写道："有一种问题从不缺席，而且随着岁月的流逝，愈发历久弥新，具有越来越明显的谴责意味。"②莱维所说的是如下三个问题：

（1）你为什么没有逃跑？

（2）你为什么没有反抗？

（3）在他们抓到你之前，你为什么没有逃跑？

莱维描述了他在小学里对一群五年级学生讲完后所发生的事情：

　　有一个小男孩看起来很警觉，显然在班里名列前茅，他向我提出了一个尖锐的问题："但你怎么可能不逃跑呢？"我简单地解释了所描写的周边环境。他并没有完全信服，而是要求我在黑板上画出简略的营地图，并标注出瞭望塔、大门、铁丝网和发电站的位置。在30双眼睛的注视下我尽力去画。小男孩认真地研究了

---

①　克拉科夫是辛德勒居住的城市。——译者

②　Primo Levi，The Drowned and the Saved(New York，1989)，150-151.

我的营地图，然后问了几个更为细致的问题，之后他告诉我他所制定的方案：晚上，割掉这个哨兵的喉咙，穿上他的衣服；然后直接跑到发电站关掉电源，这样探照灯就会灭了，高压电护栏也会失效；之后就可以轻松地离开了。他非常严肃地补充道："如果你再碰到这样的事，一定要按照我说的去做，你会发现你是可以做到的。"①

这个男孩完成了我们想让学生们完成的所有任务。他参与到了学科内容当中，利用了自己的背景知识，提出问题并找到了解决办法。男孩所提出的问题虽然是在幼年提出来的，但是我们应该知道，年龄更大、知识更丰富的人也会提出同样的问题。对于这个男孩，也包括我们中的很多人，莱维的经历会激发出我们的怀疑意识：这个少年不相信这么多人会想不到在他看来非常简单的道理。

在莱维的回答中，指出了我在这里探讨的一个中心问题：凭借我们的"人生阅历"去理解过去的人，是难以抵挡的诱惑。正如他所说的，我们"无法理解别人"，不仅适用于过去，现在也如是。② 这就是为什么历史研究对于今天如此重要，尤其是当今时代充满了多种多样的问题。了解他人，不管他们生活在地球另一边或者另一个千年中，都需要识别能力的教育与培养。这就是历史，如果教得好，就会指导我们的实践。有点矛盾的是，最终使我们了解其他人的是我们对自己知人能力的怀疑，"怀疑"这种非凡的识别能力使我们建构了世界。

对思维结果的怀疑有时会不知不觉地陷入愤世嫉俗或唯我主义中，但情况并不一定如此。从其他人身上看到矛盾的地方或许可以告诉我们更多关于自己的东西，这种意识是获得知识的种子。这是一种对抗自恋的理解。自恋者看待这个世界，无论是过去还是现在都在他

---

① Primo Levi, The Drowned and the Saved(New York,1989),150-151.
② Primo Levi, The Drowned and the Saved(New York,1989),151.

自己的印象中。而成熟的历史认知教导我们去做相反的事，即跳出我们的固有印象，跳出我们短暂的人生，跳出人类历史的这段转瞬时光，进入我们出生的时代（which we have been born），历史总是以一种最深远意义的方式教育人类（拉丁语为"lead outward"）。在世俗的课程中，历史课程是教授那些曾保留在神学中的美德的最佳课程，这些美德包括在面对我们有限的认知能力时的谦逊和在面对宏大的人类历史时的敬畏。

威尼斯旅行者马可·波罗（Marco Polo）曾冒险进入了巴斯曼（Basman），当时被当作是苏门答腊岛，他在那里见到了之前从未见过的一种动物：犀牛。但马可·波罗并没有那样看。根据他的日记，他这样认为：

> 独角兽并不比大象小。它们有水牛一样的毛发……（而且）在它们额头中央还有一个很大的黑色的角。它们并不用角进行攻击，而只用舌头和膝盖；因为它们的舌头上有又长又锋利的刺……它们看起来是一种非常丑陋的野兽……它们被猎人抓住时根本就不像我们所描述的那样……[①]

与历史的相遇给我们提供了一个选择机会：是了解犀牛还是了解独角兽。我们自然会倾向于独角兽，因为它们更美丽、更容易驯服。但是犀牛能教给我们的东西远比我们想象的要多。

【说明】 本章以 1997 年 1 月在纽约举行的美国历史学会年度会议中的演讲作为开头。这篇演讲稿发表于 *Phi Delta Kappan*（March 1999）。在写作过程中，我试图做到以下两件事情：其一是将我自 20 世纪 80 年代末以来所从事的有关历史教学

---

① Marco Polo, The Travels（Suffolk, England, 1958）, 253. 感谢迈克·布赖恩特（Mike Bryant）指出了这段话。

与学习的实务工作概念化;其二则是加入举国喧腾的历史课程标准之战。此前的版本必须感谢彼得·塞沙斯(Peter Seixas)、彼得·斯特恩斯(Peter Stearns)、苏珊·莫斯伯格(Susan Mosborg)、黛比·凯德曼(Debby Kerdeman)、戴维·洛温塔尔(David Lowenthal)、韦罗妮卡·博伊克斯·曼西利亚(Veronica Boix Mansilla)、霍华德·加德纳(Howard Gardner)、克里斯·布朗宁(Chris Browning)、肯特·朱厄尔(Kent Jewell)等人的指教,也受惠于1997年至1998年在海法大学(University of Haifa)举办的"历史认知的各种面向"研讨会上与会人员温和而具洞察力的见解。*Phi Delta Kappan* 的编辑里塞·科贝(Rise Koben)提供了宝贵的评语和鼓励。我衷心地感谢他们。

第二章　历史教与学的心理学

政治学家(而非历史学家)为学习历史提供了最具说服力的理由。早在耶稣出生约一个世纪前,西塞罗(Cicero)就在罗马元老院发表演说:"不知道自己出生前发生过什么事情的人,就一直是个孩子。"从 20 世纪初开始,学者们就努力去理解历史教与学所独有的特征和挑战。但很多研究者对前辈的努力知之甚少,他们本可以从学术谱系中获益,却还是带着稚嫩之气展开研究。

在这里,我试图通过考察已有的历史教学研究路径来改变这一窘境。① 这些研究大部分都是由心理学家开展的,效果有好也有坏(大多数情况是更糟)。即便是历史学家或者具有历史思维的哲学家所做的

---

① 虽然我将讨论的文本限于英文出版的作品,但我肯定其他语种也有重要作品。例如,参见:J. Pozo and Mario Carretero, El Adolescente Como Historiador (The Adolescent as Historian), Infancia y Aprendizaje, 23(1983), 75-90; Bodo von Borries, Geschichtslernen und Persönlichkeits-entwick-lung (The Learning of History and the Development of Self), Geschichts-Didaktic, 12 (1987), 1-14; V. A. Kol'tsova, Experimental Study of Cognitive Activity in Communication(with Specific Reference to Concept Formation), Soviet Psychology, 17(1978), 23-38. 有关欧洲和中东地区历史教学趋势的概述,请参阅:Bodo von Borries, ed., Youth and history: A Comparative European Survey on historical Consciousness and Political Attitudes Among Adolescents(Hamburg, Germany, 1997).

实证研究，其研究方法也带有心理学及其核心假设的印记。[①] 未来，历史教学研究或许可以超越心理学"遗产"而向前发展，但这也需要我们熟悉已有的研究。因此，理解这份心理学所留下的"遗产"就成为未来创新研究路径的中心环节。

如果把心理学中关于历史的研究视为铁板一块，那就犯了如同在物理学界一项著名的专门研究中新手常犯的错误，即根据表面相似性而不是深层结构来对物质进行分类。[②] 实际上，这里所谈到的研究，彼此间的共通之处只在于搜集资料时所用的关键词，而非某个公认的关键概念。心理学对历史的研究可以类比为莎士比亚笔下的"玫瑰"[③]。尽管"历史"一词在这些研究报告中都出现了，但很少描述的是同一件事情。对于研究者来说，历史理解无所不包：从记忆一串时间到掌握一组逻辑关系，从能够背诵一个公认的故事到应对难以进行单一解释的结构不良问题，等等。这些历史记录和实证研究，不只呈现了参与研究的学生、教师的想法，还透露出研究者的想法。从这个意义上说，心理学对历史的研究本身就构成了一个有趣的历史记录，也证明了理解历史研究的途径是多样的。

本章包括三部分内容。第一，我讨论了美国早期心理学家对历史的研究，包括他们已取得的成果和存在的问题，已实现的或尚未达成

---

① 例如：Michael Frisch, American History and the Structure of Collective Memory: A Modest Exercise in Empirical Iconography, Journal of American History, 75(1989), 1130-1155；M. M. Miller and Peter N. Stearns, Applying Cognitive Learning Approaches in History Teaching: An Experiment in a World History Course, History Teacher, 28(1995), 183-204；Peter Seixas, Historical Understanding Among Adolescents in a Multicultural Setting, Curriculum Inquiry, 23(1993), 301-327；Peter Seixas, When Psychologists Discuss Historical Thinking: A Historian's Perspective, Educational Psychologist, 29(1999), 107-109.

② Michelene T. H. Chi, Paul J. Feltovich, Robert Glaser, Categorization and Representation of Physics Problems by Experts and Novices, Cognitive Science, 5(1981), 121-152.

③ 这个词出自莎士比亚的作品《罗密欧与朱丽叶》，朱丽叶说："一个名字包含的是什么？那个我们称为玫瑰的东西，换了其他任何名字，也是闻之亦香。"——译者

的研究目标,这些可以揭示目前的研究情况。第二,我考察了由英国学者主导的研究。尽管这项研究可以追溯到 20 世纪初,我还是围绕英国心理学家在皮亚杰理论传统指导下展开的研究进行阐述。[①] 第三,我将回顾在行为主义走向衰落、认知学习方法逐渐兴起的背景下出现的当代研究项目。

一、历史研究:一些早期的调研

对于教育心理学的奠基者来说,历史,与其说是一个实证问题不如说是一个理论问题。爱德华·L. 桑代克(Edward L. Thorndike)在其长达 442 页的著作《教育心理学:简明教程》(*Educational Psychology*:*Briefer Course*)中,除了提到历史成绩的性别差异(有利于男孩),就没有再提到历史了。[②] 在《教育:第一本书》(*Education*:*A First Book*)中,历史才获得了短暂的关注。在这本书中,桑代克停下来去思考当时亟待解决的问题:历史可以采用"向后"教的方式,即从现在追溯过去吗? 还是传统的时序更适合年轻人的能力和性格? 尽管缺少数据,桑代克依然给出了肯定的答案:

> 寻找事物存在的原因,进而再寻找这些原因的原因,它的教育价值要比解释已知事情的虚假推论高得多……历史课程按照逆时针顺序设置……值得认真考虑。[③]

当时首屈一指的发展心理学家 G. 斯坦利·霍尔(G. Stanley Hall),与桑代克一样对历史教学有着自己的思考。霍尔特别关注性

---

① 关于这一传统,英国的著作参见:Frances Collie, The Problem Method in the History Courses of the Elementary School, Journal of Experimental Pedagogy and Training College Record,1 (1911), 236-239; R. E. Aldrich, New History:An Historical Perspective, in Alaric K. Dickinson, Peter J. Lee, and Peter J. Rogers, eds., Learning history(London, 1984), 210-224.

② Edward L. Thorndike, Educational Psychology:Briefer Course(New York, 1923), 345.

③ Edward L. Thornlike, Education:A First Book(New York, 1912), 144.

格的发展问题,难怪他会把历史学习视为一种帮助学生将事件置于时间维度上的工具,是"成长和发展的产物";并且作为一门学科,历史学习尤其应向青少年灌输一些"能最大程度激发他们社会服务和无私的观念"。① 在霍尔眼中,历史学科不是各种解释比拼的赛场,也不是一堆模糊不清的问题,甚至不是发展批判性思维的场所,而是维护统一的道德力量,"是鼓舞人心的道德典范的宝库,彰显了善恶有报的道理"②。

　　在早期的教育心理学家中,芝加哥的查尔斯·哈伯德·贾德(Charles Hubbard Judd)敏锐地处理着历史学科问题。他在《高级中学课程心理学》中用独立的一章来阐述历史内容,其范围之广给人留下了深刻印象。他用 29 页的篇幅来讨论时序思维的本质、因果判断的困境(历史学科比自然学科复杂得多)、历史剧重演的危险、历史证据呈现的心理困难、社会(当时称为工业)史的激励作用。③ 虽然借鉴了其他人包括七人委员会④和五人委员会⑤的成果,贾德的讨论依然具有敏锐的洞察力。在"道德判断的复杂性"一章,贾德解读了心理上必然出现的现代主义,以及从过去的角度理解过去的困难(甚至根本不可能):

　　　　现在的学生是……在自己业已建立的思维模式的指导下做出判断的……这种思维模式是他们那一代所特有的。我们有独特的观念……这完全不同于英国与美洲殖民地间存在争议的那个时代的观念。当……(学生)在学习历史时突然被带回到与他

① G. Stanley Hall, Educational Problems, vol. 2(New York, 1911), 285-286.
② G. Stanley Hall, Educational Problems, vol. 2(New York, 1911), 296.
③ Charles Hubbard Judd, Psychology of high-School Subjects(Boston, 1915), 384.
④ Committee of Seven, American Historical Association, The Study of history in Schools(New York, 1899).
⑤ Committee of Five, American Historical Association, The Study of history in Secondary Schools(New York, 1911).

的现实境况完全不同的环境,他们很可能回忆起这些判断标准和构成他们自身特征的道德标准,却浑然不知自己在此过程中所犯的推理谬误。①

在这个简短的评论中,贾德仿佛预料到了 20 世纪最后几十年研究者重点关注的问题。

1917 年,也就是美国参加第一次世界大战的那一年,历史问题被收录到已刊发十年的《教育心理学杂志》(*Journal of Educational Psychology*)中。该刊的执行编辑 J. 卡尔顿·贝尔同时也是布鲁克林教师培训学校的教授,他以"历史意义"(The Historic Sense)作为他就任执行编辑的演说主题(第二篇演讲探讨了心理学与军事问题的关系)。贝尔认为历史学习提供了思考和反思的机会。但在实际的教学中,违背这种理念的教学行为比比皆是。尽管如此,贝尔依然为关注这些崇高目标的教师提供了两个值得思考的问题——历史价值是什么? 它是如何被开发出来的?② 他继续讲道,这些问题不仅与历史教师有关,也是"教育心理学家感兴趣的问题,他有责任回答这些问题"③。

贝尔提供了探寻"历史意义"的线索。面对一组原始材料,一个学生给出了条理清晰的解释,而另一个学生却只找到了一大堆"凌乱的事实"④。是哪些因素和思维方式导致了这样的差异呢? 类似的,有些大一学生"在整理历史资料方面表现出高超的技巧",而另一些学生"对所有陈述都无差别对待……在纷繁复杂的细节中迷失了方向"⑤。贝尔感到疑惑,这些发现难道反映了"历史能力的先天差异吗"? 或者

① Charles Hubbard Judd, Psychology of High-School Subjects,(Boston,1915),379.
② J. Carleton Bell, The Historic Sense, Journal of Educational Psychology, 8(1917), 317.
③ J. Carleton Bell, The Historic Sense, Journal of Educational Psychology, 8(1917), 317.
④ J. Carleton Bell, The Historic Sense, Journal of Educational Psychology, 8(1917), 318.
⑤ J. Carleton Bell, The Historic Sense, Journal of Educational Psychology, 8(1917), 318.

"这是受到专业课程训练的影响吗"? 这些问题都为教育心理学开辟了一个迷人的研究领域。[①]

贝尔指出了我们今天依然面临的问题:历史理解的本质是什么?是什么决定了不止有一个正确答案? 教学在提高学生思维能力方面发挥了什么作用? 看到这项前瞻性的研究课题,我们更需要考察这项研究是如何实施的。在这篇评论的姊妹篇中,贝尔和他的同事戴维·F. 麦科勒姆从概述历史理解的多种评估路径入手展开了实证研究。这些路径包括[②]:

(1)以历史的眼光看待现实事件的能力。[③]

(2)筛选文献记录(新闻报道、各种传闻、党派攻击)的能力——从混乱状态中构建出关于所发生事情的明确而合理的解释。这是很重要的,特别是因为这是很多"能干而又认真的大学历史教师"的目标。[④]

(3)理解历史叙述的能力。

(4)"对特定历史情境中的'思考题'做出具有反思性和辨识度的回答。"[⑤]

(5)回答有关历史人物和事件的事实性问题的能力。

贝尔和麦科勒姆承认,最后这一方面是"最狭义的,在一些评价者看来甚至是最不重要的历史能力",但它注定又是"最容易检测的"。[⑥]

---

① J. Carleton Bell, The Historic Sense, Journal of Educational Psychology, 8(1917), 318.

② J. Carleton Bell and David F. McCollum, A Study of the Attainments of Pupils in United States History, Journal of Educational Psychology, 8(1917), 257-274.

③ J. Carleton Bell and David F. McCollum, A Study of the Attainments of Pupils in United States History, Journal of Educational Psychology, 8(1917), 257.

④ J. Carleton Bell and David F. McCollum, A Study of the Attainments of Pupils in United States History, Journal of Educational Psychology, 8(1917), 257.

⑤ J. Carleton Bell and David F. McCollum, A Study of the Attainments of Pupils in United States History, Journal of Educational Psychology, 8(1917), 258.

⑥ J. Carleton Bell and David F. McCollum, A Study of the Attainments of Pupils in United States History, Journal of Educational Psychology, 8(1917), 258.

所以,作者果断地宣布:"选择以回答事实性问题的能力作为研究对象。"①可见,决定一个研究项目框架的,并非优先考虑这门学科的理解属性,而是检测上的便利性。两人虽可能是首创者,但绝不是最后一个。

贝尔和麦科勒姆设计的测验包括名字[如约翰·伯戈因(John Burgoyne)、亚历山大·汉密尔顿(Alexander Hamilton)、赛勒斯·H. 麦考密克(Cyrus H. McCormick)]、日期(如 1942 年、1776 年、1861 年)和事件[谢尔曼反托拉斯法(*Sherman Antitrust Law*)、逃奴法案 (*Fugitive Slave Law*)、德里德·斯科特决议(*Dred Scott Decision*)], 这些都是教师眼中每个学生都应该知道的重要史实。他们将试卷发给了小学高年级(五年级到七年级)、中学和学院水平的学生,共计 1500 名。小学高年级学生的答题正确率为 16%,高中学生(已学习美国史一年)为 33%,大学生(已三次接触历史)则为 49%。贝尔与麦科勒姆以一种向来只属于乡村牧师,而最近也出现在教育部长和专栏作家口中的语气,指责教育体制及其政策:"肯定地讲,对于美国历史中最简单和最明显的事实,33%的答题正确率不能成为任何一所高中引以为豪的测试记录。"②

六年后的 1923 年,D. H. 艾肯伯里(D. H. Eikenberry)通过一个更小的视角得到了同样的结果。③ 他发现在 34 名大四学生中,没有一个记得墨西哥战争时期的美国总统是谁[詹姆斯·K. 波尔克(James K. Polk)],只有不到一半的学生记得南方联邦总统[杰斐逊·戴维斯

---

① J. Carleton Bell and David F. McCollum, A Study of the Attainments of Pupils in United States History, Journal of Educational Psychology, 8(1917), 258.

② J. Carleton Bell and David F. McCollum, A Study of the Attainments of Pupils in United States History, Journal of Educational Psychology, 8(1917), 268-269.

③ D. H. Eikenberry, Permanence of High School Learning, Journal of Educational Psychology, 14(1923), 463-481.

(Jefferson Davis)〕。20 世纪 40 年代，《纽约时报》在对 7000 名学生进行的历史知识调查中也得出了类似的结果。根据《全美教育进展评估报告》中美国史的测试结果，这种情况至今依然没有改变。[1] 从历史的角度来看，这些最新的研究成果不足以证明一些人所说的"文化记忆的逐渐瓦解"[2]。相反，这些结果的一致性证明了美国人特殊的消遣方式：每代人都在测试他们的年轻人，只是为了发现和再次发现"令人羞愧"的历史无知。[3] 正如戴尔·惠廷顿（Dale Whittington）所说的，当将 20 世纪早期的考试结果同最近的研究结果进行比较时，我们发现，尽管 20 世纪的高中生数量大幅增长，但学生的历史知识几乎没有明显的变化。[4] 如果有什么要说的话，那就是这些结果的一致性挑战了存在"记忆事实的黄金年龄"[5]的说法。有关国家的传说和对某一时期的怀念，要比文献记载的国家历史更能吸引这个年龄段的学生。

J. 卡尔顿·贝尔在布鲁克林培训学校（Brooklyn Training School）的同事加里·C. 迈尔斯（Garry C. Myers）从另一条路径探究历史知识。迈尔斯对学生的错误回答要比他们的正确回答更感兴趣。[6] 他挑选了 50 位历史人物，要求 107 名女大学生说出有关每位历史人物的一件事。他

---

① Allan Nevins, American History for Americans, New York Times Magazine (May 3, 1942), 6, 28-29; cf. Bernard DeVoto, The Easy Chair, Harper's Magazine (June 1943), 129-132; Diane Ravitch and Chester E. Finn, Jr., What Do Our 17 Year-Olds Know? A Report on the First National Assessment of History and Literature (New York, 1987).

② Chester E. Finn and Diane Ravitch, Survey Results：U. S. 17-Year-Olds Know Shockingly Little About History and Literature, American School Board Journal 174(1987), 32.

③ 这种令人羞愧的描述来自：Diana Ravitch and Chester E. Finn, Jr., What Do our 17 Year-Olds Know? A Report on the First National Assessmant of History and Literatme (New York, 1987), 201. 关于加拿大的类似例子，请参见：Jack Granatstein, Who Killed Canadian History? (Toronto, 1998). Granatstein 未能在比较中考虑他的发现，对此的评论请参阅：Chris Lorenz, Comparative Historiography：Problems and Perspectives, History and Theory, 38(1999), 25-39.

④ Dale Whittington, What Have 17-Year-Olds Known in the Past? American Educational Research Journal, 28(1991), 759-780.

⑤ 这里指青少年时期。——译者

⑥ Garry C. Myers, Delayed Recall in History, Journal of Educational Psychology, 8(1917), 275-283.

发现能正确回忆历史人物名字的学生不到50％，而40％的学生"迷失在了混乱的时序记忆中"[1]。不过，这种模糊不清并非毫无印象。迈尔斯发现，错误答案常常是将事实错误地联系起来，并按照一种辩认模式进行系统强化的结果。[2] 例如，独立战争时期国会任命的四位少将之一菲利普·约翰·斯凯勒（Philip John Schuyler）就被错误地与法印战争和南北战争联系在一起，但他作为少将的地位没有改变。又如废奴主义者威廉·劳埃德·加里森就经常和一些听起来很像的名字如威廉·亨利·哈里森（William Henry Harrison）混淆。同姓的人，像收割机的发明者塞勒斯·麦考密克（Cyrus McCormick）就与同音异义的名字混淆，如20世纪以情歌著称的爱尔兰低音歌手约翰·麦科马克（John McCormack）。"错误的回答需要更仔细的研究。"迈尔斯敦促道，希望未来的研究者注重对错误答案的分析。他预测："相比于传统的正确答案研究，它可以向教师提供有关自己教学方面更多、更有效的信息反馈。"[3]

迈尔斯的研究反对简单的分类。一方面，他关于人类倾向于"对某种情况做出特定回答"的认识成为15年后英国社会心理学家弗朗西斯·巴特利特（Francis Bartlett）的"追求意义"（effort after meaning）的预示。[4] 另一方面，他与德国联想心理学家赫尔曼·艾宾浩斯（Herman Ebbinhaus）产生了共鸣，艾宾浩斯警告教师要"用心关注……以确保记忆正确"，这样学习者就可以保证知识体系中的各个

[1]　Garry C. Myers, Delayed Recall in History, Journal of Educational Psychology, 8(1917), 277.

[2]　Garry C. Myers, Delayed Recall in History, Journal of Educational Psychology, 8(1917), 282.

[3]　Garry C. Myers, Delayed Recall in History, Journal of Educational Psychology, 8(1917), 282.

[4]　Garry C. Myers, Confusion in Recall, Journal of Educational Psychology, 8(1917), 174; Francis C. Bartlett, Remembering: A Study in Experimental and Social Psychology (New York, 1932).

要素都与其他相应的知识联结一起。[①] 但迈尔斯并不主张死记硬背。相反,他主张学生"在学习中通过恰当的联系来感知事实",他们需要使用一些记忆小工具以便"经常回顾"。[②] 在这里,迈尔斯所使用的主次要点的认知层级,令人想起了早期的赫尔巴特(Herbartian)传统[③],也预示了后来被戴维·奥苏泊尔(David Ausubel)和其他认知革命先驱所提倡、所传播的认知(先行)组织者的观念。[④]

　　并非所有的心理学家都像迈尔斯那样痴迷于研究错误答案或像贝尔那样对历史意义感兴趣。对于"事实性知识测试忽略了历史学习最重要方面"的指责,担任《教育研究》编辑的伊利诺伊州立大学教育学教授 B. R. 白金汉(B. R. Buckingham)感到愤怒。"反对记忆的理由被过分夸大了,"他生气地说,"即使我们认为自己正在运用某种更高水平的思维,事实上我们也是在处理某种更高层次的记忆而已。"[⑤]为了支持自己的观点,白金汉利用范瓦格纳历史信息与判断测试(Van Wagenen Test of Historical Information and Judgment)分别对小学生和高中生进行测试,发现在测试中事实型试题和思维型试题有0.4 的相关性。[⑥]不过,白金汉并没有得出事实性知识与历史推理相辅相成的结论,而是提出了一个更为大胆的观点:人们所谓的"历史推

---

① Garry C. Myers, Confusion in Recall, Journal of Educational Psychology, 8 (1917),175. 有关艾宾浩斯思想的概述,请参见:Gordon H. Bower and Ernest R. Hilgard, Theories of Learning, 5th ed.(Englewood Cliffs, NJ., 1981).

② Garry C. Myers, "Confusion in Recall," Journal of Educational Psychology, 8 (1917),175.

③ 赫尔巴特认为意识中包括多个彼此相关的观念,新观念进入意识必先经过意识阈,之后进入众多观念的组合体,成为其中一部分,赫尔巴特称这一对新观念理解的过程为统觉(apperception),众多观念的组合体为统觉团(apperception mass)。赫尔巴特提出的统觉团理念,在教育上的意义是,教学生新观念或新知识时,必须考虑学生已有的经验(统觉团)。——译者

④ David P. Ausubel, The Use of Advance Organizers in the Learning and Retention of Meaningful Verbal Material, Journal of Educational Psychology, 51(1960), 267-272.

⑤ B. R. Buckingham, A Proposed Index in Efficacy in Teaching United States History, Journal of Educational Research ,1(1920), 164.

⑥ M. J. Van Wagenen, historical Information and Judgment in Pupils of Elementary Schools (New York, 1919).

理"实际上也只是事实性知识。白金汉通过分析范瓦格纳测试中的思维型试题来证明自己的观点。

> 思维部分的第一道试题如下：在汽船被制造出来之前，人们习惯于乘坐帆船在海上旅行。在欧洲人定居美国后很久，汽船才被发明出来。你认为这些早期的欧洲定居者是如何来到美国的？所被认可的答案是"乘坐帆船"，而这也是一个事实。这道试题尽管使用了"你认为"来引出问题，但依然是个事实性问题。[①]

白金汉认为，从范瓦格纳量表中的事实部分可以推导出更高形式的历史理解，且在不借助其他测试的情况下依然非常准确。[②] 白金汉甚至断言，既然事实性知识测验和高水平的历史思维能力间存在这样的关系，我们在开展事实性知识测试时，其实是"在激发这些高层次能力的训练"。[③]

白金汉脆弱的逻辑论证未能逃脱时人的批评，1920 年第 2 期的《教育研究》就发表了一篇简短而尖锐的回应文章。作者是康涅狄格州（Connecticut）斯坦福德市（Stamford）的一名学校主管 F. S. 坎普（F. S. Camp），他自嘲是个"研究的门外汉"，但"在历史教学方面却并非门外汉"。[④] 他对范瓦格纳量表的有效性产生了疑问，特别是它开发历史思维的能力。他自己多年的历史教师经历告诉他，通过编制试题来测量学生深度思考历史的能力是可行的。例如，如果尚普兰（Champlain）[⑤]

---

① B. R. Buckingham, A Proposed Index in Efficacy in Teaching United States History, Journal of Educational Research, 1 (1920), 168.

② B. R. Buckingham, A Proposed Index in Efficacy in Teaching United States History, Journal of Educational Research, 1 (1920), 170. 原文强调。

③ B. R. Buckingham, A Proposed Index in Efficacy in Teaching United States History, Journal of Educational Research, 1 (1920), 171.

④ F. S. Camp, Wanted: A History Scale Maker, Journal of Educational Research, 2(1920), 517.

⑤ 塞缪尔·德尚普兰（Samuel de Champlain, 1567—1635）是法裔美国人的先驱，也是魁北克城的建立者、法属加拿大首任总督。——译者

在 1608 年就有机会同莫霍克族(Mohawks)[1]成为朋友,那么 1758 年的纽约运动(New York campaign)的结果可能会如何?[2] 坎普认为这些问题的答案都是基于事实性知识,但学生在形成答案之前"必须考察、权衡以及接受或拒绝某些事实,然后才能组织它们。整个过程都需要切实地思考"[3]。

坎普的想法,虽然可能对其他历史教师具有说服力,但对测试研发者似乎影响甚微。随着研究重心日益转向量表开发和改进,贝尔和麦科勒姆眼中无所不包的历史知识,却危险地窄化为回答有关历史人物和事件等事实性问题的能力。[4] 教育测评领域在不断地进步和发展,随之而来的是对传统历史教学评价形式的某种反感,如小论文。[5] 根据一项研究,小论文不仅被学生讨厌,也不受老师喜欢,因为"批阅、评分和修改学生的作品是老师最头疼的事儿"[6]。是否可以证明撰写小论文除了费力,几乎没有带来任何好处,甚至是损益参半呢?[7] 这正是 F. R. 戈尔曼(F. R. Gorman)和 D. S. 摩尔根(D. S. Morgan)基于三节美国史课所做出的研究结论。

这三个班级都由同一位教师在教授,他们给各班布置了数量不等的写作作业。一班分到了三个单元,二班分到了两个单元,三班没有

---

① 莫霍克族是北美印第安人的一支,是易洛魁联盟(Iroquois)的东部成员。——译者

② F. S. Camp, Wanted: A History Scale Maker, Journal of Educational Research, 2(1920), 518.

③ F. S. Camp, Wanted: A History Scale Maker, Journal of Educational Research, 2(1920), 518.

④ 例如,C. L. Harlan, Educational Measurement in the Field of History, Journal of Educational Research, 2(1920), 849-853; C. W. Odell, The Barr Diagnostic Tests in American History, School and Society, 16(1922), 501-503; L. W. Sackett, A Scale in United States History, Journal of Educational Psychology, 10(1919), 345-348.

⑤ 参见:R. B. Weaver and A. E. Traxler, Essay Examinations and Objective Tests in United States History in the Junior High School, School Review, 39(1931), 689-695.

⑥ F. R. Gorman and D. S. Morgan, A Study of the Effect of Definite Written Exercises Upon Learning in a Course of American History, Indiana School of Education Bulletin, 6(1930), 80-90.

⑦ F. R. Gorman and D. S. Morgan, A Study of the Effect of Definite Written Exercises Upon Learning in a Course of American History, Indiana School of Education Bulletin, 6(1930), 90.

写作任务。三班的确在事实性知识测量中做得最好(181 分,一班得分 175 分),但作者没有考虑测试前学生学业水平的巨大差异。此外,研究者的写作任务看起来更像是让学生忙碌,而不是要求他们写出有思考性的回答(例如,"列出林肯政府的成员及其所担任的职位"或"按顺序列出脱离联邦的州,并写上脱离联邦的日期")。① 根据戈尔曼和摩尔根的推测,小论文作业在教师中的流行,可能是因为他们把有效学习和让学生忙碌起来搞混了。② 我们不免怀疑真正弄混的究竟是谁,是困惑的教师还是极力想证明写作无效的研究者呢?

　　心理测量学的加速发展推动了客观测试运动的到来,如同两次世界大战之间横扫美国学校的泰勒主义。③ 但是,如果认为这项客观测试仅局限在教育领域那就大错特错了。以事实为主体的历史知识形象,契合了当时流行的历史学科知识观。在教育心理学家努力开发可靠的、客观的历史测试量表时,大学里的历史学家也在努力摆脱人文学科的属性,从而成为"漂洋过海去验证银纹多角蛱蝶"的科学家。④ 正如彼得•诺维克(Peter Novick)所说,这种固执的事实主义方法有助于区分哪些是专业的历史学家,哪些是业余的。如果历史学要成为学术领域的正式成员,这种区分就是有必要的。⑤ 这种现象并非个例,几乎在同一时间,L. W. 萨基特(L. W. Sackett)在《教育心理学》(Journal of Educational Psychology)上发表了他改进后的世界历史量

---

① F. R. Gorman and D. S. Morgan, A Study of the Effect of Definite Written Exercises Upon Learning in a Course of American History, Indiana School of Education Bulletin, 6(1930), 81.

② F. R. Gorman and D. S. Morgan, A Study of the Effect of Definite Written Exercises Upon Learning in a Course of American History, Indiana School of Education Bulletin, 6(1930), 90.

③ Raymond Callahan, Education and the Cult of Efficiency(Chicago, 1962).

④ Peter Novick, That Noble Dream: The "Objectivity Question" and the American Historical Profession(Cambridge, England, 1988), 23.

⑤ Peter Novick, That Noble Dream: The "Objectivity Question" and the American Historical Profession(Cambridge, England, 1988), 23.

表，这个量表几乎消除了历史评分中的主观因素。[①] 同时，《美国历史评论》(*American Historical Review*)提出的编辑原则是：拒绝"观点性"的文章，欢迎"能够以某种方式证实的事实性文章"。[②] 那个时代的特色，不是学校和学术的泾渭分明，而是两者紧密地交织相依。

一战后，随着行为主义发展成为美国心理学家主要的研究范式，贝尔和坎普所关注的课题几乎都被摒弃了。[③] 即使是一些零星涉及历史的研究，重点也几乎放在如何分割事实以便于记忆上。[④] 查尔斯·贾德(Charles Judd)早期所关注的历史学科独特的心理特征在普遍流行的学习理论的冲击下黯然失色。进入 20 世纪 70 年代，心理学家罗伯特·加涅(Robert Gagne)轻率地指出学习并没有学科之分，也没有完善的理论基础支撑"数学学习""科学学习""语言学习"或"历史学习"等学科学习实体的独立存在，它们间的唯一区别是学校将一天或一个学期分配给这些科目的时间不同而已。[⑤] 直到 20 年后，行为主义的这种主张才受到主流心理学家的严峻挑战。

具有讽刺意味的是，贾德发现的历史学习特征或许导致了研究者不看重历史学习。在历史学科中，对正确答案缺乏共识，使得学习结果的评价变得复杂，因为如果研究人员认为对事实的测试微不足道，又认为学期论文(通常是大学阶段历史理解的产物)难以处理，他们就

---

① L. W. Sackett, A Scale in United States History, Journal of Educational Psychology, 10 (1919), 348.

② Peter Novick, That Noble Dream: The "Objectivity Question" and the American Historical Profession(Cambridge, England, 1988), 200.

③ M. Clark 的研究是个例外：The Construction of Exercises in the Use of Historical Evidence, in T. L. Kelly and A. C. Krey, eds., Tests and Measurements in the Social Sciences(New York, 1934), 302-339.

④ H. F. Arnold, The Comparative Effectiveness of Certain Study Techniques in the Field of History, Journal of Educational Psychology, 33(1942), 449-457.

⑤ Robert M. Gagné, The Learning Basis of Teaching Methods, in N. L. Gage, ed., The Psychology of Teaching Methods: Seventy-fifth Yearbook of the National Society for the Study of Education(Chicago, 1976), 30.

面临着需要开发一个新测试的可怕境地。毫无疑问,还有其他因素的影响。美国国内社会科的兴起对研究者提出了新的挑战,因为社会科中各学科的概念和认识论均不相同。而且,在数学学科中,有活跃的数学研究团体及课程专家,他们一方面借鉴心理学理论,另一方面又以研究成果去丰富心理学理论。相比而言,社会科教育者中并没有这样的群体存在。社会科的研究通常是单向的,只是借用心理学的概念,没有任何回馈。这些及其他因素,最终导致从一战结束到认知革命到来之前的这段时期内,忽视了对历史教与学的研究。

二、在英国的发展:皮亚杰,皮尔与其他人

当美国的研究者还在关注关联记忆和老鼠在迷宫中奔跑的时候,英国的心理学家已选择了另一个方向。从 20 世纪 50 年代到 70 年代,让·皮亚杰(Jean Piaget)的理论为理解学校课程提供了框架。从1955 年到 1983 年的 28 年间,在英国,基于皮亚杰理论的历史学习方面的论文超过了 24 篇。[①] 尽管近年来英国的研究已经扩展到不同的方向,但绕过皮亚杰的奠基工作,我们就难以真正地理解它们。

其中,最重要的研究项目是由英国心理学协会前任主席、伯明翰大学教育心理学教授 E. A. 皮尔(E. A. Peel)主持的。对于皮尔来说,皮亚杰理论是理解儿童学校表现的关键,是区分和系统化学校各学科思维类型的重要方法。考虑到皮亚杰的研究与数学、科学直接相关,皮尔开始着手在儿童的文本推理,特别是英语和历史学科中的书面材料理解方面拓展这一理论。按照皮尔的说法,历史理解的本质无法从

---

① Martin B. Booth, Skills, Concepts, and Attitudes: The Development of Adolescent Children's Historical Thinking, History and Theory, 22(1983), 101-117. 关于英国发展的最新进展,参见:Booth, Cognition in History: A British Perspective, Educational Psychologist, 29(1994), 61-70; Peter Lee, History Education Research in the UK: A Schematic Commentary, paper presented at the annual meeting of the American Educational Research Association, (New Orleans, 1999).

事实清单中找到,而是隐藏在综合的思维方式中,如掌握"因果关系、持续论证和评价"能力。[①]

尽管皮尔在理论著作中经常提到历史,[②]但基于皮亚杰传统给历史研究带来最大推动的是他的学生罗伊·N. 哈勒姆(Roy N. Hallam)。[③]哈勒姆给 100 名 11 岁到 17 岁的英国中学生三篇课文,一篇是关于玛丽·都铎(Mary Tudor),一篇是关于诺曼征服,另一篇是关于爱尔兰内战,每一篇后面都附有一系列问题。例如,学生读完诺曼征服后,会被问到威廉对英格兰北部的破坏是否正确。根据皮亚杰认知发展理论(Piagetian categories of intellectual development),哈勒姆对学生的回答进行了归类。没有将问题与所提供信息联系起来的称为"前运算思维"(preoperational thinking),组织良好但没有超越文本的称为"具体运算"(concrete operational),提出假说并以文本对照加以验证的称为"形式运算"(formal operational)。

参加哈勒姆实验的 100 名青少年中,只有两人的答案一直保持在高水平,即形式思维。这些发现以及皮尔同事类似的实验结果,使得哈勒姆认为学生掌握历史学科的系统思维要晚于数学或科学。[④]哈勒姆推测,这是因为历史让孩子面对的是一个"情境"(environment),这个"情境"包含着成年人的内在动机,他们可能生活在明显不同于 20

---

① E. A. Peel, Understanding School Material, Educational Review,24(1972),164.

② 例如,E. A. Peel, Some Problems in the Psychology of History Teaching: Historical Ideas and Concepts, in W. H. Burston and D. Thompson, eds., Studies in the Nature and Teaching of History(London, 1967),159-172;E. A. Peel, Some Problems in the Psychology of History Teaching: The Pupil's Thinking and Inference, in W. H. Burston and D. Thompson, eds., Studies in the Nature and Teaching of History(London, 1967),173-190.

③ Roy N. Hallam, Logical Thinking in History, Educational Review,19(1967),183-202.

④ 例如,D. Case and J. M. Collinson, The Development of Formal Thinking in Verbal Comprehension, British Journal of Educational Psychology,32(1962),103-111;参见:E. A. Peel, Experimental Examination of Some of Piaget's Schemata Concerning Children's Perception and Thinking, and a Discussion of Their Educational Significance, British Journal of Educational Psychology,29(1959),89-103.

世纪的另一个时代。^① 皮尔断言,历史的抽象本质"会让最聪明的成年人感到困惑"^②。

追溯哈勒姆的研究,可以让我们看到研究框架和实施方式是如何决定性地影响结果的。第一,提问学生的问题与学生在课堂中的所学无关,而学生在哈勒姆强调的历史推理形式问题表现如何,还有待进一步的研究。第二,学生们可能对哈勒姆的问题感到疑惑。^③ 例如,思考关于玛丽·都铎的文章中的一段话:"玛丽·都铎认为上帝要她带领英格兰重新皈依天主教。(1)上帝如何看待她的办法?(2)你认为玛丽·都铎为什么要用这种方法让人们追随她的宗教信仰?"^④学生们究竟该怎么回答呢? 就哈勒姆而言,他坚信自己发现的结论(meanings):"对于 14 岁以下的青少年来说,历史不应该采用过于抽象的形式,也不应该包含太多变量。"^⑤

试图将历史学习中的基本心理过程分离出来,是对皮亚杰学派研究者提出的新挑战。其中一个问题就是如何将学生前知识的影响最小化,因为它会给实验结果带来不必要的变动。为了解决这个问题,玛格丽特·F.朱尔德(Margaret F. Jurd)编写了三个虚拟国家的历史情境用来测试学生,三个国家分别称作阿扎(Adza)、穆尔巴(Mulba)

---

① Roy N. Hallam, Logical Thinking in History, Educational Review, 19 (1967), 195.

② Roy N. Hallam, Logical Thinking in History, Educational Review, 19 (1967), 195.

③ 参见:Martin B. Booth, Ages and Concepts:A Critique of the Piagetian Approach to History Teaching, in Christopher Portal, ed., The History Curriculum for Teachers(London, 1987), 22-38.

④ Martin B. Booth, Skills, Concepts, and Attitudes:The Development of Adolescent Children's Historical Thinking, History and Theory, 22 (1983), 104.

⑤ Roy N. Hallam, Piaget and Thinking in History, in M. Ballard, ed., New Movements in the Study and Teaching of History(London, 1970), 168. 彼得·李(Peter Lee)最近提醒我们,哈勒姆的研究计划既包含历史思想又包含宗教思想,这一点应该足以缓和对哈勒姆工作的批评。参见:Peter Lee, History Across the Water:A U. K. Perspective on History Education Research, Issues in Education:Contributions from Educational Psychology, 4(1998), 211-220.

和诺查(Nocha)。[1] 研究人员向学生提供了一张图表，上面同时展示了其中两个国家发生的事件，并要求他们预测第三个国家会发生什么。例如，在穆尔巴，"理查德(Richard)在带领人民战胜入侵者后变成了独裁者"。在阿扎，亨利(Henry)在他父亲死后继承了王位。[2] 然后，研究人员给学生们提供了五个诺查历史事件，包括增加军费开支、降低生活水平等，并要求学生根据阿扎和穆尔巴的材料对事件进行排序。朱尔德利用皮亚杰的理论术语来解释学生的表现。学生能否成功排序取决于"能否识别一个或多个变量及它们之间可能存在的关系"[3]。那些只识别出一个变量又无法进行归类的学生被判定为"前运算"，而那些能整合多个变量且控制好其他变量不变的学生被判定为展现出了"形式运算"的思维。

通过虚构国家或压缩教科书篇幅来限制历史信息的方式，贾德与哈勒姆等人试图控制学生前知识的影响。但是，在以语境为中心的历史领域，将历史事件去情境化（或虚构历史）令人感觉奇怪。[4] 从皮亚杰理论的角度来讲，历史推理就像自然科学教科书中的假说——演绎法，都要用到归纳和演绎技术、整合和分类变量的策略。最后的结果

---

[1] Margaret F. Jurd, Adolescent Thinking in History-Type Material, Australian Journal of Education, 17 (1973), 2-17; Margaret F. Jurd, An Empirical Study of Operational Thinking in History-Type Material, in J. A. Keats, K. F. Collis, and G. S. Halford, eds., Cognitive Development: Research Based on a Neo-Piagetian Approach(New York, 1978), 315-348.

[2] Margaret F. Jurd, An Empirical Study of Operational Thinking in History-Type Material, in J. A. Keats, K. F. Collis, and G. S. Halford, eds., Cognitive Development: Research Based on a Neo-Piagetian Approach (NewYork, 1978), 322.

[3] Margaret F. Jurd, An Empirical Study of Operational Thinking in History-Type Material, in J. A. Keats, K. F. Collis, and G. S. Halford, eds., Cognitive Development: Research Based on a Neo-Piagetian Approach (NewYork, 1978), 322.

[4] 参见：James West Davidson and Mark Hamilton Lytle, After the Fact: The Art of Historical Detection(New York, 1982)；关于语境的广泛讨论，参见：J. H. Hexter, The History Primer(New York, 1971).

是，心理学家要比历史学家更信服历史推理的描述。① 当历史研究简化为一系列逻辑关系和假设检验时，就和人们所熟悉的原本包括叙述、阐述和想象的历史学科几无相似之处了。

对于通过堂吉诃德式地剥离历史背景来获得历史认知的做法，人们很容易找出漏洞。但这些批评也不应该忽视这样的事实：皮尔、哈勒姆和贾德等人是继 J. 卡尔顿·贝尔后最早重提"历史意义"（historic sense）问题的心理学家。他们的努力提醒了研究者，历史推理的最佳指征不是孩子们选出了正确答案，因为这"只是重复所学的事实"，而应该是孩子们推理的本能，是将观点与证据联系起来的能力。② 尽管这些研究者的资料不足，得出的结论也尚不成熟，但他们激活了一个领域，推出了一些影响至今的研究项目，这一点值得称赞。

皮亚杰（学派）的历史学科研究依然存在一个问题，即对实践的影响。按照英国南部地区考试委员会（the Brithish Southern Regional Examinations Board）前任秘书长亨利·G. 麦金托什（Henry G. Macintosh）的观点，皮亚杰学派的研究使很多历史老师低估了自己学生的能力，并总是会出手帮助学生以确保自己的教学方法得到验证。③ 历史教育家约翰·法因斯（John Fines）也有类似的观察，他声称整整一代教师都"被皮亚杰式的分析吓倒了"④。尽管很难评估这些说法的准确性，但很明显，皮亚杰的研究支持了历史学家 G. R. 埃尔顿（G. R.

---

① 参见 Bernard Bailyn, The Problems of the Working Historian: A Comment, in Sidney Hook, ed., Philosophy and History(New York, 1963), 93-101; Louis O. Mink(Brian Fay, Eugene O. Golob, and Richard T. Vann, eds.), Historical Understanding(Ithaca, N. Y., 1987).

② Roy N. Hallam, Logical Thinking in History, Educational Review,19 (1967), 198.

③ Henry G. Macintosh, Testing Skills in History, in History Curriculum for Teachers (London,1981), 184.

④ John Fines, Introduction, in Denis Shemilt, ed., Schools Council History 13-16 Project (Edinburgh, 1980). 彼得·李(Peter Lee)认为皮亚杰对英国历史教学的影响被夸大了。参见其：History Across the Water: A U. K. Perspective on History Education Research, Issues in Education: Contributions from Educational Psychology,4(1998)，211-220.

Elton)的说法,即严肃的历史研究要到学生进入大学后才能开始。[①]同样明显的是,这些悲观的评估刺激了其他研究,尤其是那些旨在发现学生历史思维能力积极一面的研究。

这正是"学校历史委员会 13-16 项目"(Schools Council History 13-16 Project,以下简称历史 13-16 项目)成员面临的挑战。这个委员会于 1973 年在利兹大学成立,刚开始时大约有 60 所学校参加,10 年后覆盖到英国 20% 的高中。[②] 它成立的初衷是再次思考历史学的本质及其与中学历史课程的相关性,但从总体来看,这个项目提供了学科知识研究的心理学范式。[③]

这个项目大量借鉴了保罗·赫斯特(Paul Hirst)将学术学科作为知识形式的理论。赫斯特认为,这些学科不只是相关主题的组合,还构建了完全不同的认知方式。[④] 相应地,所有的知识形式都呈现出四个特征:(1)一系列的概念和核心理念——常用词汇;(2)将这些概念和理念结合起来的独特方式——词汇的"语法";(3)基于证据建构事实的独特方式,如心理学家依靠实验、历史学家依靠文献记载;(4)独特的探究方式,如化学家使用 X 射线光谱学或物理学家使用直线加速器。

项目建立者认为传统历史教学构建的是一种分享信息的形式,而非传授知识的模式。学生或许可以掌握公认的叙事方法,但他们缺少判定这些或其他叙述是否令人信服的或真切的方法。丹尼斯·谢密

---

① G. R. Elton, "What Sort of History Should We Teach" in Ballard, New Movements in the Study and Teaching of History.

② H. Dawson,引自:L. W. Rosenzweig and T. P. Weinland, New Directions of the History Curriculum: A Challenge for the 1980s, History Teacher,19(1986), 263-277.

③ Denis J. Shemilt, History 13-16: Evaluation Study(Edinburgh, 1980).

④ Paul H. Hirst, Liberal Education and the Nature of Knowledge, in R. S. Peters, ed., Philosophy of Education(Oxford,1973), 87-101.学校委员会的创始人也受到了"学科结构"概念的影响,详见:Jerome Bruner Process of Education(Cambridge, Mass., 1961).

尔特（Denis Shemilt）是该项目的评估者，后来担任了该项目的负责人。他将传统历史课上的学生类比为戏剧课上的学生，他们可以"头头是道地谈论《李尔王》（*King Lear*）中不同的场景和角色，却不知道话剧究竟是什么"[①]。换句话说，这些学生掌握了大量的历史信息，却没有考虑过这些信息从何而来。

学校委员会设置的三年课程是从八年级开始的。课程没有按照时间顺序设置历史课程，它首先讲了"什么是历史"，介绍了历史证据的本质、基于证据推理的本质以及基于部分证据和混合证据重建过去的问题。课程的其他部分鼓励学生参与历史研究项目并对选定的主题（如伊丽莎白一世时期的英格兰、1815—1851 年的英国、美国西进运动、中国共产主义的发展、阿以冲突等）进行深入的探究。还有一些其他主题，如医学史，也被纳入课程，因为它们可以让学生接触到完全不同的实践、信念和思维方式。

20 世纪 70 年代后期对该项目的评估包括三个部分：（1）比较 500 名实验组学生和 500 名对照组学生在一组历史概念考试中的表现。（2）对 75 名实验组学生和 75 名对照组学生进行配对（按照性别、智商和社会经济地位进行配对）研究，比较他们在其他概念测试中的表现。（3）研究者就历史本质问题对 78 组配对学生进行访谈。[②] 但是，在对实验组和对照组进行比较前，研究人员首先应该制定测量方法和编码方案，以便捕捉学生对历史知识形式的看法。例如，配对组学生对历史本质的回答，要按照贯通历史概念化范畴的四个等级进行编码。水平一的回答具有"只因为"的特征。事件之所以发生，是因为它们发生了，除了时序，彼此间没有任何内在联系。水平二的回答是以"朴素的

---

① Denis J. Shemilt，The Devil's Locomotive，History and Theory，22（1983），15.

② Denis J. Shemilt，History 13-16：Evaluation Study（Edinburgh，1980），20."配对"设计是将学习新课程中的学生与背景和能力相似、但学习过传统课程的学生进行配对。这是心理实验中常见的研究设计。

加尔文主义逻辑"来看待历史,将重建历史类同于拼图。① 水平三,青少年开始意识到历史叙述与"过去"的脱节,认识到前者包括了选择与判断,永远难以反映出后者的复杂性。水平四,学生超越了对宏观历史规律的探索,开始认识到历史解释具有特定场合性和上下文相关性。

68％的实验组学生达到了最高的两个水平,而对照组达到同样水平的只占29％。对照组学生中处在最低水平的占15％,而实验组只有1％。在三个评价部分中,实验组学生的表现都超过了来自传统课堂(对照组)的同伴。例如,50％的对照组学生无法区分历史和科学知识,而这一情况在实验组只有10％。当要求学生比较历史和数学学科时,83％的对照组学生认为数学比历史难,但只有25％的实验组的学生这样认为。正如一位对照组学生所说:"学习历史时,你只需要查阅,在数学课上需要计算出来。"另一位对照组学生补充说:"你可以从一个数学公式推导出三个或四个其他公式,但历史没有这种模式。"②

评估反映出来的总体情况支持这样的观点,即青少年通过教导可以理解历史知识的复杂形式。然而,谢密尔特的评估研究并非完全成功,正如他所注意到的,对照组与实验组学生间的差异可以类比为:"乱石荒芜只能勉强种植几株蔓生杂草的土地,与虽经修整但依然杂乱无章、花儿难以绽放的花园。"③

即便如此,实验组学生所提供的青少年可以进行历史推理的结论与皮亚杰学派的青少年无法推理的结论形成了鲜明对比。约翰·法因斯也注意到这一差异,他在评估报告引言中指出实验组学生"表现

---

① Denis J. Shemilt, The Devil's Locomotive, History and Theory,22(1983), 7.

② Denis J. Shemilt, History13-16；Evaluation Study(Edinburgh,1980),20.

③ Denis J. Shemilt, History13-16；Evaluation Study(Edinburgh,1980),14.

得似乎比皮亚杰学派(Piagetian's)最初认为的更有希望"①。然而,尽管谢密尔特小心翼翼地将学校委员会的努力与皮亚杰学派的研究区分开,学校委员会的研究项目——无论是其措施的性质还是成就水平,甚至是结果的图形分布——依然不可能离开研究传统而概念化。人们发现,皮亚杰理论无处不在,有时扮演试金石,有时扮演挑衅者,有时则只是点头的观察者,即使不被认可,也总是近在眼前。

诚然,皮亚杰理论最初是专门为应对紧急的历史局势定制的,但谢密尔特依然认可皮亚杰在多个领域的贡献,甚至对皮亚杰理论的适用性表示了一定的乐观。② 然而,评价研究和所谓的皮亚杰-皮尔-哈勒姆研究传统在研究方法上有一定的相似性,却没有得到同样的认可。③ 它们都有一个共同的倾向,即让学生变身为小哲学家,从形而上学而非历史学科的角度去讨论问题(例如,"无法避免的事情是否意味着它们不可控?""如果一个事件可以被转换或改变,它又怎么是不可避免的呢?")。④ 无疑,这些问题影响着历史理解。将学生对抽象问题的回答等同于他们在面对具体史料时的反应是存在风险的。正如语言心理学家教给我们的,完美地使用过去完成时是一回事,解释如何使用它是另一回事。

总之,历史 13-16 项目是迄今为止在青少年历史推理方面最深入的研究。考虑到研究的复杂性,人们或许希望对等式的另一边,即参与研究的教师的知识、理解和实践,给予同等的关注。在这方面,评价研究没有提供什么见解。像传统的前测和后测一样,历史 13-16 项目

---

① John Fines, Introduction, in Denis Shemilt, ed., Schools Council History 13-16 Project (Edinburgh, 1980), ii.

② Denis J. Shemilt, History13-16: Evaluation Study(Edinburgh,1980),50-52.

③ 参见 Matt T. Downey and Linda S. Levstik, Teaching and Learning History, in James P. Shaver, ed., Handbook of Research on Social Studies(New York, 1991), 400-410.

④ Denis J. Shemilt, History13-16: Evaluation Study(Edinburgh,1980),14.

评估提供了学生在实验之初的观念，也提供证据证明实验后学生的观念发生了变化。但是，除了归因于书面课程材料，它也没有其他关于学生观念变化的解释。在学生都处于第一水平层次的课堂中老师做了什么呢？复杂的历史理解概念是如何转化为课堂活动、教师的解释和学生的家庭作业的？在通往更高水平的理解过程中有哪些关键节点呢？

对于这些问题，历史 13-16 项目没有提供答案。此外，为了开发课程，教师需要知道哪些，这个问题也没有得到解决。事实上，有证据表明，参与研究的一些教师与水平一、水平二学生要比他们与水平四学生有更多的共同点。在回答问卷中的问题时，近一半参与研究的教师认为"原始史料一定比二手史料更可靠"，16％的教师认可"历史人物的思想和行为表现与今人完全相同，只是环境不同"。[1]可见，谢密尔特未让教师"熟悉项目的理念与目标"确实是没抓住重点。[2] 关键问题是：我们如何改变教师根深蒂固的历史观念？我们能改变他们吗？

三、认知革命：发展与可能性

每次革命都会燃起新的希望，"认知革命"也不例外。[3] 学校学习的新样态有望解决一些长期困扰我们的问题，这些问题从科学心理学兴起时，甚至是从人类开始反思"认知和学习到底意味着什么"开始，就一直困扰着研究人员。从 20 世纪 70 年代到 80 年代，认知心理学家阐明了学校一系列学科学习中学生的思维，包括从传统的代数、生物、物理和几何，到新兴学科如计算机科学和经济学，但在这一研究热

---

① Denis J. Shemilt，History13-16：Evaluation Study(Edinburgh,1980),76.

② Denis J. Shemilt，History13-16：Evaluation Study(Edinburgh,1980),76.

③ 一般认为，"认知革命"(cognitive revolution)一词是由霍华德·加德纳(Howard Gardner)创造的。他在著作 *The Mind's New Science：A History of the Cognitive Revolution*(New York，1985)中，描述了从行为主义向认知主义的过渡，内容颇具可读性。

潮中,历史学科被忽略了。事实上,作为第一次将学校学习整合在一起的尝试,埃伦·加涅(Ellen Gagne)的《学校学习的认知心理学》包括了 400 多本参考书,却没有一本是关于历史的。①

到 20 世纪 90 年代,出现了戏剧性的变化。认知心理学家为弥补失去的时间开展了广泛的调查研究,主题从儿童错误的历史观念到历史教科书的阅读、从教师的学科知识到历史教学的专业评估。下面的讨论梳理了这些研究和其他发展成果。

学习

利用认知方法研究学习的一个核心观点是:学习者将观念、概念的混合物带进了教学。其中一些是正确的,另一些是错误的。这些观念和概念会对新信息进行筛选。尽管此前的研究已经勾画出儿童历史观念的某些方面(特别是时间和年代),但最近的研究探索了学生对系列主题和观念的思考。②

盖尔·西纳特拉(Gail Sinatra)、伊莎贝尔·贝克(Isabel Beck)和玛格丽特·麦基翁(Margaret McKeown)提供了一个典型的五年级学生带到历史课堂中的背景知识。③ 在上美国史课前,研究者对 35 名五年级学生进行了访谈,在课后又访谈了 37 名六年级学生,学生被问到多个问题,例如,"为什么庆祝七月四日?""我们的国家是如何成为一个国家的?""有一种说法:'无代表不纳税',你认为这句话意味着什么?"即使经过了一年的学习,学生的理解依然模糊:74％的五年级学生和 57％的六年级学生的回答中没有提到英国与殖民地间的战争,

---

① Ellen D. Gagné, The Cognitive Psychology of School Learning(Boston,1985).

② Gustav Jahoda, Children's Concepts of Time and History, Educational Review,15(1963),87-104; R. N. Smith and P. Tomlinson, The Development of Children's Construction of Historical Duration, Educational Research,19(1977),163-170.

③ Gail M. Sinatra, Isabel L. Beck, and Margaret G. McKeown, A Longitudinal Characterization of Young Students' Knowledge of Their Country's Government, American Educational Research journal,29(1992),633-662.

60％的学生无法提供独立战争爆发原因的信息。

但学生并非一张白纸。关于"七月四日"的问题,往往会引出"战争牺牲者"纪念活动等回答。同样,关于《独立宣言》的问题也引出学生从奴隶解放到《五月花号公约》等不同回答。就像其他学科的认知探索和迈尔斯的早期工作一样,西纳特拉和她的同事超越了正确或错误答案,而是探讨学生回答中的系统模式。

布鲁斯·范斯莱德怀特(Bruce Van Sledright)和杰雷·布罗菲(Jere Brophy)考察了小学生的历史观念。他们就美国历史上的重大事件采访了10位四年级学生。① 范斯莱德怀特和布罗菲发现学生们关于这些主题的历史知识很少,但一些孩子喜欢就自己缺少了解的历史主题编故事。10岁的海伦(Helen)就很会讲故事,其中很多主题是关于新教徒的,他们乘坐一艘名为"五月花"号的船(她还说"这就是为什么我们会说'四月雨带来五月花'")并定居在密歇根州北部半岛的普利茅斯(Plymouth Rock)。② 为了编造这些故事,许多孩子把在学校学到的不同历史事件混合在一起,然后又将这些混合信息同从动画片或感恩节等文化庆祝活动中获得的信息结合起来。范斯莱德怀特和布罗菲据此得出结论:儿童不仅能够富有想象力地建构历史故事,而且能够看出这些故事的内在模式(大部分为悲剧、悬疑类型)。从这个意义上说,儿童的故事重构可以部分地视为史学家建构专业历史叙述的前奏。③

孩子们的想象可以归入戴维·珀金斯(David Perkins)所说的"内

---

① Bruce Van Sledright and Jere Brophy, Storytelling, Imagination, and Fanciful Elaboration in Children's Historical Reconstructions, American Educational Research Journal, 29 (1992), 837-861.

② Bruce Van Sledright and Jere Brophy, Storytelling, Imagination, and Fanciful Elaboration in Children's Historical Reconstructions, American Educational Research Journal,29(1992), 846.

③ Hayden White, Metahistory: The Historical Imagination in Nineteenth Century Europe (Baltimore, Md., 1973).

容框架"(content frame)，即对美国历史上特定时代和事件的误解。①
罗莎琳·阿什比(Rosalyn Ashby)和彼得·李(Peter Lee)指出珀金斯
的"认知框架"(epistemic frame)是学生用来解释历史的更普遍、更流
行的观念。② 两人没有像之前的研究那样访谈儿童，③而是把青少年
分为三个小组，在他们阅读关于盎格鲁-撒克逊人辅助宣誓(oath-
helping)和神明裁判(the ordeal)的文献时，把他们互动的过程录制下
来。在观看数百个小时的录像后，阿什比和彼得·李建构了一个分类
体系来描述儿童的"历史移情"，"一些信念和价值观的'智力成就'
(intellectual achievement)……不一定是他们自己的"。④ 在这方面，
能力最差的学生将历史视为"愚蠢"，以"恼怒的、不理解的和轻蔑的"
态度看待这门学科。⑤ 中等水平的学生开始将历史视为一种解释系
统，却很少努力用自己的思维来理解历史。只有处于最高水平的学生
才认识到过去和现代在思维模式上的差异，或时代精神与心理状态的
历史变化。尽管阿什比和彼得·李认为这种分类是描绘儿童历史思
维的方式，但它或许也捕捉到了成年人思维的某些方面。确实，一些
证据表明，"永恒过去"的信念，即现代观念可以轻易地迁移到过去，受

---

① David N. Perkins and R. Simmons, Patterns of Misunderstanding: An Integrative Model for Science, Math, and Programming, Review of Educational Research, 58(1988), 303-326.

② Rosalyn Ashby and Peter J. Lee, Children's Concepts of Empathy and Understanding in History, in History Curriculum for Teachers(London,1987), 62-88.

③ 参见 Alaric K. Dickinson and Peter J. Lee, History Teaching and Historical Understanding (London, 1978); Alaric K. Dickinson and Peter J. Lee, Making Sense of History, in Dickinson, Lee, and Rogers, Learning History, 117-154. 彼得·李、罗莎琳·阿什比和阿拉里克·狄更逊发起了一项关于儿童历史推理的重大研究。参见：Peter Lee, Alaric Dickinson, and Rosalyn Ashby, Just Another Emperor: Understanding Action in the Past, International Journal of Educational Research, 27(1997), 233-244.

④ Rosalyn Ashby and Peter J. Lee, Children's Concepts of Empathy and Understanding in History, in The History Curriculum for Teachers(London,1987),63.

⑤ Rosalyn Ashby and Peter J. Lee, Children's Concepts of Empathy and Understanding in History, in The History Curriculum for Teachers(London,1987),68.

到很多大学生的欢迎，无论是历史专业还是非历史专业的学生均是如此。[1]

阅读历史教科书

最近的研究也聚焦到学生对历史教科书的理解上。针对这一问题的早期研究聚焦于如何将文本的设计原则应用到教科书编写上。[2]邦妮·安布鲁斯特（Bonnie Armbruster）和汤姆·安德森（Tom Anderson）发现，典型的历史教科书并没有向读者们提供"周到的"服务，或未能让读者通过历史解释去决定：（1）行为或事件的目的，（2）达成该目标的行动计划，（3）所采取的回应行动，（4）结果。[3] 按照邦妮·安鲁拉斯特和汤姆·安德森的说法，如果课文未能解决这些问题，它就不是一个合格的"历史解释"材料。[4] 伊莎贝尔·贝克和她的同事们在一项更广泛的研究中也得出了类似的结论。[5] 他们发现五年级教科书都假定学生已经掌握了一定的背景知识，而实际上大部分孩子都是缺乏的。像邦妮·安布鲁斯特和汤姆·安德森一样，贝克团队也提议重编教材，用他们的话讲，需要使用"因果或解释"模式的逻辑，或从联系事件与起因、事件与结果的视角来重新编写教材。

贝克和同事在文本分析的基础上设计了符合文本认知原则的课

---

① David Lowenthal, The Timeless Past: Some Anglo-American Historical Preconceptions, Journal of American History, 75(1989), 1263-1280.

② Bonnie J. F. Meyer, The Organization of Prose and Its Effects on Memory(New York, 1975); T. A. van Dijk and Walter Kintsch, Strategies of Discourse Comprehension(New York, 1983).

③ Bonnie B. Armbruster and Tom H. Anderson, Structures of Explanations in History Textbooks, or So What If Governor Stanford Missed the Spike and Hit the Rail, Journal of Curriculum Studies, 16(1984), 247-274.

④ Bonnie B. Armbruster and Tom H. Anderson, Structures of Explanations in History Textbooks, or So What If Governor Stanford Missed the Spike and Hit the Rail, Journal of Curriculum Studies, 16(1984), 249.

⑤ Isabel L. Beck, Margaret G. McKeown, and Erika W. Gromoll, Learning from Social Studies Texts, Cognition and Instruction, 6(1989), 99-158.

文,他们主持了一项实验,将原段落同他们改写后的段落进行比较。[1] 例如,教科书关于法印战争的解释是这样开始的,"1763 年,英国及其殖民地结束了同法国和印第安人长达 7 年的战争",被重写后,增加了反映背景和语句间联系的材料。新的课文这样写道:"大约在 250 年前,英国和法国都声称对同一块北美的土地拥有所有权。"[2]

研究者安排 85 名四年级和五年级的学生分别学习原文和重写的课文,并比较学生对两种课文描述的再现能力(recall ideas)。在再现能力方面,在统计学上呈现出显著差异(124 个单元中,使用原文的学生回忆出了 17 个单元,使用改编后课文的学生回忆出了 24 个单元),这就为修订教科书以使学生记住更多信息的观点提供了有力支持。后续的研究表明,48 名五年级学生在实验人员主导的演示中接触到了背景知识,相比原课本,他们能更好地理解修订后的课本。[3] 这一发现支持了这样一种观点:当读者阅读结构良好的文本时,背景知识的帮助作用最大。

有关文本设计和分析的研究工作表明,认知原则可以使历史教科书更加"体贴"。提高学生理解力更有效的方法可能是教学生处理并"不很体贴"的文本。在对历史教科书与专业史学作品进行比较时,埃文·克里斯摩尔(Avon Crismore)发现在史学作品中经常用到"元话语"或表示判断、强调和不确定的提示语,但历史教科书把它们全部删

---

① Isabel L. Beck, Margaret G. McKeown, Gail M. Sinatra, et al., Revising Social Studies Texts from a Text-Processing Perspective: Evidence of Improved Comprehensibility, Reading Research Quarterly,26(1991), 251-276.

② Isabel L. Beck, Margaret G. McKeown, Gail M. Sinatra, et al., Revising Social Studies Texts from a Text-Processing Perspective: Evidence of Improved Comprehensibility, Reading Research Quarterly,26(1991), 257.

③ Margaret G. McKeown, Isabel L. Beck, Gail M. Sinatra, et al., The Contribution of Prior Knowledge and Coherent Text to Comprehension, Reading Research Quarterly,27(1992), 79-93.

除了。① 例如,历史学家非常依赖"模糊限制语"来表明不确定性,使用如情态动词(may,might)、某些动词(suggest,appear,seem)和限定语(possibly、perhaps)去表达历史知识的不确定性。但是,克里斯摩尔发现教科书通常会删除模糊限制语。她认为,这样的写法可能更"体贴",但也可能会导致学生将"了解历史"等同于"了解事实",②并只带着这一目标去阅读教科书。③ 如下是克里斯摩尔所观察到的:

> 读者如果直到成年之后,才知道有暗示态度的元话语存在,又没有被鼓励去参与阅读过程的话,批判性阅读会怎样呢?……年轻的读者需要看到作者是带有偏见的,并从小就开始评估这种偏见;教科书和老师应该教会他们如何去做。④

教学

在 1950 年到 1975 年的 25 年间,课堂教学研究明显带有行为主义倾向,专注于零散的教学行为,如课堂提问的频率和教师反馈的强化水平。这种方法的核心是假设学校学科间有基本的相似性。内容的变化被称为"语境变量"(context variables),并出现在研究结论局限

---

① Avon Crismore, The Rhetoric of Textbooks:Metadiscourse, Journal of Curriculum Studies,16(1984), 279-296.

② 参见 Expansions of this point in Robert F. Berkhofer, Jr., Demystifying Historical Authority:Critical Textual Analysis in the Classroom, Perspectives:Newsletter of the American historical Association,26(February 1988), 13-16; Carl N. Degler, Remaking American History, Journal of American History, 67 (1980), 7-25; James L. Lorence, The Critical Analysis of Documentary Evidence:Basic Skills in the History Classroom, History Teaching:A Journal of Methods,8(1983), 77-84.

③ J. D. McNeil, Personal Meanings Versus Test-Driven Responses to Social Studies Texts, Reading Psychology,10(1989), 311-319.

④ Avon Crismore,The Rhetoric of Textbooks:Metadiscourse,Journal of Curriculum Studies, 16(1984), 296. 理查德•J. 帕克斯顿(Richard J. Paxton)开始了一项研究计划,研究学生对更接近真实历史书写的教科书的反应。参见:Richard J. Paxton, "Someone with Like a Life Wrote It":The Effects of a Visible Author on High School History Students, Journal of Educational Psychology,89(1997),235-250; and Richard J. Paxton, "A Deafening Silence:History"Textbooks and the Students Who Read Them, Review of Educational Research, 69(1999), 315-339.

性(如果有的话)的简短讨论中。从 20 世纪 60 年代到 70 年代,零散的教学技能研究取得了巨大成功,导致教师倾向于以具体的成果检测学生的理解程度,然后引导他们解决类似的问题或进行类似的练习。但正如在分析时任教育部长的威廉·贝内特(William Bennett)讲授的关于《联邦党人文集》第 10 篇的历史课时,巴拉克·罗森山(Barak Rosenshine)所指出的:对教学技能的研究几乎没有提到教学内容,"我们甚至没有一个好的名词来称呼它……如何教授这些内容和思想? 技能模型对我们帮助不大"①。

斯坦福大学的李·舒尔曼将这种忽视教学内容的研究称为"迷失的范式",并计划通过研究来解决这一问题。② "教学中知识增长项目"(The Knowledge Growth in Teaching Project)(1983—1989)是一项纵向研究,追踪了从教师教育项目开始到全职教学第一年和第二年教师知识的变化。其中,关于四位历史/社科教师知识增长的考察是这个项目首批研究报告中的一份(参见本书第六章)。

学科内容知识和教学的关系在"实践智慧"(Wisdom of Practice)的系列研究项目中得到了拓展,此研究观察了 11 位名师讲授美国革命中的一个单元的情况。参与研究的教师们也要参与一系列的访谈,访谈内容包括从每个人的智力水平(重提自己高中和大学时代的辉煌成绩),到以改进过的"出声思维"解读华盛顿的离职演说、《联邦党人文集》第 84 篇(汉密尔顿一派对《人权法案》的看法)和其他原始文献(详见本书第八章有关这项工作的案例)。

该亚·莱因哈特是最早将认知原则应用到教学研究中的研究者

---

① Barak Rosenshine, Unsolved Issues in Teaching Content: A Critique of a Lesson on Federalist Paper No. 10, Teaching and Teacher Education, 2(1986), 301-308.

② Lee S. Shulman, Paradigms and Research Programs in the Study of Teaching: A Contemporary Perspective, in Merlin Wittrock, ed., Handbook of Research on Teaching, 3rd ed. (New York, 1986), 3-36.

之一，在理解历史教学所需的技能方面做出了重要贡献。[①] 在一项针对资深历史老师超过 76 个课时的 AP 美国史教学的个案研究中，[②] 莱因哈特重点关注了这位教师的历史解释，并将其区分为"封闭型"和"线索型"。在"封闭型解释"（blocked explanation）中，教师提供了一个独立的、模块化的解释。在"线索型解释"中，教师只给出简略的解释，或简单地提及，具体解释放到之后。新学年开始时，教师就给出了几乎所有的解释，而学生还在宪法的多重因果观念和比尔德（Beard）或霍夫施塔特（Hofstadter）的冲突观点间徘徊。随着时间的推移，教师逐渐引导学生进入形成解释的过程上来。衡量其是否成功的一个测量标准，是与老师讨论的学生比例，从学年初的 40％ 左右到第 13 周时增长了近 4 成。[③]

　　学生参与度的提升，同时也体现在质量维度上。学生并非只在回应教师的解释时会说得更多；他们回答的内容也越来越复杂。到研究的第二年 1 月的时候，莱因哈特所研究分析的一个学生保罗（Paul），已能够将棉花主导型经济的衰弱与英国的贸易政策及其在亚洲的殖民投资、南方领导人对英国舆论的误判联系起来。学生不仅要学习事实性材料，还要学习如何利用这些材料建构相互关联的历史解释。[④]

---

　　① Gaea Leinhardt，Expertise in Mathematics Teaching，Educational Leadership 43(1986)，28-33；Gaea Leinhardt and James G. Greeno，The Cognitive Skill of Teaching，Journal of Educational Psychology，78(1986)，75-95.

　　② Gaea Leinhardt，Weaving Instructional Explanations in History，British Journal of Educational Psychology，63(1993)，46-74.

　　③ Gaea Leinhardt，Weaving Instructional Explanations in History，British Journal of Educational Psychology，63(1993)，65.

　　④ 自从这篇评论首次发表以来，该亚·莱因哈特就熟练的历史教学写了几篇重要的分析文章。例如，参见：Kathleen M. Young and Gaea Leinhardt，Writing from Primary Documents：A Way of Knowing in History，Written Communication，15(1998)，25-68；and Gaea Leinhardt，Lessons in Teaching and Learning History from Paul's Pen，in Peter N. Stearns，Peter Seixas，and Sam Wineburg，eds.，Knowing，Teaching，and Learning History：National and International Perspectives(New York，2000)，223-245.

关于教师知识的研究与 20 世纪 70 年代到 80 年代初的教学研究有很大不同。研究人员放弃了行为观察方案,转而对一小部分教师进行深度访谈和集中观察。这些课堂观察并非只是简单地从每六个月中抽样观察一两个小时,而是追求教学的连贯性,通常是延续一整个单元,就像莱因哈特的案例一样,有时长达近半年。这项研究还探索出新的方法论领域,借用和改进了人类学家或社会语言学家更普遍使用的工具,而不是心理学家在实验室中使用的方法。这些研究并非要构建适用于所有学科的教学理论,而只是适用于某些特定学科且更有限、更具有场合性的中观理论,它对物理教学、体育教育或许有价值或许没有价值。① 这项研究的焦点不是脱离教师想法的教师行为,而是存在于教师所知与所做间深刻且根本的联系中。

这项研究对示范教学进行了令人信服的描述,但是这项研究的优点或许也是它的缺点,即要详细描绘知识如何应用到实践中。就像吸引眼球的博物馆展品一样,告诉我们更多的是"它是什么",而不是"它是如何形成的"。这些教师的学科知识是本科训练的结果还是其变异呢?这些老师如何学会让学生融入历史,将历史作为一种认知方式的呢?他们为何没能取得成功?他们又是如何从失败中吸取教训的?既然没有人能通过参加一个为期两天的历史解释研讨会就成为能手,我们又将如何改变教师根深蒂固的历史本质认识论呢?最后一个问题具有特殊的意义,因为这项新的教学研究的核心假设是,从专家那里学到的内容可以教给新手教师。但是,我们如何将专家特质转化为教师专业发展的目标呢?这些只是有关历史教师学科知识的新兴研究中出现的一些悬而未决的问题。

---

① Robert K. Merton, *Social Theory and Social Structure*, 3rd ed. (New York, 1968).

四、结论

当前关于历史教与学的研究以多元化的调查为特征，反映了认知探究的活力。在很多领域，历史并非其他学科研究成果的最终受益者，而是这些成果最初萌发和生根的地方。

有多个理由让我们相信：对历史的兴趣并非心血来潮。教育者和政策制定者都逐渐认识到，历史推理的意义远远超过了历史课程的范畴。[①] 历史是装满复杂问题的仓库，就像我们每天在现实中所面对的问题一样。研究这些问题需要敏锐的解释能力，远远超过主导诸多学校任务的"文本信息定位"技巧。了解学生如何处理复杂问题以及教师如何帮助他们，不仅可以为改进学校历史教育提供知识基础，也宣传了阅读理解理论在解释复杂文本时发挥着潜移默化的作用。[②]

另外的三个进展预示着历史会一直成为焦点。第一，最近对历史叙述（narratives）的关注，将叙述的形成视为"认知成就"。[③] 并因通过将范围扩展到历史叙述的构建而取得了更多成果。[④] 随着历史学家自我意识的增强，这个主题已经逐步被采纳，心理学家也在其中做出了

---

① Bradley Commission on History in Schools, Building a History Curriculum: Guidelines for Teaching history in Schools(Washington, D. C. , 1988); California State Department of Education, history-Social Science Framework for California Public Schools, K-12(Sacramento, 1988); Bernard R. Gifford, History in the Schools(New York, 1988). 有关娴熟的文本诠释技巧的探讨，近来的一个研究案例可参见：Joan Peskin, Constructing Meaning When Reading Poetry: An Expert Novice Study, Cognition and Instruction, 16(1998), 235-263.

② 参见：I. Athey and Harry Singer, Developing the Nation's Reading Potential for a Technological Era, Harvard Educational Review,57(1987), 84-93; and Walter Kintsch, Learning from Text, Cognition and Instruction, 3(1986), 87-108.

③ 参见：David R. Olson, The World on Paper(New York,1994).

④ 参见：E. B. Freeman and Linda S. Levstik, Recreating the Past: Historical Fiction in the Social Studies Curriculum, Elementary School journal 88(1988), 329-337; and Linda S. Levstik and Christine C. Pappas, Exploring the Development of Historical Understanding, Journal of Research and Development in Education，21(1987), 1-15.

重要贡献。① 第二，多媒体和计算机数据库等新技术的出现创造了多年前难以想象的历史教育的可能性。人们正在努力探索技术进步在提升历史认识方面的作用。② 第三，历史成为学生与教师评估的新领域，在未来也注定成为重点发展的领域。③

　　按照传统方法，对历史感兴趣的心理学家会翻阅史学著作去寻找历史思维本质的线索。这个文集与著作宝库主要由历史学家和历史哲学家创建。阅读历史作品，并不是因为它们揭示了1812年战争、中世纪的日常生活或法属印度支那的灭亡，而是因为这些作品中隐含着

---

　　① 例如，Tom Holt, Thinking Historically: Narrative, Imagination, and Understanding (Princeton, 1990); and William Cronon, A Place for Stories: Nature, History, and Narrative, Journal of American History, 78(1992), 1347-1376.

　　② 例如，Jon Nichol and J. Dean, Computers and Children's Historical Thinking and Understanding, in R. Ennals, R. Gwyn, and L. Zdravchev, eds., Information Technology and Education: The Changing School (West Sussex, England, 1986), 160-176; Gavriel Salomon, Transcending the Qualitative-Quantitative Debate: The Analytic and Systemic Approaches to Educational Research, Educational Researcher, 20(1991), 10-18; and Katheryn T. Spoehr and Luther W. Spoehr, Learning to Think Historically, Educational Psychologist, 29(1994), 71-77. 有关科技和历史之间关系的激动人心的进展，请访问 http://historymatters. gmu. edu，以及 Randy Bass and Roy Rosenzweig, Rewiring the History and Social Studies Classroom: Needs, Frameworks, Dangers, and Proposals(U. S. Department of Education, Washington, D. C. , 1999).

　　③ 参见 Martin B. Booth, A Modern World History Course and the Thinking of Adolescent Pupils, Educational Review, 32(1980), 245-257. 参见：Eva Baker, Learning-Based Assessments of History Understanding, Educational Psychologist, 29(1994), 97-106.

一般性的历史认识。[①] 仔细阅读史学作品及其建构过程的推断策略，可以提供很多方法。利用这些方法建构教与学的理论，所存在的问题是：最终达成的历史思考结果，可以通过诉诸完全不同的中间过程来解释。[②] 历史学教给我们如何识别娴熟的认知，却没有告诉我们如何实现它。

还有第二种方法去理解"历史思维"意味着什么。这种方法不如史学书写传统成熟，它考察了形成历史解释和结论的步骤与不足之处。这项工作由研究人员开展，他们已经对学生、教师和历史学家如何理解历史进行了实证研究。[③] 在这里，它询问人们知道什么以及是如何知道的。这样一来，这种方法就把认识论问题从迷雾中剥离出

① Carl Becker, Everyman His Own Historian(Chicago, 1935; reprint ed. 1966); Marc Bloch, The Historian's Craft(Manchester, England, 1954); Davidson and Lytle, After the Fact; Degler, Remaking American History; David Hackett Fischer, Historians' Fallacies: Toward a Logic of Historical Thought(New York, 1970); Louis Gottschalk, Understanding history: A Primer of Historical Method(Chicago, 1958); Hexter, History Primer; Allan Megill, Recounting the Past: "Description," Explanation, and Narrative in Historiography, American Historical Review, 94 (1989), 627-653; Novick, Noble Dream; W. J. Dibble, Four Types of Inferences from Documents to Event, History and Theory, 3(1963), 203-221; William H. Dray, Philosophical Analysis of History(New York, 1966); Haskel Fain, Between Philosophy and history: The Resurrection of Speculative Philosophy of History Within the Analytic Tradition(Princeton, 1970); Maurice Mandelbaum, The Problem of Historical Knowledge(New York, 1938); Mink(Fay, Golob, and Vann, eds.), Historical Understanding; Jörn Rüsen, Studies in Metahistory(Pretoria, South Africa: Human Sciences Research Council, 1993); Quentin Skinner, ed., The Return of Grand Theory in the Human Sciences(Cambridge, Mass., 1985); Michael Stanford, The Nature of historical Knowledge(New York, 1986).

② 参见：K. Anders Ericsson and Herbert A. Simon, Protocol Analysis: Verbal Reports as Data(Cambridge, Mass., 1984); Jill Larkin, Teaching Problem Solving in Physics: The Psychological Laboratory and the Practical Classroom, in David T. Tuma and F. Reif, eds., Problem Solving and Education: Issues in Teaching and Research(Hillsdale, N.J., 1980), 111-125.

③ 例如, Michael Frisch, American History and the Structure of Collective Memory: A Modest Exercise in Empirical Iconography, Journal of American History, 75(1989), 1130-1155; M. M. Miller and Peter N. Stearns, Applying Cognitive Learning Approaches in History Teaching: An Experiment in a World History Course, History Teacher, 28(1995), 183-204; Peter Seixas, Historical Understanding Among Adolescents in a Multicultural Setting, Curriculum Inquiry, 23 (1993), 301-327; Peter Seixas, When Psychologists Discuss Historical Thinking: A Historian's Perspective, Educational Psychologist, 29(1999), 107-109.

来,并将它们转化成实证研究的对象。[①]

　　这项研究可以追溯到 20 世纪初,那时美国心理学会和美国哲学会举行了一次联合会议,因为心理学家往往也是哲学家。作为一种研究策略,这种方法的知识起源并非来自爱德华·桑代克(Edward Thorndike),他对哲学问题显示出很少的耐心,[②]而是要追溯到威廉·冯特(Wilhelm Wundt)。人们普遍认为冯特是一名实验主义者,他决心将心理学建立成一门实证科学,[③]而鲜有人知的是,冯特的实证研究深受认识论、逻辑学和伦理学著作的启发,他认为心理学和哲学相互依存,分离则会萎缩。[④]　就其核心而言,历史理解是跨学科的工作,只有采用多学科方法才可能理解它的复杂性。从这一点上说,目前的努力预示着未来会比过去更加丰富多彩。

　　【说明】　本章最初出现在由罗伯特·卡尔菲(Robert Calfee)和戴维·伯利纳(David Berliner)编辑的 *the Handbook of Educational Psychology*(New York,1996)中。自它出版以来,历史教学方面的新作如雨后春笋般涌现。这部合集收录了彼得·N. 斯特恩斯(Peter N. Stearns)、彼得·塞沙斯(Peter Seixas)和萨姆·温伯格(Sam Wineburg)合著的 *Knowing, Teaching, and Learning History：National and International*

---

　　①　参见：Kenneth A. Strike and George J. Posner, Epistemological Perspectives on Conceptions of Curriculum Organization and Learning, in Lee S. Shulman, ed., Review of Research in Education(Itasca, Ill., 1976), 10-141.

　　②　参见：Geraldine M. Joncich, The Sane Positivist: A Biography of Edward L. Thorndike (Middletown, Conn., 1968).

　　③　Edwin G. Boring, A History of Experimental Psychology(New York, 1929).

　　④　M. G. Ash, Wilhelm Wundt and Oswald Kulpe on the Institutional Status of Psychology: An Academic Controversy in Historical Context, in W. G. Bringmann and R. D. Tweney, eds., Wundt Studies(Toronto, 1980), 396-421; Steven Toulmin and David E. Leary, The Cult of Empiricism in Psychology, and Beyond, in David E. Leary and S. Koch, eds., A Century of Psychology as Science(New York, 1985), 594-617.

Perspectives(New York，2000)，以及詹姆斯・F.沃斯(James F. Voss)和马里奥・卡雷特罗(Mario Carretero)所著的 *Learning and Reasoning in History*(Portland，Oreg.，1998)。另请参阅 *the Journal of Narrative and Life History*(1994 年，第 4 期)和 *Culture & Psychology*(1994 年，第 1 期)的特刊，均由詹姆斯・V.沃茨(James V. Wertsch)编辑。更新的文献评论包括理查德・帕克斯顿(Richard Paxton)和萨姆・温伯格在 *Routledge International Companion to Education*(London，2000)中合著的一篇短文"History 'Teaching'"；苏珊娜・M.威尔逊所著的 "Review of History Teaching"，出版于弗吉尼亚 Richardson 编辑的 *Handbook of Research on Teaching*(New York，2001)中；以及詹姆斯・F.沃斯的"Issues in the Learning of History"，出版于 *Education：Contributions from Educational Psychology*，(1998 年，第 4 卷第 2 期)，第 163—209 页。此处呈现的评论已为读者进行了一些更新和编辑。

第二部分

历史对学生的挑战

第三章　阅读历史文本：学校与学术的断裂

在一篇关于历史文本阅读的论文中，威廉·威尔科克斯（William Willcox）要求我们思考关于"攻占巴士底狱"的两个描述，一个是旧制度阵营的成员写的，另一个是雅各宾派（Jacobin）的成员写的。

> 不管这两人多么坦诚，两个描述之间还是有很大差异。历史学家看不到事件的本身，正如兰克（Ranke）那句名言"就像它本来那样"；历史学家只能通过目击者来旁观历史事件，如同依靠自己的钢笔一样依靠目击者的眼睛和情感。这并不是一定要接受目击者的偏见；恰恰相反，他必须理解偏见才能顾及偏见。①

在历史学家的反思性作品中，"要理解史料的偏见"的呼吁是很常见的。但作为一种指南，历史学家对如何理解史料偏见的问题却保持

---

① 　William B. Willcox, An Historian Looks at Social Change, in A. S. Eisen-Stadt, ed. , The Craft of American History(New York, 1966), 25.

了异乎寻常的沉默。① 这是不幸的，因为理解的过程不可能不言自明。历史学家如何准确地将情感融入静态的文字中并呈现给读者呢？他们如何替已经去世数百年的人们来表达呢？学生是如何阅读历史文献的呢？绝大多数情况下，学生所阅读的历史文献就是他们的教科书吧？他们能否参与到文本化的情境中去呢？学生是否意识到他们就如同依靠自己的头脑一样在依靠作者的内心？

在提出这些问题时，我将自己的研究转向了历史学家和高中学生，他们在审读历史文献时采用"出声思维"。首先，我将根据历史学家的特点勾勒出熟练的历史阅读者的形象。其次，要求高中生阅读相同材料，并对他们的反应进行分析，然后将其与熟练的历史阅读者进行对比。再次，我推测历史学家和学生出现差异的原因。最后，我将简述这项研究对历史学科在学校课程中定位的意义。

一、熟练的历史阅读

我先来解释下如何设计历史学家和学生的阅读任务。首先，我和八位历史学家坐下来，教他们在阅读"列克星敦枪声——独立战争爆发"的文献时如何运用出声思维（八位高中生也将是同样的过程，详见下文描述）。出声思维技术要求人们在解决复杂问题或阅读复杂文本时将其思维语言化。它关注认知的中间过程而不只是结果，因而也就不同于实验研究。而且，出声思维在两种方式上不同于其原型——内

---

① 有关历史中"如何做"书籍的例子，参见：Henry Steele Commager, The Nature and Study of History(Columbus, Ohio, 1966); Wood Gray, Historian's Handbook: A Key to the Study and Writing of history(Boston, 1959); Allan Nevins, Gateway to history(Chicago, 1962); or R. J. Shafer, A Guide to Historical Method(Homewood, Ill., 1969). 当格雷(Gray)声称阅读原始文献，需凭借"某种可帮助(历史学家)发现征兆的第六感"时，就给这一技巧加上了一抹神秘主义的色彩(p. 36)。除这一趋势外，还有两个值得关注的观点：J. H. Hexter, The History Primer(New York, 1971); James West Davidson and Mark Hamilton Lytle, After the Fact: The Art of historical Detection(New York, 1982).

省:第一,它要求人们在阅读的同时报告他们的思维,而不是几分钟或几天后;第二,它要求人们语言化思维内容,而不是思维产生的过程。[①]

我特意招募有不同专长和学术背景的历史学家。[②] 有些专家非常熟悉殖民地时期的历史,但其他人,比如一个日本史专家和一个中世纪史专家对独立战争的了解并不比他们高中时多多少。我搜集到的资料也有多种形式,从目击者的证词、新闻报道到历史研究中很少用到的文献(如学校教科书上的材料或一段历史小说)。[③] 除了让历史学家运用出声思维,我还要求他们根据史料的可信度对文献进行评分。

第一篇文献为他们将要读到的另外七篇文献奠定了基础。这是1775 年 4 月 28 日,马萨诸塞州议会(Massachusetts Provincial Congress)议长约瑟夫·沃伦(Joseph Warren)寄给驻伦敦的殖民地代表本杰明·富兰克林(Benjamin Franklin)的一封信。列克星敦流血事件发生后,沃伦从目击者那里搜集了证词,附上一封信后便立刻寄给了富兰克林。在信中,他将列克星敦事件描述为"内阁对马萨诸塞湾及其姐妹殖民地拒绝放弃奴隶制所进行的复仇"[④],杰克(Jack)是一名印第安人史专家,对殖民地时期非常熟悉,他读完这句话后评论道:

---

① 有关出声思维的方法论及其原理的详细讨论,参见:K. Anders Ericsson and Herbert A. Simon, Protocol Analysis: Verbal Reports as Data(Cambridge, Mass., 1984). 另请参见 Michael Pressley and Peter Afflerbach, Verbal Reports of Reading: The Nature of Constructively Responsive Reading(Hillsdale, NJ., 1995)。

② 在我研究的 8 位历史学家中,6 位拥有博士学位,2 位是博士生。4 位历史学家认为自己是美国主义者(并且教授过美国历史),而其他 4 位则不是。在博士生培养方面,以下机构有代表出席了会议:威斯康星大学(3 位)、斯坦福大学(2 位)、伯克利大学(2 位)和哈佛大学(1 位)。

③ 有关这些文献的全文及其所遵循的方法和步骤的细节,参见:Samuel S. Wineburg, Historical Problem Solving: A Study of the Cognitive Processes Used in the Evaluation of Documentary and Pictorial Evidence, Journal of Educational Psychology, 83(1991), 73-87.

④ 沃伦的附信参见:Peter S. Bennett, What Happened on Lexington Green? (Menlo Park, Calif., 1970), 20. 关于沃伦的宣传技巧,参见:Arthur B. Tourtellot, Lexington and Concord: The Beginning of the War of the American Revolution(New York, 1963), 212-236.

（读完后）我想到的是自己曾读过一本杰克·拉可夫（Jack Rakove）①的书，讨论的是当时所面临的问题之一，就是如何让各个殖民地团结起来，努力成为一个统一体。所以，对其他群体而言，"和其他姐妹殖民地一起拒绝"是一种号召。

这一评论的精妙之处很容易被忽视。首先，这并非对历史学家所读文献的评论，因为文献中没有关于各殖民地不和谐或不团结的内容。其次，虽然将此信看作是一种"号召"，但这封信是寄给富兰克林以便在议会议员中传阅，所以从字面上看这种"号召"是指向英国。确实，杰克在这里所看到的并不会出现在教科书上或表示文献主题的图示中。对他来说，最重要的不是它的内容，而是它的作用。

那么，按照杰克的说法，他是如何处理文献的呢？从一开始，他就没有将列克星敦的对抗看成激动的农民和疲惫的士兵之间的争吵，而是当作一次意义重大的现场冲突，即国王代表同13个殖民地人民之间的冲突。"同姐妹殖民地一起拒绝"这句话有双重目的：第一，提供了如何看待八位战士牺牲的总体框架；第二，要求巴尔的摩（Baltimore）和萨凡纳（Savannah）的读者（这个文献也会在他们间传播）将自己的命运同北部兄弟联系在一起。换言之，这种"号召"既是为了激发伦敦的激情，也是为了团结国内的力量。

这不是字面信息，也不是推断信息（因为那个词汇经常使用），而是历史学家的理解，是一种潜台词，它隐藏在（文字）背后并具有潜在意义。历史文献中的潜台词可以分为两个独特而又相关的领域：作为修辞作品（rhetorical artifact）的文本和作为拟人作品（human artifact）的文本。在第一个领域，文本作为修辞作品，历史学家努力去重建作

---

① 杰克在这里提到的专著是：Jack N. Rakove, The Beginning of National Politics(New York, 1976).

者的目的、意图和目标,但潜台词超越了对作者意图的重建,超越了将语言运用视为说服的语言技巧。事实上,很多潜台词包括与作者意图相悖的因素,造成作者可能尚未意识到或希望隐瞒的信念也显现出来。这就涉及了第二个领域,作为拟人作品的文本,建构史实并揭示了作者的假设、世界观和信念。这种阅读从考虑作者使用的词汇跳到了作者是什么类型的人,不只将文献视为描述世界的方式,也当作重构世界的方式。

让我们回到杰克阅读沃伦的信件。为了能够看出这封信是对其他殖民地的一种号召,杰克需要知道什么呢?确定地说,他需要知道关于独立战争的"二手"文献——事实上,他引用了历史学家拉可夫的专题文献。在参与测试的八位历史学家中,一些人完全不知道这样的细节知识,难以辨识萨拉托加大捷、模拟代表权、《汤森法案》、《1763年公告》和国内征税。这些都是美国历史教科书复习章节中常见的辨识问题,也是我给历史学家的小测验中的问题。[①] 不过,在这些"缺少相关知识"的历史学家身上,我们也看到了他们在阅读中采用了相同的方法。比如,中世纪史专家弗雷德(Fred)对沃伦的信做出了这样的评价:

> 这是让英国人以自己的方式来看清事件的原委;倡导忠诚于国王,但认为政府把事情搞乱了;可以清楚地看到正规军在列克星敦进行了罪恶的暴力行动……它不仅是事件的再现,事实上也是从国王与政府关系的角度重构事件,这是两回事。

弗雷德尽管缺少事实性知识(他只回答了三分之一的身份问题),但他与掌握更多知识的同事在阅读过程中表现出了很高的相似性。对于弗莱德来说,这份文献并非中立地描述事件,而是要努力"影响人

---

① 这些配套习题来自美国主流的历史教科书:Lewis Paul Todd and Merle Curti, Rise of the American Nation(Orlando, Fla., 1982).

们的观点",它强调尽管列克星敦发生了流血事件,殖民地居民依然要发誓"忠于国王",①从中可以看出,这封信是从国王和政府关系的角度来"构建事件"——殖民地居民宣誓忠于国王但指责政府的政策。换句话说,沃伦的信通过归咎于国王任命的官员而宽恕了国王。

在这两种阅读方式中,字面文字只是历史学家理解文本的外壳。文本不是为了传递信息、讲述故事,不是为了客观记录。相反,它们是狡猾的、精明的和变化多端的,反映了真实世界的不确定性和虚伪性。文献以"游说"的形式出现,②这种社会互动记录在了纸上,只能通过重建它们发生时的社会背景才能理解。对文本的理解不能局限于文字和短语的意思,而是需要了解文本背后的意图、动机、目的和计划,这也是我们用来解读人类行为的理念。

二、教科书的阅读

将文献视为演说行为的观点或许可以应用到我给历史学家的原始史料上,但学校里的教科书又该如何阅读呢? 从表面上看,这些课文不同于历史学家所评论的那些富有争议性的文献。学校教科书似乎就是为了让学生阅读和记住里面的信息而编写的,③它属于不同范畴,不必进行潜台词式阅读。为了验证这一说法,我让历史学家阅读下面这段从美国历史教科书上引用的话:

1775 年 4 月,马萨诸塞军队总司令盖奇将军派一支军队去占领离波士顿不远的康科德军需库。在列克星敦,一支"民兵"已

---

①　这是弗雷德回应沃伦的问候"各位朋友与公民"时说的话。

②　John Searle, What Is a Speech Act, in Max Black, ed., Philosophy in America(Ithaca, N. Y., 1965), 221-239.

③　虽然教科书作者的目的可能是写出清晰的文字,但现实往往事与愿违。从认知心理学角度对历史教科书所做的批判,参见:Isabel L. Beck, Margaret G. McKeown, and Erika W. Gromoll, Learning from Social Studies Texts, Cognition and Instruction,6(1989),99-158.

经接到了保罗·里维尔送来的消息，封锁了通往康科德的道路。这群"叛乱分子"被要求解散，但他们坚守不动。英国人开枪射杀了八名爱国者①，很快保罗·里维尔向邻近的其他殖民地飞马告知了这一消息。新英格兰的爱国战士尽管人数很少，但已经做好了同英国作战的准备。即使在遥远的北卡罗来纳州，爱国者们也组织起来反抗英国人。②

我们要求历史学家们将这八份文献按照可信度进行排序，这段引文被排在了最后，它的可信度甚至都不如从霍华德·法斯特（Howard Fast）的小说《四月的早晨》（*April Morning*）中引用的话。其中一个很好的理由，是上面的引文与英、美双方的原始资料都有冲突，对民兵的描述只有"他们坚守不动"或者"封锁了道路"。除了发现这段文字与史料的不一致，历史学家还建构了这段资料中潜在文本的隐含意义。弗雷德对这段引文的评论很具有代表性，他说："（这段引文）夸大了英雄主义和我方进行战斗的决心，并且他们消息灵通，骑着快马站在战场上。"

学生们的反应完全是另外一种思路。我首先要说明这八位同学并不是普通学生。他们 SAT（Scholastic Assessment Test，学术水平测验考试）的平均分是 1227 分，远远超过了全国高中毕业生的平均成绩。他们的绩点（GPAs）也很高，平均达到了 3.5，其中有两名学生甚至达到了非常优秀的 4.0。而且，这些学生比其他同学知道更多的历史知识。他们都学了四年的历史课程，并且他们的成绩都明显超过了国家教育进展评估（NAEP）中历史考试的样本分数。③　总而言之，这

---

① 英国人开枪射杀了 8 名爱国者。爱国者即民兵。——译者

② Samuel Steinberg, The United States: A Story of a Free People (Boston, 1963), 92. Reprinted in Bennett, What Happened, 31.

③ Diane Ravitch and Chester E. Finn, Jr., What Do Our 17-Year-Olds Know? A Report of the First National Assessment of History and Literature (New York, 1987), 267-269.

些学生代表了我们教育体制的成功。

德里克①是一位志向远大的高中毕业班学生，他的回答非常具有启发性。德里克拥有 GPA4.0 的好成绩，在 SAT 考试中语言得到了630 分，数学得到了 690 分，在我采访时他正在参加美国历史的 AP 课程。当我听到德里克阅读这段引文并进行分析后，我震惊地发现他完美地表现了教育学著作所列举的良好读者的特征。他认真地调控着自己的理解，并在阅读中采用不同的阅读策略，例如，在不能理解意思时使用回溯法；读完一段后停下来进行总结；他努力将阅读到的内容同之前所学的知识进行联系。② 然而，德里克认为教科书在他所阅读的这八种文献中是最可信的。尽管有出色的阅读技巧和深厚的史实知识积累，德里克依然相信教科书"恰当地报道了史实，'叛乱者被要求解散，但他们坚守不动'，这是用简洁的新闻报道方式描述所发生的事实"。这一回答具有代表性。其他学生认为教科书是"可靠信息"，在列克星敦事件上保持了中立。对于这些学生来说，教科书并非目击者的描述，而是原始史料。

学生在总结这些文献的主要观点、预测接下来会发生什么、对课文中的信息进行定位、回答关于课文内容的字面和推断问题时，都没有遇到困难。但在分析教科书时，没有学生意识到要将列克星敦的遭遇称为偏激的"暴行"事件，并与其他暴行诸如纳粹大屠杀、美莱村屠杀、柬埔寨战争进行联系。没有学生对引号标注的词语"叛乱者"进行解释或揣摩作者使用"叛乱者"的意图。学生根本没有想到将"民兵"和乔治国王的军队进行对比会使我们同情弱势的一方。对于殖民地居民，从被描述成"民兵"到"叛乱者"再到"爱国者"，学生并没有像历

---

① 这是本书第一章中简要描述的学生。

② 有时，前知识妨碍了德里克(Derek)对历史事件的理解。我探讨了前知识的负面影响，参见 Samuel S. Wineburg, Probing the Depths of Students' Historical Knowledge, Perspectives: Newsletter of the American Historical Association,30(1992), 20-24.

史学家那样对这一变化进行评论。没有学生注意到课文是如何隐瞒是谁首先开了第一枪的，然而"那些叛乱者……坚守阵地"和"英国人一起开火"的叙述结构，容易导致学生认为两者存在因果关系。总之，学生未能将文本描述视为一种灵活运用便可达到社会目的的社交工具。

　　我们不应该过分批评学生，这些文本方面的研究尽管是熟练历史阅读的核心，但学校课程或关于阅读理解的教育学或心理学著作很少强调。[①]　比如，一篇关于熟练阅读的论文主要讨论了"理解失误的分类"，即对阅读时容易出错的情况进行了分类。作者列举了一些问题，如无法理解一个单词、一句话，无法理解句子间的关系和整个文本是如何结合起来的，但没有提到错误理解作者意图、文章富有争议之处、词语的内涵（而不仅仅是词义），更没有讲到在解读专业文本或阅读时要着重关注的方面。类似地，在研究者训练他们"理解管理"的眼光时，阅读的这些方面往往被忽视。因为娴熟的理解被视为相对流畅和自动化的过程，"理解管理"经常是被称为"阅读的医疗模型"，只有当读者处于麻烦或困境时才会参照执行的事。

　　比如，安娜玛丽·帕林克森（Annemarie Palincsar）和安·布朗（Ann Brown）将熟练阅读视为相对自动化的过程，直到"一个触发事件警告读者理解错误"。从这个角度来说，专家型阅读者必须"放慢脚步，允许对问题进行额外的消化理解；必须花费时间和精力去纠正失误或采取积极策略"[②]。但是，对于带有大量修辞目的和社会目的的文章来说，读者或许也要"放慢脚步，花费额外的工夫"来找到他们未能

　　① 　William S. Hall, Reading Comprehension, American Psychologist, 44(1989), 157-161.

　　② 　Annemarie Palincsar and Ann Brown, Reciprocal Teaching of Comprehension-Fostering and Comprehension-Monitoring Activities, Cognition and Instruction, 1(1984), 117-175. 另参见：Alan Collins and Edward E. Smith, Teaching the Process of Reading Comprehension, in Douglas K. Detterman and Robert J. Sternberg, eds., How and How Much Can Intelligence Be Increased (Norwood, NJ., 1982), 173-185.

理解的原因。比如,随着接触的史料越来越丰富、概念越来越晦涩难懂,读者需要放慢脚步,不仅是因为尚未理解,还因为理解本身也要求他们停下来同文本对话。这就是罗兰·巴尔特区分可读性与可写性(readerly and writerly)的观点。① 利读的文章通常是传统的文献,传递可靠、直接的信息,像一个人如何更换汽车的机油,或火山如何喷发岩浆。这样的文章符合大众对意义的期望,经常是被动地、自动化地进行理解消化。然而,利写的文章,用戴维·哈伦(David Harlan)的话来说:

> 挑战了利读的文章中割裂和识别含义(meaning)的习惯做法。为了在利写的文章中找到对应的含义,读者需要亲自融入文本,积极参与到文本含义的形成过程中。②

熟练的历史阅读者是如何融入文本以便"积极参与含义建构"的呢? 他们在阅读的过程中是如何撰写文本的呢? 一种方式是在心中模拟一个心理过程,通俗地讲,就是通过自言自语来假装同他人讨论。③ 敏锐的阅读过程观察者早就注意到了这种现象。比如,沃克·吉布森(Walker Gibson)在一篇预见性的论文中,预测了阅读对话理论(reader-response theory)的未来发展趋势。他主张我们通过模拟两个读者来进行阅读,即"真实读者"(actual reader)和"虚拟读者"(mock reader)。④ 在阅读过程中,真实读者是意义建构的总管理者,而虚拟读者往往会受到修辞手法的影响,去体验精美修辞所引发的联

① Roland Barthes, S/Z(New York, 1974). 另参见巴尔特关于历史文本性质的颇具启发性的论文:Historical Discourse, in Michael Lane, ed. , Introduction to Structuralism(New York, 1970), 145-155.

② David Harlan, Intellectual History and the Return of Literature, American Historical Review, 94(1989), 597.

③ 参见:Lev S. Vygotsky, Mind in Society, ed. Michael Cole, Vera John-Steiner, Sylvia Scribner, and Ellen Souberman(Cambridge, Mass. , 1978).

④ Walker Gibson, Authors, Speakers, Readers, and Mock Readers, College English, 11(1950), 265-269. 另参见:Louise M. Rosenblatt, The Reader, the Text, the Poem(Carbondale, Ill. , 1978), 131-175.

想。当文本属于表述直接、高度证实的类型时,真实读者与虚拟读者之间的距离最小,甚至可能没有差距。但如果是其他类型的文本,真实读者与虚拟读者间可能会出现比较大的差距,当这个差距变得非常大时,真实读者会进行调整并做出结论:"够了! 这篇文章不可信。"

真实读者和虚拟读者的声音都可以在历史学家的记录中听到,但也可以听到其他声音。历史学家很少是自己所阅读文献的目标观众,这就使得历史阅读变得很复杂。作为别人谈话的"偷听者",历史学家必须理解作者的意图和目标观众的反应,并不时地调整自己的行为。确实,有时模拟读者会成为模拟写者,在长时间未能感受到作者存在的情况下会重写文献。下面这个例子阐明了这种相互作用的动态过程。

爱丽丝(Alice)的主要研究领域是 17 世纪的英国史,她毕业于威斯康星大学。她阅读了约瑟夫·沃伦寄给本杰明·富兰克林的附信。表 3.1 展示了从她的记录表中摘录的一段话。前三行是代词的堆积,传递出历史阅读的复杂性:这些人都是谁? 记录表从历史学家作为真实读者开始(第 1 行),确认她已经开始就文本的特定方面发表了意见。但到第 2 行就立刻扮演起模拟写者的角色,和沃伦一起建构文本(从第 2 行的"我们"和第 3 行的"我们"可以看出来)并直接向他们共同的观众(英国的居民)讲话,对国王乔治使用的是"您"。第 4—7 行进一步强调了真实读者和模拟读者间的沟通交流。在第 4 行,模拟读者一出场就展现出敌对状态已经出现的潜台词。真实读者管理着模拟读者,表明"这是一种讲述方式",但很快又回到了模拟读者的声音——"我们是忠诚的同胞"(第 5、第 6 行)。在下一部分(第 8—30行),我们发现了真实读者给出了一个明确评论,她正在建构文本中没有明确表达的信息。这里再次出现的"你"是指模拟观众,历史学家已经(用约瑟夫·沃伦的语气)为他们提供了连续的潜台词式的评论。

在第 31—39 行，历史学家总结了她所阅读的内容（"他们没有被描述为……"），但增加了一些解释的标志如"所谓"（第 31 行）。在这部分的最后评论中（第 39 行），爱丽丝从评论文章转向评论潜台词，又用模拟读者的语气说"我们像羊羔一样无辜"。

表 3.1　爱丽丝阅读约瑟夫·沃伦附信记录表上的引文

文本	记录表
朋友和同胞们：	1.再一次,我想我要处理下那里的修辞, 2.你知道,我们知道一旦你们知道了 3.真实的故事,您就会同情我们。
凯奇将军命令自己的军队在殖民地发动了战争,	4.我这里的意思是,事实上是谁制造了这场冲突。 5.这是一种讲述方式,你知道,我们是忠诚的 6.同胞,但,你知道,看看 7.发生了什么,在这个军队统治之下。
并且最重要的是,您应该知道关于这个野蛮过程的尽早、真实的叙述。	8.再一次,言外之意,或者 9.你得不到任何解释,你 10.知道,有些消息尚未公布, 11.或者,你还没有得到真实解释, 12. 或者,你还没有得到的真正的解释,而且, 13.马上,我将告诉你,"这是一个 14.残忍的过程"。大概, 15.它的修辞又是,如果你 16.知道它,你可能不知道, 17.因为你没有得到一个真正的、真实的 18.解释,你将会看到这是多么 19.不人道。你将会再次站到他们 20.(一边),假如你们是盟友, 21.你们确实有一个共同的敌人 22.共同的敌人是首相 23.他从来没有给过你真正的和真实的 24.解释,并试图对你隐瞒这些 25.信息或者可能 26.至少呈现这些信息 27.你尚未意识到这一 28.过程是何等残忍,再一次,警报 29.时刻",这种紧迫感 30.在这里再次被强调。

续表

文本	记录表
有关这次冲突的最明确的证词是,在 4 月 19 日前的那个晚上,那一瞬间……列克星敦……	31.这里的,居民,所谓的, 32.你知道,他完全没有采取
拉响了警报,并且一群居民聚集在现场;正规军在去康科德的路上,他们行至所谓的列克星敦,所谓的军队,就在快接近的时候,他们分散开来。	33.任何军事 34.措施,他们只是居民啊,他们没有 35.被描述为武装分子,他们没有被描述为 36.军人,他们没有被描述为做过 37.任何挑衅行为,直接地,在 38.看到正规军后,他们开始分散 39.换言之,我们是无辜的羊羔。
这些,同胞们,是对殖民地报复的标志,因为它拒绝和姐妹殖民地一起屈服于奴隶制。但……	40."复仇"是一个非常强烈的词,典型的 41.附加的特性。 42.注意"我们并不是唯一这样的人"(笑声) 43.孕育了,但你还有 44.时间干预,我们仍然是忠诚的,但我们 45.压力很大,我们仍然使用王室 46.君主,我们仍然是国王的臣民。

说明:楷体字是爱丽丝边想边说的部分原始资料。记录表一栏的数字表示行数。

在这段引文中,阅读模仿了社会交流中的问答形式。首先,我们听到了沃伦的声音,阐明了他生硬话语背后的真实意思。然后,有"你们"的字眼,指向英国公民和国王乔治。接下来,有"我们"的字眼,指历史学家,是模拟写者和沃伦一起建构文本。最后,由"我"这个真实读者担任这些心理角色的舞台导演,决定他们的台词,监督他们的发言,最后指出她自己与模拟读者在理解上的分歧。并且,正是这个"我"在最终发现自己与她所创造角色的想法有别时,哑然失笑。

这些写下的文字并没有捕捉到塑造这次阅读的滑稽元素。这种好笑的阅读,充满了玩笑和嘲讽,采用了模拟英雄和悲惨人物的声音,最后当真实读者和模拟读者疏远到几乎不认识对方时,这种阅读就退化成了笑话。确实,在第 42 行历史学家的笑暗示了这种断裂(breach)。模拟读者变成了被嘲笑的对象,在用一种夸张的模拟方式阐述台词。

　　这里的阅读已经超越了作者与读者的对话，而包含了一系列的对话——真实读者与模拟读者之间、模拟写者与模拟读者之间、模拟读者与模拟观众之间，以及所有这些角色同"我"这个真实读者之间的沟通与交流。熟练的历史阅读者会在头脑中创建一个"执行委员会"，而不是只由一个"主管"来指导从上到下的整个过程。在这个委员会中，成员间会围绕有争议的问题吵闹、叫嚷、争论。① 文本不是被"处理"了，而是被复活了。但当前，读者往往是以信息处理器或计算设备的角色主导着关于阅读的讨论；但是这些似乎都还不如另一个比喻来得恰当："读者是巫师。"

　　为了阐明读者是如何通过作者的文字提示来重建作者的，②我将描述另一个我使用过的史料——埃兹拉·斯泰尔斯（Ezra Stiles）的日记。1775年，埃兹拉·斯泰尔斯是耶鲁大学的校长。在日记中，他不仅讲述了自己作为大学管理者的生活，而且详细描述了那个时代不断变化的事件。他这样记录列克星敦事件的爆发："皮特凯恩（Pitcairn）少校（英国的司令官）是个好人，却摊上了倒霉事，他至死都坚持是殖民地居民开的第一枪……他表示确实没有看到是谁开的第一枪，但相信是农民开的枪。"③对于这一点，日本史专家玛丽（Mary）这样评论道：

　　　　埃兹拉·斯泰尔斯所设想的民主，在某种程度上是带有阶级偏见的。我的意思是，你可以说皮特凯恩和斯泰尔斯来自同一个阶层。或许不是，但他们都是诚实正直的人，这源自他们的教养。所以，斯泰尔斯说皮特凯恩是个"好人，却摊上了倒霉事"。我从

---

　　① 这一观点来自埃伦·H.舍恩菲尔德（Alan H. Schoenfeld），他在与专业数学家的合作中发现了类似现象，参见：Mathematical Problem Solving（Orlando, Fla., 1985），140-141.

　　② 多米尼克·拉卡普拉（Dominick LaCapra）表示，历史学家与过去进行对话交流，并通过重建逝者遗留的文本来与逝者进行对话，参见：History and Criticism（Ithaca, N. Y., 1985），37.

　　③ F. B. Dexter, ed., The Literacy Diaries of Ezra Stiles（New York, 1901）.

斯泰尔斯使用的词语中得到了这样的认识，我不知道斯泰尔斯的背景如何，我推测他并不是贵族，但也接受过教育。如果他在 18 世纪晚期担任过耶鲁大学校长的话，他或许是牧师。所以，他即使不是贵族，也接受过教育。但我觉得，二战前英国大部分司令官及官员都来自某些贵族，所以皮特凯恩或许也是贵族。①

玛丽阅读后认为埃兹拉·斯泰尔斯是个有偏见的人（依据他高傲的语气和他使用"农民"一词）、牧师（依据文本线索和她的背景知识）、有教养但并非贵族；并且是一个伪善者（基于斯泰尔斯秉持爱国主义，却将同胞称为"农民"）。玛丽谈论了斯泰尔斯的写作动机，但她的评论并非针对作者意图，而是指向斯泰尔斯本人。类似地，汤姆这个研究新大陆葡萄牙殖民地的专家阅读斯泰尔斯的书面资料时，压低了自己的声音，像叼着香烟一样叼着他的笔。

> 我在想（声音变低）：一个优秀的耶鲁大学人想去说件事儿，你知道（声音再次降低）。"皮特凯恩少校是个非常好的人。"我觉得这只是理性的声音，常春藤盟校圣公会正统派……"农民"是一个非常棒的词……我的意思是，我们在阅读关于美国革命的内容。毕竟，应该是一群自耕农在竭力维护自己的权利，而这里的耶鲁大学校长……他的祖先来自英国，他们挣了很多钱并把斯泰尔斯送到耶鲁，还成了耶鲁大学校长……这是精英在谈论农民。②

在这两个阅读中，文本并非毫无生命的串联，而是解开人性的关键，也揭示了读者的喜欢与讨厌、偏见与弱点、意见与信念。文字具有质感和特征，正是这近乎触感的特质可以让读者塑造出使用这些文字

---

① 为了便于阅读，此引文稍作编辑。

② 我感谢戴维·马德森（David Madsen）指出汤姆的错误：埃兹拉·斯泰尔斯和耶鲁（Yale）是公理会成员，而不是圣公会成员。

的作者形象。然后，随着阅读文本的语境和读者的倾向，作者的形象会被审问、模仿、欢迎或摒弃。在这样的阅读中，作者与文本都被解读了。

但反过来也是真的：正如读者解读作者，文本也在解读读者。这是因为文本呈现了多种可能性，而非固定不变的含义。我计划使用的出声思维可能会让我们更多地了解读者而非作者。① 在前文提到的记录中，激怒历史学家的词语是"农民"，它唤起了人们对农民与精英阶级斗争情境的记忆。不管 1775 年埃兹拉·斯泰尔斯的附信到底是什么意思，在 20 世纪后半期分别受教于哈佛大学和斯坦福大学的两位历史学家的头脑中，斯泰尔斯的"农民"变成了马克思和恩格斯笔下的"农民"，他们和城市无产阶级一起推翻资产阶级。但当我们查阅《牛津英语词典》(*Oxford English Dictionary*)中"农民"的历史用法时，发现这个词泛指"一个在土地上劳作的人，一个小农场主或工人……一个依靠自己的劳动而生活的人，劳动是他的日常工作"。所以，埃兹拉·斯泰尔斯使用的"农民"是什么意思呢？

无疑，将 19 世纪后期编纂的《资本论》(*Das Kapital*)中的"peasant"一词的含义等同于埃兹拉·斯泰尔斯在 1775 年的记录是有问题的。事实上，人们可以指出这两个史学家搞错了，斯泰尔斯不是在区分富裕与贫穷、特权与压迫、农民与精英，只是简单地指出城市与农村的区别，指出这两种人的区别：就像他自己依靠管理一所大学来谋生，而另一些人依靠自己汗水来维持生活。

如果问题只有这么简单就好了！《牛津英语词典》列举了斯泰尔斯所生活的时代及此前"peasant"的其他使用方式。早在 1550 年，这

---

① 在不同背景下提出的相似观点，参见：Margaret S. Steffensen, Chitra Joag Dev, and Richard C. Anderson, A Cross-Cultural Perspective on Reading Comprehension, Reading Research Quarterly,15(1979), 10-29.

个词就带有轻蔑的含义，暗示着无知、愚蠢和粗野，通常使用"buzzardly"（无耻的）一类的形容词来修饰，做"coward"（懦夫）和"rascal"（流氓）的同位语。所以问题依然存在：斯泰尔斯认为这些人是农民，仅此而已吗？或者他认为这些人不学无术，与高贵的皮特凯恩少校完全不同，而皮特凯恩是个"好人，却摊上了倒霉事"。

为了解决这种疑惑，许多历史学家建议：我们应该摆脱我们的现代观念，让自己沉浸于过去的语言中，体会历史人物的感受，理解他们（而非我们）赋予这些词语的含义。我们只有摒弃自己所处时代的特征，才能用过去的话语体系来了解过去。历史学家有时会花费很长时间来做这件事。《罗伯特·E. 李传记》（*Robert E. Lee*）的作者道格拉斯·弗里曼（Douglas Freeman），将自己限定在李所知道的范围内去重建李的思想，然后在已知与无知的束缚下撰写传记。①

无疑，当了解到"peasant"有多种含义时，我们的理解变得丰富了，不过，这些知识并没有解决斯泰尔斯所使用的农民是什么意思的问题，只是拓展了该问题。这就是为什么作者在读者头脑中的印象一直是那样，用卡尔·贝克尔（Carl Becker）的话来说，被"我们现代的目的、欲望、成见和偏见"所塑造，"所有这些都参与到我们的认知过程中……真实事件有助于想象画面的形成；但充满想象画面的头脑也会产生辅助作用"。②

三、文本认识论

当将历史学家和学生的文献阅读进行对比时，二者在我们所挑选

---

①　参见亨利·斯蒂尔·康马杰（Henry Steele Commager）在《历史研究》（*Study of History*）中对弗里曼（Freeman）的讨论。科马格总结了他对费里曼无效方法的看法，"接受我们的局限性，并以现在的眼光看待过去。有很多话要说，但这是最有说服力的；无论我们多么努力，我们只能如此"（p. 59）。

②　Carl L. Becker, What Are Historical Facts? in Hans Meyerhoff, ed., The Philosophy of History in Our Time(Garden City, N. Y., 1959), 132.

的全部标准上存在巨大的差异。这个结论并不能使人感到惊讶，毕竟，历史学家懂得更多的历史。但仔细想一下，这样的解释并没有告诉我们什么有价值的信息。当我们说因为他们是历史学家，所以"做得更好"，我们只是简单地用归因来代替解释。"懂得更多的历史"意味着什么？当一位 20 世纪的劳工史学家或一位精通 13 世纪伊斯兰教典籍的中世纪史学家，坐下来阅读关于美国独立战争的文献时会怎么样呢？

　　或许有人会假定，历史学家和学生在专题知识方面有着巨大差异，尤其是当我们将"知识"界定为历史考试中经常出现的独立战争的名字、日期和概念时。实际上，在确认类问题（identification questions）方面，有两位高中生比其中一位历史学家回答对了更多［如提康德罗加堡（Fort Ticonderoga）是什么？乔治·格伦维尔（George Grenville）是谁？《唐森德税法》（*Townshend Acts*）是什么？］，而另一位历史学家也仅比大部分学生多答对了一题。但了解历史要比回答具体问题更复杂。学生很少能在他们所阅读的文献中看出潜在的含义，他们理解的角度也常常局限于文献所提供的"片面之见"，他们很少比较不同的解释，却总是想找出正确答案，在遇到相互矛盾的观点时就会感到很慌张——这些都意味着除了名字和日期，还有很多需要知道的东西。

　　我想，两个群体阅读方法的差异，可以从他们关于历史研究或被称为文本认识论的整体观念中寻找根源。对学生来说，阅读历史不是推断作者意图或者将文本置于社会背景中进行考察，而是收集信息，文本本身就是承载信息的载体。如此聪明的学生何以会忽视历史学家所关注的潜台词呢？答案或许藏在德尔图良（Tertullian）（公元 2 世纪神父）的名言中，他提出对《圣经》进行解释的首要原则是"故我信"（"我相信是为了理解，而不是质疑或批判"）。即学生在看出潜台词前，他们必须相信潜台词是存在的。缺少这种观念，学生只会简单浏览，以至于不知道如何寻找能塑造他们看法或者如何使他们专业地看待事件的那些特征。所以，学生或许可以"加工处理文本"，但他们未能参与进来。

这些观念或许有助于解释两者在使用"溯源启发方式"（sourcing heuristic）上的区别，"溯源启发方式"是指在阅读真实文本前了解文献来源的方法。历史学家几乎每时每刻都在使用这种试探性的方法（98％），而学生的使用人数却低于三分之一（31％）。对于大部分学生来说，文献的来源并没有什么特别意义，它只是一串文字最后的一点信息。对于历史学家来说，文献的出处不是文献的结束而是开始。来源被视为关乎人而非物品，是社会互动而不是一系列主张。从这个意义上说，"溯源启发方式"展现的是一套信念体系：文献是由作者定义的。

当文本被视为人为创造物时，说话的内容与说话者是难以分割的。对于很多学生来说，作品与作者之间只有松散的联系。所以，当一位学生开始阅读霍华德·法斯特文章的摘录时，就发现有问题，他说道："你不能真的相信他们的话，其中的细节令人难以置信。"但当这位学生读到文献最后时，他已经忘记了对法斯特的怀疑，而这份虚构作品中的细枝末节都清晰地映现在他的理解中。而一个美国主义者在读到殖民地居民整装"排好队形"时停顿了一下，他想起此前的一份资料描述了战斗队形，于是翻回头再去看法斯特的摘录，然后笑起来："这是法斯特写的！算了吧！我才不相信法斯特，我做不到。但它是有趣的，它深深地印在了我的脑海中。"这里我们看到了一个反例：历史学家记住了细节，却记不住它的出处。而细节一旦与作者重新合体，就会被放弃，因为历史学家知道细节绝非无中生有——它只会与目睹者紧密相连。

　　或许法庭的比喻可以帮助我们理解这些区别。一方面，历史学家基于文献开展工作就像是公诉律师；他们不仅要听证词，还要主动把文件一个个挑选出来，确定差异并找出原因，研究它们的有意动机与无意动机。另一方面，学生就像是陪审员，认真地听证词并不断怀疑自己所听到的，但不能直接询问目击者或者审讯他们。对于学生来说，重心在文本中；而对于历史学家，重心则是他们从文本中提炼出的问题。①

　　是什么导致了这样的结果：一群优秀的高三学生在阅读历史文献方面表现得如此不成熟？为什么他们知道这么多历史，但对如何阅读历史却知之甚少？这些都不是简单的问题，对它们的解答也超出了本章的范畴。但至少，我们明确了学生在历史课上所读文献的类型。教科书支配着历史课堂，正如皮特·施拉格（Peter Schrag）所说，历史教科书的作者就好像根本不存在似的，教科书好像只是天启智慧的工具，用来传播绝对的真理。② 埃文·克里斯摩尔（Avon Crismore）的研究证实了施拉格的观点。在对历史教科书、学术与流行的历史文献进行话语分析时，她发现在历史书写中会频繁使用"元话语"或判断、重点强调和不确定性等提示语，但这些却很少出现在传统教科书中。克里斯摩尔发现大部分教科书会避免使用模糊词汇如"也许"或"或许"、"似乎"或"可能"，也没有说明教科书上的文字只是其中的一种解释。这样的编写或许导致学生很难突破字面意思的限制：当缺少模糊词汇

---

　　① 这个比喻来自：Robin G. Collingwood, The Idea of History（Oxford, 1946）。科林伍德指出："用培根的比喻来说，科学家质疑自然时，找到了正确的方法……因此，当历史学家把他的权威带到证人席上，通过盘问，从权威那里获取他们在最初的口供中所隐瞒的他们不愿意说出来或者不知道的信息，这时历史就找到了它合适的方法。"科林伍德追随伏尔泰（Voltaire）的脚步，他说："阅读历史时，一个健康的头脑唯一要做的事情就是质询历史。"

　　② Peter Schrag, Voices in the Classroom: The Emasculated Voice of the Textbook, Saturday Review, 21（1967）, 74. 关于历史教科书的类似观点，参见：Frances FitzGerald's America Revised（New York, 1980）, 149-218.

时，批判性阅读如何产生呢？（学习评价和判断事实条件）当偏见不明显（大部分教科书都是这样）时，读者会被欺骗吗？[①]

　　或许克里斯摩尔夸大了自己的案例；或许我俩的发现还不足以产生警示作用；或许学生上了大学，就会抛弃关于文本的幼稚观念。但证据显示并非如此。比如，詹姆斯·洛朗斯（James Lorence）观察了大一新生，也发现了类似的情况。他写道，很多学生"希望通过一个文献就揭示出所谓的'事实'……他们坚持根据眼前这些可靠的资料做出定论"。[②] 类似地，罗伯特·伯克霍夫（Robert Berkhofer）也写过在接触大学生时，他经常遇到的"历史基要主义"，"对于指定的阅读材料和教科书，就算不是老师布置的，学生也会将其看成至高无上"。[③] 在卡内基梅隆大学（Carnegie Mellon University），研究员克里斯蒂娜·哈斯（Christina Haas）和琳达·弗劳尔（Linda Flower）让大学生在阅读一些富有争议的文本时进行出声思维，发现大学生可以轻松地解释文本的基本含义并提炼出主旨，不过也会出现其他情况：

　　　　这些学生也会让我们感到灰心，因为他们是复述而不是分析，是总结而不是批判……我们可以假设，学生在批判性阅读艰涩的文本时，所遇到的问题不只在于如何呈现所建构的内容，更在于他们难以建构。他们所呈现的与文本内容紧密相关：他们阅读是为了获取信息。我们的学生或许认为，如果他们理解了文本中所有的单词，并能够转述文本的主要内容，就等同于成功地完

---

　　① Avon Crismore, The Rhetoric of Textbooks：Metadiscourse, Journal of Curriculum Studies,16(1984), 295.

　　② James L. Lorence, The Critical Analysis of Documentary Evidence：Basic Skills in the History Classroom, History Teaching,8(1983), 78.

　　③ 参见：Robert F. Berkhofer, Jr., Demystifying Historical Authority：Critical Textual Analysis in the Classroom, Perspectives：Newsletter of the American Historical Association, 26 (1988), 13-16.

成了阅读。①

确实，学生或许不是唯一奉行这种信念的群体；老师有时也持有这种信念。在一项关于高中社会科学教师知识增长的研究中，我和苏珊娜·威尔逊曾采访了一位教师，他告诉我们，解释在历史理解中毫无作用，"历史就是发生过的基本事实，即过去确实发生过什么事。你不需要问是如何发生的，只需关注'发生了什么'"②。总之，如果青少年和成年人同样秉持历史学的临界观念（precritical notions），我们倒可以将整个历史时期定位为中世纪。③那种认为学生成人后就会自然放弃这种信念的说法，既缺少证据也没有历史经验支撑。

四、从阅读方式到认知方式

当我们热衷于追求最佳阅读模式时，我们经常会忽视塑造文本形式与意义的品质特性。当历史文献从史学走向学校历史课程时，我们强迫它们在进入课程大门时就脱去其特殊性。④历史文献转变为学校教学文本，并很快呈现出与学校其他学科（例如，生物、语言艺术及其

---

①　Christina Haas and Linda Flower，Rhetorical Reading Strategies and the Construction of Meaning，College Composition and Communication，39(1988)，30-47.有关阅读法律文本的例子，参见 Elizabeth Fajans and Mary R. Falk，Against the Tyranny of Paraphrase：Talking Back to Texts，Cornell Law Review，78(1993)，163-205.

②　参见本书第六章。

③　关于"历史的理性"章节，参见：Lionel Gossman，Between History and Literature (Cambridge，Mass.，1990).

④　例如，在《社会教育》（*Social Education*）中有个关于"基于文献教学"（teaching with documents）的专栏，作者重印了一份内战期间护士招聘信息的政策声明。该文件包括以下声明："经验丰富，品行端正或受过高等教育，态度认真、意志坚定的女性总是会优先考虑。必须具备整洁、清醒和健康的好习惯。"在关于教学活动的章节中，作者没有提及这份文献的潜台词，也没有教学生解读它。相反，建议开展以下活动："请学生讨论今天的护士需要具有哪些资质"或"让学生找到支持或反驳以下内容的证据：内战是美国历史上最血腥的战争"。参见：Wynell Burroughs，Jean Mueller，and Jean Preer，Teaching with Documents：Surgeon General's Office，Social Education，66(1988)，66-68.

他学科)文本更多的相似之处,而非它本应参照的学科典范。① 举个例子,史学话语的关键特征是通过注释不断地回溯文献记录。但恰是这一特征,在历史文献转变为历史教科书时被遗漏掉了。我们隐藏了故事如何形成的证据,难怪很多学生将历史视为封闭的故事。

更广泛地讲,最初促使历史、物理、文学和数学等独立成科的认知特征,已在学校课程中销声匿迹了。我们虽然将学校中的一天划分为几个独立的时段,希望借此教会学生以不同的方式学习不同的学科语言,但我们往往只是在教授同一类型的语言。尽管学生在不同的课堂上学到了不同的词汇,生物课上的"有丝分裂"、英语课上的"主题"、历史课上的"公告令"、数学课上的"函数"等。这些不同的词汇揭示了一个共同的深层结构:知识与经验是分离的,知识是确定的,被删除了不确定的词语和依据,其主要来源就是教科书和教师,并且可以用只有唯一正确答案的试题去测评知识。②

即使在教师培训用书中,学科同质化问题也很普遍。比如,一本受欢迎的阅读方面的教科书告诉未来的老师,阅读历史文献时,"学生应该在认知策略的指引下去学习文献的使用方法与阅读方法"③。但本书的目的并非描述这些策略或者历史学家做了什么,而是引导读者去"科学地阅读"。然而,"内容领域的阅读"方法将独立战争的阅读结构与DNA的阅读结构等同起来,模糊了赋予文本意义的基本假设。甚至日渐关注特定知识领域的认知心理学,也可能在无意中强化了这

---

① John Seely Brown, Alan Collins, and Paul Duguid, Situated Cognition and the Culture of Learning, Educational Researcher, 18(1989), 32-42.

② John Seely Brown, Alan Collins, and Paul Duguid, Situated Cognition and the Culture of Learning, Educational Researcher, 18(1989), 32-42.

③ H. Alan Robinson, Teaching Reading, Writing, and Study Strategies: The Content Areas (Boston, 1983), 181.

种模糊，因为它将知识等同于信息。① 从这个角度来说，知识本身变成了一个类属，根据事实的数量和在语义网络中所代表的关系或在生产系统中形成的"如果/就"（if/then）的因果条件进行分类。但是，正如路易斯·明克提醒我们的，我们所讲的知识领域，超越了事实、概念的排列或生产实践。它构成了"理解世界的唯一且不可忽视的模型"②，超越了用来组织经验和探究"我们是谁"的所有方法。如此一来，"西方的山脉"这一主题对地理学家来说，意味着是一种东西，对于历史学家来说代表着另一种，对于安塞尔·亚当斯（Ansel Adams）来说又是另外一种。阅读不只是获取新信息的方式，也是参与新思维的方式。

这里提到的阅读理解与教育文献中经常出现的阅读理解存在明显的不同。为什么？第一，每个概念都有不同的来源。我们关于"优秀读者"的形象主要来自学校里的孩子，以及还没有社会化到掌握认知规则与方式的稚嫩阅读者。阅读理解的核心，则异化为无论如何都要在都市成就测验（metropolitan achievement test）、内尔森-丹尼（the Nelsen-Denny）、盖茨-麦克基尼（Gates-Macginite）和其他测试中取得高分。这些测试表现出了很强的家族相似性，即跟我们在真实世界中遇到的充满不确定性、不可靠性的文章相差很大。我们的"阅读理解"窄化为阅读理解所测试的内容，即能够较好地处理特别设计、不见作者的文章，这些文章是孤立的，且脱离了赋予其意义的学科语境；正确回答多项选择题的能力，这些题目假定了一个明确的正确答案；熟悉这种试图掩盖作者却不可避免地将自己的观念渗透到文章中的方式；

---

① 参见：Gregory G. Colomb, Cultural Literacy and the Theory of Meaning: or, What Educational Theorists Need to Know About How We Read, New Literary History, 20 (1988), 411-450.

② Louis O. Mink, Modes of Comprehension and the Unity of Knowledge, in Brian Fay, Eugene O. Golob, and Richard "1". Vann, eds., *Historical Understanding* (Ithaca, N. Y., 1987), 36.

分析字面意思而不是潜在含义的技能;处理单一文献而不是建立多文本间的互文关系的能力。总之,阅读理解是由文本、读者和我们使用的测量工具进行定义的。[①]

当我们抛开所需理解的文章(comprehension passage)中的受控词汇(controlled vocabulary),不去关注学生而转到以阅读为生的人时,我们对理解的认识就会有所不同。[②] 当然,并不是说这种认识是对的,其他的就是错的;很明显,每种认识都可以告诉我们不同的事情。但当我们把提出问题和挑选的认识方式错误地联系在一起时,就会出现问题。"去理解一个历史文本,却只能依据普通的阅读理解测试所揭示的信息",这是什么意思呢? 我们或许可以从中读到很多信息,但关于历史阅读却知之甚少。

如果这是事实,我们可以用什么标准来判断历史文本理解呢? 虽然测评学生历史和社会科学文本理解的考试多如牛毛,但很少提及标准问题,即使是在标准盛行的今天。罗伯特·林(Robert Linn)对此感到悲哀,他写道:"人们往往对存在所谓标准答案的问题上投入了过多的精力,却没有先明确标准答案从何而来。"[③]我们的标准应该从哪里来? 对我来说,唯一站得住脚的答案是:我们必须关注学科本身。

多年来,在历史学科领域似乎没有人回顾过往。但有些发展表明,情况已经发生了巨大变化。布拉德利学校历史委员会的报告凝结了历史学家、教育学家与高中教师的心血,他们坐在一起讨论有关学

---

① 这些针对理解测试的批评,已经被学者们讨论过了。例如,参见:Peter Winograd and Peter Johnston, Considerations for Advancing the Teaching of Reading Comprehension, Educational Psychologist,22(1987), 219-220. 用于理解的新方法,参见:Rand J. Spiro, Walter P. Vispoel, John G. Schmitz, Ala Samarapungavan, and A. E. Boerger, Knowledge Acquisition for Application: Cognitive Flexibility and Transfer in Complex Content Domains, in Bruce K. Britton and Shawn W. Glynn, eds., Executive Control Processes in Reading(Hillsdale, NJ., 1987), 184-193.

② 如果我们观察其他以文学评论为生的群体,我们或许会得出另一种理解图像。

③ Robert Linn, 引自:Mary E. Curtis and Robert Glaser, Reading Theory and the Assessment of Reading Achievement, Journal of Educational Measurement,20(1983), 133-147.

校课程的尖锐问题。[①] 美国历史学会改变了自 1947 年在其主要期刊上砍去"教师部分"的传统,创办了专门讨论大学预科历史课程问题与前景的《历史学杂志》(*Magazine of History*)。美国历史学会主席的就职演说,一般会讲述历史学最新研究进展,但马里兰大学的路易斯·哈伦(Louis Harlan)[②]在就职演说时却主要讲述了学校历史课程及历史学家在学校历史课程改革中可能扮演的角色,这是从早期宣告学科努力失败到改善学校历史课程的重大转变。[③]

　　这些活动引发了对多个主题的深刻质疑,如空洞的小学"拓展视野"课程、教科书的质量、学生能够学习某些知识的观点、标准化考试对学生学习的影响。这些批评表明,任何改革努力都是有价值的开始,但我们最需要回答的问题——"教师应该如何改变历史课堂以促进真正学习呢? 老师如何学习使用不同的教学方法呢?"这些报告都很少回应。布莱德利委员会在教学法问题上大多保持沉默,他们指出,正如我们的生活一样,"多样化是学习的调味剂",并鼓励教师从广泛的教学方法和技术中进行挑选。但优秀的教学不只是选择正确的方法组合,历史解释也不只是选择正确的文献组合。多样化,正如苏

---

　　① 参见:The Bradley Commission on History in Schools, Building a History Curriculum: Guidelines for Teaching history in Schools (Washington, D. C., 1988) along with its fuller statement, Historical Literacy: The Case for history in American Education, ed. Paul A. Gagnon (New York, 1989).

　　② 哈伦的一些建议,如呼吁设立暑期学院,让教师"通过学习最新和最好的历史学术来振兴教学"(第 809 页),他们自己也可以从有关过去的课程中获益。参见:Louis R. Harlan, Social Studies Reform and the Historian, Journal of American History, 77(1990), 801-811. 关于 20 世纪 60 年代对历史学会作用不佳的大量悲观评估,参见:Karen B. Wiley and Jeanne Race, The Status of Precollege Science, Mathematics, and Social Science Education: 1955—1975, vol. 3: Social Science Education(Boulder, 1977). 关于这些协会影响小的原因分析,参见:Richard H. Brown, History as Discovery: An Interim Report on the Amherst Project, in Edwin Fenton, ed., Teaching the New Social Studies in Secondary Schools: An Inductive Approach(New York, 1966), 443-451.

　　③ James L. Sellers, Before We Were Members the MVHA, Mississippi Valley Historical Review,40(1953), 21.

珊娜·威尔逊指出的，或许是有趣的，但并不具备必需的教育意义。[①]专家的教学，需要的不是方法的挑选，而是知识的转化。[②] 历史教师必须利用他们所知道的知识来创新内容的再现形式，以激发缺少学习动机的学生产生新的理解。这是最高水平的思维成就，它不亚于对教学内容的深入理解。

　　一般来说，历史学家忽视教学法，但也有个例外就是在大学委员会出版《历史地思考：叙事、想象与理解》(*Thinking Historically：Nartative，Imagination，and Under Standing*)的汤姆·霍尔特(Tom Holt)。[③] 这是霍尔特在芝加哥大学本科生教学时的深入思考，具有很高的价值。他从"遗忘"开始讲述一门大学历史课程，试图改变学生头脑中历史是死板故事的印象。在考试中，学生们不像伍德罗·威尔逊说的那样，列出"一个又一个该死的事实"，而是收集第一手资料并像博物馆馆长那样，为将要展览的这些文件进行注释。霍尔特故意将持有不同观点的文献放在一起，让学生从中学习建构叙述，从而与过去建立持续性的对话，而不是"一个封闭的教义问答或面对一组已有答案的问题"[④]。

　　这些都是富有启发性的想法，但也都证明了我们的集体无知，并

　　① See Suzanne M. Wilson, The Pedagogy of History：A Recommendation for Research, paper presented at the FIPSE/FIRST Conference,(Washington, D. C.，1990).

　　② Lee S. Shulman，Knowledge and Teaching：Foundations of the New Reform, Harvard Educational Review,57(1987)，1-22.

　　③ Tom Holt, Thinking historically：Narrative, Imagination, and Understanding(New York, 1990). 另参见：Richard J. Paxton and Sam Wineburg, History Teaching, in Miriam Ben-Peretz, Sally Brown, and Robert Moon, eds.，Routledge International Companion to Education(London, 2000).

　　④ Tom Holt, Thinking historically：Narrative, Imagination, and Understanding(New York, 1990),13.

指向了这样的一个事实:我们对改变学生的历史观念知之甚少。[1] 不过,如果我们等到高中才教学生对一篇小故事提出一组问题,而又对历史教科书提出不同类型的问题的话,那我们在这方面的努力肯定会失败;在第一次遇到某种历史观点时,学生必须学会提出这样的问题。事实上,当我们测试孩子们的能力时,就会发现,只要条件合适,即使是三年级的学生也可以掌握历史的不确定性,也可以达到复杂地理解过去的水平。[2]

五、结论

在 13 世纪早期,杰出的历史学家卡尔·贝克尔写了一篇名为《每个人都是他自己的历史学家》的文章,他在文中指出,不管你喜不喜欢,我们其实都是历史学家。[3] 他的意思是我们都要用历史思维思考,比如我们都得从所读的文本中寻找人为动机;必须得从含沙射影、半真半假的虚假文本"陷阱"中挖掘真相(它们每天都在试图吞没我们);我们得勇敢面对这样的事实:所谓确定性,至少在我们尝试理解的社会中,不仅很难掌握,也超出了我们的能力范围。如果贝克尔是对的,那么学校历史课程便在教导学生以复杂方式进行思考和推理方面具有很大的潜力。不过,我们是否要开发这种潜力,则是另一回事。

---

[1]   美国历史学会的一个专案小组得出了同样的结论:"谈到大学生学习历史的认知能力,我们更缺少了解。"专案小组教促对这一专题进行研究,这些研究结果将有助于重新思考历史专业课程及其教学方式。Perspectives:Newsletter of the American historical Association,30(1990), 18.

[2]   Suzanne M. Wilson,Mastodons, Maps and Michigan:Exploring Uncharted Territory While Teaching Elementary School Social Studies, Elementary Subject Center Series, Technical Report No. 24(ED 326470), Institute for Research on Teaching, Michigan State University(East Lansing, 1990). 参见:Martin Booth, Ages and Concepts:A Critique of the Piagetian Approach to History Teaching, in Christopher Portal, ed. , The History Curriculum for Teachers(London,1987), 22-38. 也可参见我的评论:A Partial History,Teaching and Teacher Education,14(1998),233-243。

[3]   Carl Becker, Everyman His Own Historian, American Historical Review, 37 (1932), 221-236.

这里所描述的关于文本的观点并不局限于历史。① 语言不是作用于无生命物品的园艺工具,而是促进思维和观点变化、激发或缓和激情的媒介。这对于读报纸、听广播、评估竞选承诺,或者根据希尔列公司(Searle Company)的研究而决定饮用甜味剂来说至关重要。如果学生从未学过区分"游击队"和"自由战士"、"星球大战"和"战略防御计划"、"恐怖分子"和"巴解组织成员",如果你认为这些术语只是中性的称谓,而非不同意义体系下带有强烈感情色彩的符号,那它们就会成为各个游说团体的"万金油"。这种例子无需远求:在布什与杜卡基斯竞选总统前,黑人威利·霍顿(Willie Horton)因强奸一位白人妇女而被判刑,他的名字也因此而家喻户晓。大约过了五个月的时间,这则竞选广告的潜台词才变成公众辩论的焦点——它比迄今为止"国家教育进展评估"的任何项目都更有力地反映了公民的批判性思维能力。

一本有关教学思维的新书在其宣传广告中声称,我们可以很轻松地做到,真的。它宣称"无需改变教学计划就可以通过课程来教授思维技能"②。对此,我不敢如此确定。如果我们想让学生以不同于教师教学手册上的方式来阅读历史文本,如果我们要他们既理解表面意思又理解潜台词,我想我们就必须改变教学计划,更不用说教科书了。除此之外,我们还需要审查我们对从文本中获取知识的理解。按照传统的观点,知识是从课文传递到读者头脑中的。这种观点并不恰当。元认知的观点是,知识是学生通过对意义确定的或利读的课文进行自

---

① 正如查尔斯·巴泽曼(Charles Bazerman)所说,即使是关于核酸分子结构研究记录这样简单的文本,也传达了关于知识地位和知识者角色的信念,参见:(artful reading of subtexts) in What Written Knowledge Does: Three Examples of Academic Discourse, Philosophy of the Social Sciences,11(1981),361-387. 另参见:Gay Gragson and Jack Selzer, Fictionalizing the Readers of Scholarly Articles in Biology, Written Communication,7(1990),25-58.

② Iris M. Tiedt, Jo E. Carlson, Bert D. Howard, and Kathleen S. Oda Wantanable, Teaching Thinking Skills in K-12 Classrooms(Needham Heights, Mass. , 1989).

我提问而建构的。这种观点同样不恰当。我们最好听从罗伯特·斯科尔斯(Robert Scholes)的说法："如果智慧或者宏大的观念，如敏锐的洞察力，是我们努力的目标，那么我们就不应该把它看作是从文本传递给学生的东西，而应该是学生通过质疑文本在自身头脑中发展起来的东西。"①

【说明】 本文最初发表于 *American Journal of Education*，(1991 年，第 28 卷)，是基于 1990 年我在斯坦福大学的论文完成的，由李·舒尔曼、戴维·泰亚克(David Tyack)和已故的迪克·斯诺(Dick Snow)指导。本章先前版本受益于拉里·库班(Larry Cuban)、凯瑟琳·克雷恩-托雷松(Catherine Crain-Thoreson)、帕姆·格罗斯曼、鲍勃·汉佩尔(Bob Hampel)、黛比·凯德曼、戴维·马德森(David Madsen)、苏珊·莫纳斯、希拉·巴伦西亚(Sheila Valencia)和苏珊·威尔逊的评论。1990 年 10 月，我在哈佛大学举行的麦克阿瑟"思维语言"会议上提出了一个早期的版本。我非常感谢戴维·奥尔森(David Olson)的邀请以及他一直以来的鼓励。

近年来，在学生阅读文献方面出现了大量的优秀成果。詹姆斯·F.沃斯的评论概述了这一领域的最新进展，参见"Issues in the Learning of History"，*Issues in Education：Contributions from Educational Psychology*，(1998 年，第 4 卷)，第 163—209 页。关于使用网络原始文献教授阅读，极有启发性的观点可见 B. Tally，"History Goes Digital：Teaching When the Web Is in the Classroom"，*D -Lib Magazine* (September 1996)，网址是：http://www. dlib. org/dlib/september96/09tally. html。

---

① Robert Scholes，Textual Power：Literary Theory and the Teaching of English(New Haven，1985)，14.

第四章　阅读林肯:情境化思维的个案研究

　　当提到美国第十六任总统亚伯拉罕·林肯时,我们头脑中会浮现出他瘦长的身影,他是来自肯塔基州(Kentucky)的"诚实的亚伯",是内战时期的总司令,是《解放奴隶宣言》(美国历史上最重要文件之一)的作者。当将他视为"伟大的解放者"时,我们应该考虑下面这段有关种族关系问题的话:

　　　　我无意于在白人与黑人之间引入政治和社会平等。两者间的生理差异,在我看来,或许永远无法使他们完全平等地生活在一起,因此存在差别成了必然,我……赞同我所属的种族拥有更高的地位。我从未对这种划分有过任何意见。①

　　我们如何看待这段话呢? 它起码使林肯作为"非裔美国人解放者"的开明形象变得复杂了。我们被欺骗了? 美国"守护神"的形象是假的? 或者,如罗莱内·贝内特(Lerone Bennett)在黑人民权运动高潮时期所言,林肯是"白人至上主义者"而非"伟大的解放者"。②

　　是"伟大的解放者"还是"白人至上主义者"呢? 我们将如何回答

---

① Abraham Lincoln, Speeches and Writings, vols. 1-2(New York, 1989), 512.

② Lerone Bennett, Jr., Was Abe Lincoln a White Supremacist? Ebony,23(1968),35-42.

这样的问题？什么样的历史才能使我们（或者使我们不可能）更完整地理解林肯并重新做出评价呢？

忽视时代背景而以现行标准来评价历史人物，会使其脱离当时的历史环境，顺应我们而不是他们自己的思维方式。现代主义，即以现在的眼光审视过去的行为，是一个人在获得成熟的历史理解前必须克服的原始心理状态。1989 年，布拉德利委员会宣称历史学习可以培养"以亲历者视角认识历史事件……与现代主义截然相反的历史移情"①能力。当我们思考希望学生掌握哪些基本学科思维，以及需要教师掌握哪些技能的时候，理应包括站在历史的角度理解过去的能力。如果历史教师都不能"在时序情境中思考"（think in time），我们就更没有信心让学生掌握这一能力了。

这种情境化思维（contextualized thinking）是什么样的？我们又如何推进它的发展呢？如果我希望读者在本章开始时就能够拥有情境化思维，那就犯了比在展示林肯演说时删除关键细节更严重的错误。对于情境化思维来说，文字并非超越时间、空间的空洞符号。我们不能将本章开篇林肯的演说同他发表演说的情境［在同斯蒂芬·A. 道格拉斯（Stephen A. Douglas）竞选议员的激烈的辩论中］、辩论的地点（渥太华，伊利诺伊州，反黑情绪的滋生地）、观看辩论的观众（大部分支持道格拉斯，怀疑林肯）分离，林肯和道格拉斯并非将听众当作先知或者伦理学家，而是握有表决权的选民。我们不能忽略道格拉斯所说的话对林肯产生的影响，也不能忽视林肯之后又说了什么。比如一星期前，林肯在伊利诺伊州的哈瓦那（Havana）说了什么？或者一周后在伊利诺伊州的弗里波特（Freeport）又说了什么呢？当考虑为本章开篇的这段话创设情境时，这些问题就摆到了我们面前。

---

① Bradley Commission on History in Schools，Building a History Curriculum：Guidelines for Teaching History in Schools(Washington，D. C.，1988)，9.

在尝试为林肯演说创设情境时,我主要聚焦在整合时空背景上:当时的紧急情况或许可以解释林肯的动机和目的。但在理解林肯讲话的内涵时必须考虑到当时整体背景的其他方面,比如当时的舆论环境、人的心态及时代精神、人物的生理状况及用词风格和说话方式、19世纪50年代的整体语言特点等。

读者如何通过历史碎片即原始史料来建构历史背景呢? 又如何从残缺不全和晦涩难懂的文献证据中得到连贯的解释呢? 建构这些解释需要具备何种知识? 正式学习在培养情境化思维方面又扮演什么角色? 没有能力建构背景的话,怎么办呢? "非情境化"或非历史主义(反历史时序)的思维是什么样的? 什么观念和过程塑造了非历史主义的思维,并使其持续存在呢? 上述问题都促使我们开展这项研究——一项可以称为"应用认识论"的研究,因为它既不属于现有的心理学研究,也不属于历史学研究。

一、结网——认知任务和深海捕鱼的相似处

观察情境化思维比预想的要复杂。我们可以依据史学作品进行推断,但这种方法并不能找到进行复杂推理的关键线索。史学家总是会从自己作品中删除最初的直觉和错误尝试、曾经的失误和追寻无果。然而,或许正是在那些自然而未经修改的历史思考中才隐藏着发现高阶历史思维的最好线索。若果真如此,就必须找到方法去捕捉人们在情境化思维过程中的行为,即获得最终解读之前在愤悱犹疑之时、线索模糊之刻的行为。认知任务的切入点,就是找到一个允许我

们在受控条件下研究很难掌握的现象的环境。[①]

　　即使面对已确定的研究问题,任务设计者仍有多种选择,比如研究哪个时期、关注哪些文献、有哪些类型,都存在无限可能性。面对这一复杂情况,一种选择是绝望地去认输,承认任何一个选择都是随意的,不再慎重考虑主题、体裁和时期的选择。在这种情况下,不同文献之间也就没有区别了。

　　我是持相反观点的。设计一项捕捉历史推理的任务类似于深海捕鱼前的系围网结,这是干船坞最艰难的工作。如果较目标猎物来说网结太大,就只会抓到一些没有价值的生物,真正的好猎物会悄悄地从网下溜走;如果网结太小,就捞出很多浮游生物和海藻,从而遮盖住渔网中被困的较大生物。打结不仅过程乏味,而且要求必须带有非常清晰的目标。任务设计也是如此。在着手研究情境化思维时,我们试图选择一个既接近又疏离当前关注点的主题和时期,因为情境化思维的核心是意识到与历史的连续性与不连续性。这就让我们排除了很多主题如盎格鲁-撒克逊人的神判法,这些主题离现实经验太远了;而约翰·肯尼迪遇刺事件,离我们又太近了(也已过度曝光)。[②] 我们选择林肯关于种族问题的观点,是因为种族问题在美国社会中是一个持

---

　　① 此处并非为认知任务环境提出辩护,对此,批评者指责其扭曲了思维在"自然环境"中的展开方式。我们目前在理解认知方面正处于摇摆不定之中,将人类学方法应用于心理实验室更传统的实验条件下。我非常赞同这些批评;例如,参见:Michael Cole and Barbara Means,eds.,Comparative Studies of How People Think:An Introduction(Cambridge, Mass., 1981).然而,每种方法都有自身的缺陷,我们并没有从战略层面思考如何将多种方法结合起来,而是在哪种方法是最好的这个问题上争论不休。过去的经验为这种思想弊病提供了强有力的矫正方法。可参见:Kurt Lewin, Defining the "Field" at a Given Time, Psychology Review, 50(1943),292-310.

　　② Alaric K. Dickinson and Peter J. Lee, Making Sense of History, in Alaric K. Dickinson, Peter J. Lee, and Peter J. Rogers, eds., Learning History(London, 1984), 117-153. 李(Lee)、迪金森(Dickinson)和他们的同事丹尼斯·谢米尔特(Denis Shemilt)的开创性工作使这个濒危的研究领域重新焕发了生机。他们在20世纪80年代提出的问题继续引导着全球各地的研究人员。我的研究项目也是深受英国相关历史学习著作的影响。

久问题，必须从历史的角度才能理解。[1]　我们的第一份资料是关于竞选的巡回演说文件，它是 19 世纪美国生活的一个特征，并与现在的选举活动有诸多相似之处。此外，辩论的主题——奴隶地位及支持奴隶制的理由，是用现代思想较难理解的事情。

我们的资料按照层次递进的关系排列，因为历史推理常常被称为加合物（adductive），是一个"将答案与特定问题加合起来，最终得到满意的'配对'"的过程。[2]　我们结构化了任务，提供给读者复杂程度不断递进的资料，希望借此观察到复杂的历史解释是如何产生的。在选定最后的资料之前，我们阅读了林肯及其同时代人的致辞、信件、笔记和演说等文件，总数超过了 1000 份。

二、被试

本章的数据来自一项更大的研究，该研究涉及不同知识背景的人（有天赋的高中生、初任教师和资深教师，以及不同研究方向的历史学家——见本书第一章）如何看待历史文本。这里主要关注的是未来的两位公立学校教师，他们是从报名参加华盛顿大学为期五年的教师认证项目的职前教师中挑选出来的。这个项目要求所有申请人必须拥有文科学士学位。泰德（Ted），32 岁，白人男性，是历史专业的大学生，打算毕业后找一份历史或社会科教师的职位。埃伦（Ellen），34 岁，白人女性，物理专业，在参加教师教育项目前，曾长期就职于一个私人机构。泰德所修的本科课程在我们 12 名参试人员中是非常典型

---

①　Ronald Takaki, Reflections from a Different Mirror, Teaching Tolerance,3(1994), 11-15; Winthrop D. Jordan, White Over Black: American Attitudes Toward the Negro, 1550—1812(New York, 1968); George Fredrickson, A Man but Not a Brother: Abraham Lincoln and Racial Equality, Journal of Southern History, 41(1975), 39-58.

②　David Hackett Fischer, Historians' Fallacies: Toward a Logic of Historical Thought(New York, 1970).

的。他的课程包括古代史、拉丁美洲现代史、非裔美国人史、妇女史；一个关于伊朗的研讨课程，以及其他必修的调查课程。埃伦按照大学要求学习了两门历史课程。学习课程的数量一直被普遍视为学科知识水平的代表，在具有"高水平"和"低水平"知识的人之间进行比较似乎是个有趣的研究角度。

三、过程

在开始解读林肯文献之前，所有被试教师都要接受围绕此前他们历史学习或工作情况的访谈，特别是大学期间的课程。然后，我们教他们如何"出声思维"（think aloud），[①]并向他们展示戴维·珀金斯著作中列出的六个原则，要求他们牢记。[②] 这些原则包括诸如"想说什么就说什么""不要过分解释或辩护""不要担心语言是否完整"等指导方针。[③]

我的目标是为读者再现情境化思维是如何进行的。按照发给教师资料的顺序，请被试教师一一进行评论。我邀请读者仔细为两位测试者阅读文献，并要求他们讲述如何将不同文献联系起来或者尝试为林肯的言论创设情境。完整的"出声思维"任务涉及跨度为 127 年的七份文件，但限于篇幅，第五份以后的文献此处无法探讨。与泰德和埃伦一起"讨论"的还有美国国内研究林肯及种族关系的专家：温斯罗

---

① 参见本书第三章。

② David N. Perkins, The Mind's Best Work(Cambridge, Mass., 1981).

③ 先前有关这些文献的研究表明，背景知识不足的人很快便对林肯生平大事的顺序感到困惑。为了改变这种情况并帮助参与者完成这项任务，我们制作了林肯一生的大事年表，从他当选为伊利诺伊州议会议员再到他被暗杀。我们把年表发给参与者，并告诉他们可以随时参考。文献一份接一份地呈现，每份都被打印在单独的页面上，文献的来源以粗斜体标注在页面的顶部。参与者一旦评论完一份文献，就被要求回顾并报告"你在阅读这份文件时所有想到的东西"。如果参与者在他们的评论中没有明确地表达林肯的观点（在阅读过程中也没有明确地提及），他们就会被问道："这份文献如何反映出林肯在种族问题方面的观点？"

普·乔丹、乔治·弗雷德里克森(George Fredrickson)、唐·E. 费伦巴赫尔(Don E. Fehrenbacher)、理查德·韦弗、理查德·霍夫施塔特等。

四、思维图像

第一份文献来自斯蒂芬·道格拉斯,他是 1858 年林肯参加议员竞选时的对手。在文献的开头,道格拉斯声称林肯支持奴隶拥有选举权,以及竞选公职和陪审团成员的权利。道格拉斯做出这样的声明,意在说明自己的立场是"支持将公民权限制在白人范围内",反对"以任何形式"给黑人公民权。然后,他继续指出,林肯相信"黑人生来平等"和"上帝赋予的平等"。现将文献 4.1 呈现给读者。

✎ **文献 4.1**

斯蒂芬·道格拉斯的演讲

1858 年,亚伯拉罕·林肯与斯蒂芬·道格拉斯竞选美国参议院议员。他们进行了七场公开辩论,引起了美国国内广泛的关注。虽然最终落选了,但是林肯却因他对奴隶制的看法而名扬天下。下面这段引文来自 1858 年 8 月 21 日,道格拉斯与林肯在伊利诺伊州的渥太华进行的第一次辩论中道格拉斯的演说。

如果你希望给黑人公民权,如果你希望允许他们进入我们的国家并与白人居住一起,如果你希望他们享有与你们平等的选举权,并有资格成为公职人员、担任陪审员并有权审判你们,那就支持林肯先生和黑人共和党吧,他们支持给黑人公民权。而我反对给黑人任何形式的公民权。为了我们白人及后代的永久利益,我相信政府应该由白人组成,并支持将公民权限制在白人范畴，包括欧洲出生的白人及其后裔，而不是将其赋予黑人、印第安人和其他种族。

林肯先生以那些在各地学校和教堂的地下室发表废除演说的人物为榜样，从《独立宣言》中读到了人人生而平等，然后追问你们怎能剥夺上帝和《独立宣言》赋予他们的平等权利。林肯与他们坚持认为黑人的平等权利受到上帝保护，并写入了《独立宣言》……我并不质疑林肯先生实现黑人平等并成为其兄弟的责任意识，但对我而言，不能接受黑人与我平等，并坚持否认他们是我兄弟……（林肯）坚持认为黑人生来与他平等，这是上帝赋予他们的平等权利，人类的任何一部法律都不能从他们手中剥夺这些权利……此刻，我并不相信上帝试图让黑人与白人平等。

来源：《亚伯拉罕·林肯，演讲与书信》，卷1-2（纽约，1989），504—505。

注释：文献开头的楷体字为添加的导言，主要介绍文献和作者信息。

对于历史学专业的泰德来说，斯蒂芬·道格拉斯的名字听起来"非常熟悉……我不太记得他做过什么好事，没什么特别的印象"。在阅读过程中，泰德的大部分评论都是为了建立语篇连贯性，即对文本表面意义的基本理解。只有问到文献揭示了林肯哪些东西时，泰德才小心翼翼地说出可以称得上是解释的话："额，看起来林肯更偏向……黑人，但我想可能有其他原因。"

另一边，埃伦尽管缺少关于林肯观点的细节知识，也对道格拉斯演讲中"难以置信的种族主义语言"感到震惊，但她仍然指出"这不是煽动"，"事实上，这明显是真实的，每个人都知道这一点"。当被问到

文献呈现了林肯的哪些内容时,她回答很少。相反,她说出了阅读时脑海中出现的画面:

> 当我阅读它时,我没有主动去想林肯。我在积极阅读这些文字时,更多想到的是在台上演讲的斯蒂芬·道格拉斯。当时的听众是哪些人,当时的文化是什么,为什么这些话在 1858 年可以被接受,现在却不能。

有两点值得注意。第一,埃伦立马就开始为这个演讲建构社会情境——政治竞选活动、喧闹的人群和演讲者对听众敏感情绪的感受。第二,她意识到自己和文献中的观念存在矛盾,这个其实更难觉察到。通过关注"可接受性"的问题,并认识到令她"难以置信的种族主义"会被视为"真实的、有记录的信仰",埃伦将社会场合和社会心态结合起来,构建出当时社会精神的思维模式。她努力去理解当时的世界:阐述这些观点不是出自暴徒或边缘者,而是未来议员及投他们票的选民。在这个案例中,埃伦情境化思维的特征,不是去开启与过去的延续性,而是去开启对过去的陌生感。

文献 4.2 是林肯与道格拉斯辩论中最著名的文本之一,也是证明"林肯作为白人至上者"的原始文本。总的来说,将这一文本进行分类并不比撰写本章开头的简短摘要容易。虽然如此,也不可能阻止大家去询问林肯是不是一个种族主义者。事实上,提出这个问题并依据证据来作答的过程,就是在进行历史推理。在这里,有必要引用唐纳德·费伦巴赫尔的话:

> 任何一个试图搜寻(林肯是否为种族主义者)答案的人将会发现自己陷入了错综复杂的境况,并遭遇到历史调研的一些基本问题。其中一类问题是关于史学家与历史的关系问题:史学家的任务是谨慎地重构还是有更重要的目的要实现? 他有责任做出

道德判断吗？如果有，又基于怎样的标准，是当代的标准还是所研究的那个时代的标准呢？如果想要从一个人的言行记录中解读他的思想，尤其是一个政治家，会遇到各种复杂的情况。比如，他年轻时公开认可的东西，在日渐成熟后可能就悄然放弃了；他看重的某个问题或许事实上并没有他想象的那么重要；他在一个特定场合说的话或许很大程度是由当时的历史情境决定的，甚至包括观众的因素。[①]

✎ **文献 4.2**

林肯回复道格拉斯

选自 1958 年 8 月 21 日亚伯拉罕·林肯在伊利诺伊州渥太华回应斯蒂芬·道格拉斯。

在这里，我要说的是……我无意于直接或间接干涉蓄奴州的奴隶制。我认为我没有权力这样做，我也不想这样做。我无意于在白人与黑人间引入政治和社会平等。两者存在生理差异，在我看来，这种差异或许永远无法使他们在完全平等的基础上共同生活，我与道格拉斯一样支持我的种族拥有较高的地位，这种差异也是必不可少的。我从未说过相反的话，但我认为，尽管如此，世上也没有理由可以解释为何黑人不能享有《独立宣言》所赋予的生存、自由和追求幸福的权利。我认为，他们也像白人一样被赋予了这些权利。我同意道格拉斯所说的，黑人在很多方面无法与白人平等——当然不是在肤色，或许也不是在道德或智力禀赋方面。但在依靠

---

① Donald E. Fehrenbacher, Only His Stepchildren: Lincoln and the Negro, Civil War History, 20(1974), 293-310.

自己的双手获取食物的权利方面,他们与我一样,与道格拉斯一样,与每个活着的人一样。

　　来源:《亚伯拉罕·林肯,演讲与书信》,卷 1-2(纽约,1989),512。

　　当泰德阅读林肯对道格拉斯的回应时,他觉得有些熟悉。开始时,他便意识到之前看过这份文献,读到第六行时,他的感觉更强烈了:"是的,我之前读过这个文献。"林肯"支持自己所属的种族"的观点强化了泰德的看法,即林肯并非课本上塑造的"伟大解放者",他希望"各州不仅要废除奴隶制,还要联合起来"。"是的,这使林肯看起来似乎更加偏执而不是无私。"读到文献的最后时,泰德此前对林肯的理解得到了证实:

　　　　林肯并不全是为了黑人的利益去工作的,并非完全出于所谓的无私……他确实说过,在某种程度上,黑人需要得到平等对待,但他一直没有给他们平等——他没有给他们……人格上的平等。

　　对于泰德来说,林肯说的话很明显是孤立的。它们反映了林肯的信仰,但没有注意说这些话时的场合或林肯说这些话的社会目的。

　　相反,埃伦的评论中有超过三分之一的篇幅(306 个字中的 107 个字)聚焦于构建社会情境。基于文献 4.2 第二部分呈现的林肯有关黑人平等的观点,埃伦也发表了自己的观点,可以和泰德的评论进行对比,详见表 4.1。

表 4.1　对比埃伦与泰德阅读文献 4.2

文本	记录	
	泰德	埃伦
但在依靠自己的双手获取食物的权利方面,他们与我一样,与道格拉斯一样,与每个活着的人一样	他看起来要给他们平等的权利如生存,但就像他说的,或许不是在道德或智力方面。他一直说白人是优等种族,但并不能剥夺(黑人的)生命权和生存权	当我阅读到这个时,我是从政治家的角度来思考林肯的,他是一个试图赢得选举的家伙。我头脑中浮现出罗杰·埃尔斯的样子,这个大话精逼迫他的竞选总监以及公关媒体总监。我想你要见识过里根的媒体总监,在他耳边低语,说这就是你要对这群人说的,关于特殊的话题要以合适的方式进行解读。所以,当我思考林肯时,我将他视作政治家,有着一样的虚伪。我使用同样的方式去看待许多政治家。他们会说听众喜欢听的话,你永远不知道他们真正在想什么

在埃伦眼中,这个文献透露了林肯的哪些信息呢?看起来很少。当被问到这个文献如何阐释林肯的观点时,她再次强调了自己早前阅读时得到的看法。"我是以看待一个政治家的角度来看待林肯的:政治家为赢得选举什么话都会说,什么事都会做。你不能相信他们。"埃伦和泰德的阅读形成了鲜明的对比。对于泰德来说,林肯的回答提供了他偏执的证据;对于埃伦,她从来没有提到林肯是偏执的,她说的只是发生了的事实,比如林肯就像其他政治家一样,说话都具有两面性。然而,文献也验证了她所熟知的社会情境——候选人知道什么是赢得选举所需要的。

埃伦认为林肯并不是一个坦诚的政治家,只是为了赢得选举,这便陷入了一个业已成为惯例的解释传统中。理查德·霍夫施塔特曾在《美国政治传统》一书中评论了林肯,他将林肯早前文献中的话标识为讨好废奴主义者和"仇视黑人者"[①]。将林肯于 1858 年 7 月 10 日在芝加哥发表的演讲("让我们抛开所有关于这个人和另一个人、这个种

---

①　Richard Hofstadter, The American Political Tradition and the Men Who Made It (New York, 1948).

族和那个种族的争论……团结起来,成为一个民族")和 1858 年 9 月
18 日于查尔斯顿(Charleston)的演讲(我像其他人一样支持给白人更
高的地位)对比后,理查德·霍夫施塔特评论道:

> 很难确定在芝加哥和查尔斯顿演讲的林肯哪个才是真实的
> 林肯。或许有人虔诚地相信他每次说的话;或许他的思想本身就
> 自相矛盾。无论如何,这些行为在职业政治家希望赢得选票时经
> 常可以看到。[1]

埃伦和霍夫施塔特都诉诸政治竞选的紧迫性来理解林肯演讲中
明显的矛盾。因为林肯需要争取两个阵营的选票,所以他需要站在两
个不同的角度去说不同的话。但用"林肯是分裂的"来解释并不是理
解这些文献的唯一途径。

林肯在文献 4.2 中的观点使我们陷入了情境化思维的两难境地。
如果我们假定林肯在种族关系看法方面具有基本的连续性,但他的话
里又出现了不一致的地方。这些不一致反过来又引导我们创造一个
语境来解释为什么林肯会对不同的人说不同的话。但如果我们一开
始就有这样的观念:清晰的语言和纯粹的逻辑本身就是历史性的,那
么在面对明显的矛盾时,我们就会对不同的反应持开放态度。不一致
给了我们探索与过去断裂的机会,这是努力弥合时代和空间差距的必
然结果。

引发道格拉斯和林肯争论的是《独立宣言》所隐含的推论。《独立
宣言》指出"人人生而平等",道格拉斯声称"黑人与我不平等",那按照
道格拉斯的定义,黑人不应该被视为人。如果这是林肯要解决的问
题,那他的观点是明确的。

理查德·韦弗在《修辞伦理学》(*Ethics of Rhetoric*)中,揭示了林肯是如何"根据定义进行反驳"的,这种辩论策略是通过剔除次要问题来揭示其明确的内在本质。尽管其他政治家从历史学、比较政治学、《圣经》或者现实问题去审视奴隶制,但林肯的策略是从第一原则(first principles)出发进行辩论。他在"皮奥瑞亚的演说"能让人们深入地了解这种辩论风格。在这次演讲中,林肯告诉听众,他将会关注奴隶制"明显的优点"(naked merits)。他的演说从探讨人种问题开始,这也是文献 4.1 与文献 4.2 交锋的核心问题。

对南方来说保持公平,就是要求我们同意将奴隶制扩展到新的地区。通俗来说,既然你没有反对我把猪带到内布拉斯加州(Nebraska)去,那么我就不能反对你将奴隶带过去。现在,如果猪与黑人没有任何区别的话,我认为这是完全合乎逻辑的。但当你要求我否认黑人的人性时,我想问你们南方人自己愿意这样做吗?[①]

林肯问道,如果奴隶只是纯粹的财产,就像猪或牛,那么为什么区别对待奴隶贩子和猪肉贩子呢?

你完全歧视"奴隶贩子"。不把他们当作朋友,甚至不认为他们是诚实的人。你禁止自己的孩子跟他们的孩子玩,你的孩子或许可以和黑人小孩自由地玩闹,但不能和奴隶贩子的孩子玩。如果你不得不同奴隶贩子打交道,你会在整个过程中都尽量少接触他。对于你来说,礼貌见客要握手,但遇到奴隶贩子时你会拒绝握手——这是不愿意接触而产生的本能反应。如果奴隶贩子变富有了,不再从事商业了,你一直记着他,但不会与他和他的家庭保持长久的人际关系。为什么会这样? 你为何没有如此对待

---

① Abraham Lincoln, Speeches and Writings, vols. 1-2(New York, 1989),325-326.

一个经营玉米、棉花或者烟草的人？①

林肯不断地用其他例子来强调自己的观点。比如，南方人是如何给当时在美国生活的 433643 个自由黑人贴上标签的？另外，他们的自由是怎样来的？这对于他们的主人来说是巨大的经济损失，这些主人是否意识到"可怜的黑人也拥有同他一样的自然权利"？这里有必要引用韦弗的总结：

> 林肯不可能放弃自己的立场，即（黑人）是人类的一种。他早年做律师时，就意识到基于一个不容置疑的观点进行论证要比基于一堆推论好。多年来，他坚持这种种属概念观，即上位概念的本质特征也是下位概念的特征。因此，既然《独立宣言》已经禁止对人实行奴隶制，原则上也就禁止对黑人实行奴隶制。②

如果我们仔细看文献 4.2 中林肯的回答，就会发现激烈的语言掩盖了很多方面。请注意，林肯唯一愿意明确对道格拉斯做出让步的是"两个种族间的生理差异"，但从那之后，林肯的发言变得模棱两可。林肯说，在道德或智力天资方面只是"可能"有差异。这个"可能"并没有引起当代大多数读者的注意。不过，即使提到两个种族在道德与智力方面平等的可能性，也肯定会被视为与 19 世纪中叶种族主义盛行的大背景冲突。斯坦福大学的历史学家乔治·弗雷德里克森认为，在这里，林肯追随了他的共和党导师亨利·克莱（Henry Clay）的脚步。克莱主张逐步解放黑人并在早年就说过黑人"是理性的存在者，像我们自己一样，能够感受、反思和判断，这些都是人应具备的自然特征"③。

---

① Abraham Lincoln, Speeches and Writings, vols. 1-2(New York, 1989),326.

② Richard M. Weaver, The Ethics of Rhetoric(Chicago,1953),95.

③ George Fredrickson, A Man but Not a Brother：Abraham Lincoln and Racial Equality, Journal of Southern History, 41(1975),42.

弗雷德里克森通过亨利·克莱将时代精神与林肯的生平经历联系起来。林肯与很多同时代人在思想上的重要区别，是区分了道德权利与法律权利。由于我们无法理解将这种区别视作"进步"的时代，反而倾向于将林肯的观点视为矛盾和不一致，或者更糟糕地，认为他是虚伪与自私的。对于泰德来说，林肯的话揭示了林肯的内心，让人觉得他是个偏执的人。对于埃伦来说，林肯的话更多揭示的是社会情境，而非一些明摆着的事实，韦弗、乔治·弗雷德里克森和其他人所讲的"真相"，比我们想象的要隐蔽得多。

第三个文献选自林肯的另一个人生阶段，也是另一种体裁的文献证据。不像对道格拉斯的公开回应，文献4.3是他写给肯塔基州的好友乔书亚·斯皮德（Joshua Speed）的妻子玛丽·斯皮德（Mary Speed）的信。在信中，林肯描述了他在密西西比河乘船旅游时，看到一群奴隶被公开买卖。

✎ 文献 4.3

写给玛丽·斯皮德的信

亚伯拉罕·林肯，1941 年 9 月 27 日致信一个私人朋友玛丽·斯皮德。

顺便说一下，船上有个很好的例子，让人思考环境对人类幸福的影响。一位先生在肯塔基州的不同地区买了 12 个黑奴，并将他们带到了南方的种植园。每六个黑奴一组，每个黑奴的左手腕上都有一个小铁钩，这样，他们就被串在了一起，就像一群钓在线上的鱼一样。就在这种条件下，他们永远离开了他们的童年、他们的朋友、他们的父母，永久地成了奴隶……然而，在所有这些令人沮丧的环境下……他们是船上最兴奋、显然也是最幸福的一群人。其中一个因过度溺爱自己的妻子而被贩卖的黑奴，在船上不停地拉着小提琴；其他人每天都在跳舞、唱歌、狂欢、变着花样打牌。"上帝使人类面对最恶劣的生活条件，却依然可以忍受……"是如此的真实。

来源：亚伯拉罕·林肯，演讲与文献，卷 1-2（纽约，1989），368。

这份文献给我们很多启发。第一，历史学家会从文献的体裁考虑它的可靠性，特别是缺少其他信息时，会倾向于个人信件比公开声明更有证据价值。[1] 第二，这份文献的主旨，乍一看存在令人费解的矛盾。面对奴隶被紧紧拴在一起的场景，林肯觉得必须得做出评论，但不是关于人类的悲惨，而是关于人类的幸福。

在看到林肯讲述一个奴隶"过分疼爱妻子"时，泰德头脑中产生了第一个解读（见表 4.2）。当泰德被问到对林肯的印象是否改变时，他回答道：

> 呃，我还不确定，或许我还需要再读一遍，事实上，我需要了解更多的信息。他的观点真正指向什么？除了"上帝使人类面对最恶劣的生活条件，却依然可以忍受"，他到底想总结什么？他似乎是在说，那些人是不幸的人，他们需要充分利用这些最糟糕的条件……这让人觉得他有同情心。我相信他确实有。而且，从另一个方面，就像我说的，他很少将黑人视为逍遥自在的形象。我不知道。它让我感到反感。所以，我不太想去读它。

---

[1] 关于历史学家如何区分文献证据类型与价值的例子参见本书第三章。也可以参见：Louis Gottschalk, Understanding History: A Primer of Historical Method(Chicago, 1958).

表 4.2 泰德对文献 4.3 的解读

文本	记录
其中一个因过度溺爱自己的妻子而被贩卖的黑奴，在船上不停地拉着小提琴	我对这句话感到疑惑——"他被贩卖为黑奴的原因"——呃，这就是他被贩卖的原因
过度溺爱自己的妻子，在船上不停地拉着小提琴	所以他看起来像个快乐的小男孩
其他人每天都在跳舞、唱歌、狂欢、变着花样打牌	他们的表现充分说明了自己是快乐小人物的形象……他们看起来好像在说他们是——他们是好人，但无论在什么条件下，他们都是典型的、快乐的"黑人"形象。他们"享受"自己所处的环境

这段评论有很多地方值得注意。第一，泰德强烈地意识到这份文献有很多不确定之处，要想更好地理解它或许需要再读一遍。第二，虽然泰德说林肯有同情心这点暗含着这位美国第十六位总统带有"守护神"的意味，但他也因此更强化了早期林肯的印象——偏执之人。第三，泰德意识到自己的情感对解读这份文献的作用，对他形成林肯偏执形象的影响。

埃伦与泰德的理解非常相似（参见表 4.3）。这份文献引起的困惑如下：林肯为何冷漠地把别人的痛苦当作快乐？ 林肯真的像他言语暗示的那样冷酷无情吗？ 哪些遗漏的背景信息使我们对斯皮德的信有不同看法？

表 4.3　泰德与埃伦对斯皮德信件的解读

阅读者	引文	记录
泰德	……其他人每天都在跳舞、唱歌、狂欢、变着花样打牌	他们只是在扮演他们生活中的快乐的小人物形象
埃伦	……其他人每天都在跳舞、唱歌、狂欢、变着花样打牌。"上帝使人类面对最恶劣的生活条件……"是多么真实	这有点失望——当我读到这里的时候真的有点失望。有人正在被贩卖为奴隶，被分开，而当权者看到的时候却用"他们有多幸福、有多漂亮。他们不介意"这样的话来解释。这就是他们该有的生活，这就是他们来到世上的原本目的。当我思考林肯时，我的意思是，他本人是很清楚……他们正在被分开。但他是如何感受到他们很开心的呢？不——我的意思是这两种情况不是——也不可能融合到一起。你从自己的家庭、房屋和自己的兄弟姐妹、孩子的身边被带走，而你却很高兴、很兴奋。他是如何知道他们很兴奋的呢

林肯真的对那些背井离乡之人的痛苦视而不见吗？除了对玛丽·斯皮德说的这些话，还有什么更好的证据能证实林肯对奴隶的痛苦漠不关心吗？乔治·弗雷德里克森倒是非常清楚林肯的信是如何让现代人感到振聋发聩的，他写道：

> 这种理论难以显示反奴隶制的热情，相反，它很容易被谴责为自满、缺乏敏感性和想象力的表现。不过，这种假设是基于 19 世纪 40 年代越来越少的一种看法，即以共通的人性，而非某种特殊种族来看待黑人对于环境的反应。[①]

我们很难想象奴隶的人类身份遭受质疑的世界是什么样子的，但亚伯拉罕·林肯就出生在这样的世界。重建一个我们不能完全理解的世界，或许就像情境化与过时化解读历史之间的差距。

---

① George Fredrickson, A Man but Not a Brother: Abraham Lincoln and Racial Equality, Journal of Southern History, 41(1975),44.

泰德对林肯三份文献中的最后一份，即文献 4.4，没有发表什么看法。[①] 他指出自己对建立自由州的计划非常熟悉，阅读这份文献不太会影响他对林肯的看法。与此相反，埃伦用这份文献来丰富她对林肯的印象。她首先注意到时间，指出这个演讲发生在南北战争期间。在她阅读文献的过程中，一个不同于以往的林肯形象出现在她的脑海中：

> （林肯）尽责地去处理在当时看来意义重大的问题，我有一种感觉：他正在试图解决事实上非常棘手的问题。这是目前你能想到的最好办法。所以我有点将他视为问题解决者……而不是模棱两可的虚伪政治家。（他是）首席执行官或者处理问题包括尖锐问题的决策者。在第一篇文献中（文献 4.2），他真是一根筋（real one-dimensional），有点像虚伪的政客。他在写给玛丽·斯皮德的信中展示了人性的一面。现在是另一面，林肯的形象开始变得丰满了，但现在我看到更多的是作为总统的他，努力解决问题，努力平息战争，提前思考战争结束后将要做什么，这是在颁布《解放黑人奴隶宣言》之前。这是在《解放黑人奴隶宣言》之前吗？是的，这之前。所以，我的意思是或许他早已有了这个想法，所以他在提前谋划：我们将如何处理这么多的奴隶？或许在 1862 年拓殖是一种切实可行的选择。这让我想起了英国在澳大利亚的所作所为——用船将所有不良分子送到了澳大利亚。

埃伦在这里展示了丰富的互文阅读。她提到了前三份文献中的两份，她对文献 4.4 的理解就建立在这些文献基础上。在她头脑中出现的是一个复杂的人物形象，在一种情况下是"虚伪的政治家"，在另

---

① 这份文件附有一段冗长的序言，因为前导性的实验表明即使是一些在这一时期从事课程工作的读者，其中也少有人熟悉林肯在中美洲建立自由奴隶殖民地的计划。

一个情况下是富有同情心的人，而在这份文献中又成为运筹帷幄的首席执行官。似乎有这样一种认识：这个计划，尽管在今天看起来很奇怪，但在 19 世纪后半叶更有意义。至于与澳大利亚的类比，则是通过它们的相似性进一步情境化林肯的计划。为了理解林肯，埃伦将很多时代精神元素同南北战争的过程结合起来，并由此开始形成了林肯生活传记式的情境。

✎ **文献 4.4**

殖民演说

将自由黑人殖民化的想法出现在 19 世纪早期。很多反对奴隶制的白人都积极拥护殖民，并坚信真正的自由与平等只能通过迁徙黑人才能实现。亚伯拉罕·林肯很早就支持这种观点，在 1862 年，国会拨了一大笔资金支持殖民项目。下面这段文字选自林肯 1862 年 8 月 14 日在白宫外的"殖民演说"，听众是一群自由黑人。

为什么⋯⋯黑人应该被殖民，要被殖民去哪里？如果我们一开始就面对那些不自由的人，他们的智力已经被奴隶制奴役，我们几乎难以开始。如果聪明的黑人⋯⋯能够参与到这件事情中来，那么是非常有可能去完成的。在一开始就遇到能够像白人那样思考的人，而不是长期遭受压迫的人，是非常重要的⋯⋯我想中美洲适合做殖民地⋯⋯这个地区对任何人都是宜居之地，有着丰富的自然资源和优势，特别是气候跟你们原来的居住地类似——这就非常适合你们的身体状况。

来源：《亚伯拉罕·林肯，演讲与文献》，卷 1-2（纽约，

1989),368。

约翰·贝尔·鲁滨逊以一个关于奴隶制的宗教观点开始了他的演说(文献 4.5):"他们本就是作为奴隶被上帝创造出来的,上帝要求我们使用奴隶,如果我们背叛信仰并舍弃这些资源,他们就会再次成为野蛮人。"这些强势言语令我感到震惊和荒谬,但我们应该知道有关奴隶制的宗教辩护可以追溯到英国与非洲的最初接触时期。[①] 在阅读约翰·贝尔·鲁滨逊的文献时,泰德对不同于自己的种族观念感到愤怒。当鲁滨逊将奴隶制同神圣使命联系起来时,他脱口而出:"我要疯了,啊! 我无法用语言来描述它。"当鲁滨逊声称如果将这些黑奴送回非洲,他们将会在 50 年内重新陷入"异教和野蛮状态",泰德平静了一下,回答道:"这就是他眼中的黑人——野蛮人——我的意思是这是在贬低他们自然的生活方式和文化,我认为不应该这样做。"当泰德被问到阅读鲁滨逊的文献是否会影响他在之前三份文献中重新认识的林肯时,泰德回答道:"不,因为我并没有在这儿看到林肯演讲,再次读到作者写下的林肯名字,我没有任何熟悉的感觉,根本无法将其与林肯联系在一起。"

我们如何理解泰德的阅读呢? 当然,从某种程度上来看,泰德是对的。约翰·贝尔·鲁滨逊是在"贬低"非洲人的自然生活方式,对有别于自己的人种带有偏见和不敬。然而,从另一层面来说,泰德的评论让我们管窥到很多大学生的历史观,戴维·洛温塔尔将这种历史观称为"永恒的过去",在这里,我们用来构建现实的概念("种族主义"

[①]　Winthrop D. Jordan, White over Black: American Attitudes Toward the Negro(New York, 1968),1550-1812.

"偏见""宽容""多元文化理解"）属于超越时空的静态范畴。[1] 在这样的历史中，约翰·贝尔·鲁滨逊应该有不一样的想法。但公平地说，鲁滨逊先生不应该出生在这样的世界，这样一个被温思罗普·乔丹和乔治·弗雷德里克森称作以欧洲白种男人为人类评判标准的世界。

✎ 文献 4.5

奴隶制的优势

以下内容出自一个支持奴隶制的白人发言人——约翰·贝尔·鲁滨逊，参见其著作《奴隶制与反奴隶制的图片：黑奴制的优势和解放黑奴的道德、社会与政治意义》，宾夕法尼亚州，1863，第 42 页。

他们本就是作为奴隶被上帝创造出来的，上帝要求我们使用奴隶，如果我们背叛信仰并舍弃这些资源，他们就会再次成为野蛮人。上帝要求我们去管理，黑人去服务，如果我们……对出于人类福祉与上帝荣耀所做出的神圣安排置之不理，篡改上帝的规则，我们就会被推翻，永远被贬黜，甚至可能成为其他文明国家的臣民……将黑人在原居住地全部殖民地化几乎是不可能的，这个是永远做不到的，在这个地球上也没有地方适合他们了。把他们送到其他任何地方都是极其残忍和野蛮的。如果他们都被安置在非洲沿海居住，他们将在 50 年内重返异教与野蛮状态。

---

[1] David Lowenthal，The Past Is a Foreign Country (Cambridge，England，1985)；David Lowenthal，The Timeless Past：Some Anglo-American Historical Preconceptions，Journal Of American History，75(1989)，1263-1280. 有关洛温塔尔最新的观点，请参阅他的著作：Possessed by the Past：The Heritage Crusade and the Spoils of History(New York，1996).

当泰德告诉我们并没有从鲁滨逊那里了解到有关林肯的内容时，我们也看到情境化思维并不像我们想象的那样。泰德说的是对的，鲁滨逊没有提到林肯。但从另一个层面来说，泰德又说错了，因为鲁滨逊告诉我们很多有关林肯所在时代的社会思想。在极端状态下，鲁滨逊是个标志性的记录者，就像威廉·劳埃德（见文献4.6）是另一个极端状态中的标志一样。在具有不同本质的多样化观点中，林肯的观点实质是什么呢？在不同的观点范畴内，他处于什么位置呢？这个问题也成了埃伦的绊脚石。鲁滨逊的文献并没有激发埃伦自发地去评论林肯，她只是被鲁滨逊充满激情的言辞吸引，将其与阿尔道夫·希特勒的"最后解决方案"进行对比。鲁滨逊关于被遣返回国的奴隶会"重返异教和野蛮"的观点引出了这样的回应：

> 我是说我简直不敢相信会有人这样想。我真不相信！这太糟糕了。它并没有影响我对林肯的看法。我确实把注意力都集中在林肯身上。我只是很气愤！更奇怪的是，我可以再一次想象到他在大厅演讲的场景，这些话被再一次宣扬，但它不是带有煽动性的材料，我意思是在1863年它可能不是那么带有煽动性。它一定程度上强调了有些人是如何将奴隶视为低等人的，而我们现在这样做是为他们好，如果不让他们成为我们的奴隶，他们将会成为异教徒并迷失自我。

✎ 文献4.6

废除声明

根据1830年2月12日威廉·劳埃德·加里森在《普遍解放的天才》上发表的社论，加里森是白人废奴主义的先锋，在1831年创办自己的反奴隶制报刊之前，他曾在《天才》做过一段时间的助理编辑。

　　我否认这个假设——上帝使……一部分人比另一部分
人优等。不管多少种族融合在一起——不管部落或国家间
有多少因为种族引起的冲突——如果给他们同样的发展机
会与公平的起跑线,结果也将会同样富有成效,同样辉煌与
宏伟。

　　理想情况下,埃伦应该已经意识到鲁滨逊对奴隶制的宗教辩护,
恰是林肯想要回避的观点。事实上,林肯在探讨奴隶制时提到了上
帝,是基于不同种族均生活在上帝光环下的共识(文献 4.3)。从这个
意义上说,鲁滨逊和林肯没有很大的差异。

五、结论

　　这两位老师研究文献的方法截然不同。对于历史专业出身的泰
德来说,林肯的观点与这些文献中的观点是直接对应的;物理专业出
身的埃伦,则通过这些文献谨慎地寻找"真实的"林肯,她试图理解林
肯在不同情境下的反应。与泰德相比,埃伦的阅读通篇都有互文联
系。我们把这种交互参照当作通过重建林肯所处的舆论环境来创设
语境的努力。在任务的最后,当埃伦看到贝内特的说法时——林肯是
一个"可悲又有缺陷的人物,与同时代的大多数白人有着同样的种族
偏见",她可以利用在任务中学到的为这一说法增加神韵。[1] 埃伦"部
分同意贝内特的观点",补充了这样的限定词:"很明显,林肯和鲁滨逊
并非持有同样的观点。"而且,她情境化了贝内特的文章:1968 年,让
我们来看看,正是博比·肯尼迪(Bobby Kennedy)和马丁·路德·金

---

① 　Lerone Bennett, Jr., Was Abe Lincoln a White Supremacist? Ebony,23 (1968), 42.

(Martin Luther King)被暗杀的前一年。

在整个任务中，埃伦不失立场地评判了林肯的观点。她能做到不赞同，也不感到惊讶；她反对但也表示理解。当阅读史蒂芬·道格拉斯的文章时，她呼吁大家注意"极端种族主义者的言辞"，但也指出"它不是煽动性的。实际上，这是有文献依据的观点——这明显是事实，每个人都知道。这是我们所谓的传统观点，是常识"。埃伦此时实现了基础的历史理解。过去是现在的序幕，但与现在社会存在不连续性。她将自己的观点与所读人物的观点保持不同，这使得她能够正视历史，用路易斯·明克的话来说，能够"随时发现和进入一个可以发现差异的观察模式中"①。埃伦的理解与此类似。1850年的白人社会状况，以及容许这个社会在美国土地上传播奴隶制度的种种环境，与我们今日所见已大不相同了。

两位老师在这里提出了一个完全相反的关系谜题，看起来好像是历史学术训练和情境化思维之间的对立关系。不过，这种情况并非完全反常，尽管我们早期的研究结果是基于很小的样本（12名教师），但也显示出在本科专业与历史情境创设能力间不存在明显的相关性。

这个初步发现，对于从事教师学科知识研究的专家来说并不陌生。② 本科专业学习是基于这样的假设：学生上大学前已经掌握了学科的基本概念。确切地讲，这些基本概念是这个学科教给学生的核心内容。但是，通常情况下，那些假定大一、大二、大三和大四学生已具备学科基本概念的观念很少被检查、测试或评估。在很多情况下，大学老师假定的这些基础只是自己的虚构而已。

当历史专业学生攻读教育硕士课程时，我们假定他们都已深谙历

---

① Louis O. Mink, Historical Understanding(Ithaca, N. Y., 1987), 103.

② The National Center for Research on "Teacher Learning, Findings on Learning to Teach" (East Lansing, Mich., 1992).

史学专业。教师教育的职责是教授未来的教师如何教学。但是,当如今有了这些评价,而这些评价又促使我们考察有关学科的基础观念,会出现什么呢? 会降低我们对学生基础知识水平的信心吗? 在教他们如何教学的过程中,我们意识到必须先教他们如何去了解和学习。这样,教师教育无疑变得更加复杂。

鉴于时下我们到处听见很多可以用来发现学生能否"像史学家那样思考"的"权威评价",我以"那又怎么样"的问题来结束这一章。这种消息一般会受到人们的热情欢迎,但他们此前从来没有问过,在我看来是更根本的问题:我们为什么关心学生或老师是否能像史学家那样思考呢?

这里所描述的历史思维类型,特别是在认清了自身概念工具不足时思考过去的倾向,是教会学生理解他人的关键。如果从未意识到自己的个人经验是有限的,那么我们怎么可能理解那些不合我们"道理"的人? 对照我们的标准可能会很难理解他们的选择和观念。

有很多问题依然存在,比如我们不知道人们是如何学习情境化思维的。当他们进行情境化思维时,我们不知道他们在哪里学到的;我们甚至不知道正式学习在情境化思维发展中的作用。但我们相信一件事,用戴维·哈克特·费希尔(David Hackett Fischer)的话来说就是:情境化思维能力并不是"为了追求学术完美的全新目标"[①]。

> 如果我们继续使用……前核时代的术语来错误地概念化核时代的问题,就不会有核世界了。如果我们坚持将昨天的程序错误地应用到今天,我们或许会突然失去明天的可能性。如果我们在 20 世纪中叶继续追求 19 世纪的理想目标,21 世纪的前景将会

---

① David Hackett Fischer, Historians' Fallacies: Toward a Logic of Historical Thought (New York,1970),215.

更加暗淡。①

至于原因,正如费希尔提醒我们的,在面对威胁我们的社会和世界问题时,理性是一种可悲而又脆弱的武器。然而,它是我们唯一拥有的武器。

【说明】 本章是为 1992 年 10 月在马德里自治大学举行的"历史与社会科学中的推理"会议准备的。首次刊印时是与贾妮丝·福尼尔(Janice Fournier)联名发表于会议的论文集——由马里奥·卡雷特罗和詹姆斯·F.沃斯主编的《历史和社会科学的认知和教学过程》(*Congitive and Instructional Proces in History and the Social Sciences*)(Hillsdale, N. J., 1994);摘要发表在《历史新闻》(*History News*)(1993 年,第 48 卷)。根据同样的文献与步骤,我探讨了历史学家如何阅读这些文献(见本书第一章)。该研究的完整陈述发表在《认知科学》(*Cognitive Science*),(1998 年,第 22 卷),第 319—346 页。

---

① David Hackett Fischer, Historians' Fallacies: Toward a Logic of Historical Thought (New York,1970),215.

第五章　描绘过去

请排除杂念,在脑海中想象一位清教徒和一位西部拓荒者分别是什么样子。出现在你想象中的清教徒,是戴着一顶有搭扣的高顶黑帽还是小巧的蕾丝帽?你脑海中出现的西部拓荒者是戴着头巾和小伙子们一起放牛,还是戴着太阳帽在草原上养小鸡?为什么提到他们时,我们的头脑中会出现这些特定的形象?还有,为什么我们更容易想起这些而不是其他形象?

这个简单的练习有助于引出我们的主题,即文化假设在历史学习中的作用。通常这些假设根深蒂固,以至于我们早已习以为常,根本意识不到它们的存在。在学习和教授历史的过程中,文化假设扮演着关键角色。它标识了什么是历史中的重要内容,并被视作最前沿、最明显的标准。毫无疑问,我们通常依据时序来组织历史,而时序又根据特定的政治、外交和军事事件来定义,如制宪会议时期、重建时期、罗斯福新政时期、卡特总统时期。同时,我们经常将其他主题作为"专题"来补充课本的主要内容,它们一般出现在课本侧边栏,但很少能成为单元测试的对象。我们的内隐假设通常会帮助我们区分历史中哪些是重要的,哪些是次要的,哪些需要关注,哪些可以忽略。当阅读"清教徒和他们的妻子"时,文化假设使我们不舍得错过任何一个细节。

　　试着思考一下历史课本会如何处理新英格兰殖民地的贸易。典型的美国历史课本通常会强调"三角贸易"，即在美洲殖民地、西印度群岛和英国间进行奴隶、甘蔗和朗姆酒的贸易。在广泛使用的课本《美国人》中，作者温思罗普·乔丹等人①用了近三页的篇幅来讲述这一主题，并且用加粗的副标题进行介绍"北方发展商业与城市：蔗糖和朗姆酒"。"蔗糖"和"朗姆酒"这两个词稍后会在章节的复习部分和章节后的词汇表中出现。乔丹在讲述这段历史时，强调了州与国家的经济生活，基本都是男人从事的贸易和商业活动。

　　乔丹在殖民地经济中的"家庭农场"部分提到了妇女，借此我们了解到妇女"做着无休止的家务"，用金属锅做饭、在烟囱的空心厢里烘烤、纺织粗布、为丈夫和孩子缝制衣服。"她们用自制的肥皂在木桶里洗衣服和床上用品，"乔丹和他的同事写道，"男人们做了绝大部分繁重的户外工作。"②

　　同传统史学家一样，乔丹在任务列表中也将妇女的角色限定为丈夫和家庭的仆人。③ 这就容易使学生错误地认为，在殖民地时期和独立战争后，新英格兰妇女很少参与商品和服务的经济交换。然而，试想如果我们对历史重要性（historical importance）有不同的假设，不再过分关注贸易企业，而是转向普通的日常生活。那么，在这种版本的历史中，我们或许会了解到共同参与家庭和社区经济活动的妇女和男人间的相互依存关系。除了朗姆酒外，还有让·罗兰·马丁（Jean

---

　　①　Winthrop D. Jordan, Miriam Greenblatt, and John S. Bowes, The Americans：The History of a People and a Nation(Evanston, Ill., 1985).

　　②　Winthrop D. Jordan, Miriam Greenblatt, and John S. Bowes, The Americans：The History of a People and a Nation(Evanston, Ill., 1985), 69.

　　③　关于历史教科书中性别角色的详细分析，参见：Mary K. T. Tetreault, Integrating Women's History：The Case of United States History High School Textbooks, History Teacher, 19 (1986), 210-261.

Roland Martin)提出的"再生产功能"———一个从 1970 年到 2001 年标记人类存在迹象的功能,主要包括他们周而复始的生活活动类型:怀孕与出生,抚养孩子,管理家庭,照顾病人、老人和料理死者。①

劳雷尔·撒切尔·乌利希(Laurel Thatcher Ulrich)荣获普利策奖的传记小说《助产士的故事》,让我们得以管窥这段历史可能是什么样的。② 在小说的开头,乌利希讲述了居住在缅因州哈洛韦尔市的妇女玛莎·巴拉德的生活故事,她在 1785 年到 1812 年坚持写日记。我们从乌利希的重构中了解到,在不到一个月的时间中(1787 年的 8 月3 日到 24 日),玛莎·巴拉德所做的远不止接生小孩。

> 接生了 4 个孩子,排除了 1 个假妊娠警报,出诊 16 次,筹备了 3 具遗体的葬礼,向邻居分发了药品,采集并将准备好的草药分给其他人,治疗自己丈夫的咽喉痛。用 20 世纪的话来说,她同时是一名助产士、护士、内科医生、殡葬师、药师和细心的妻子。而且,在记录自己工作的过程中,她变成了关键记录的保管者,记录了她所在城镇的医疗史。③

一般来说,玛莎和其他人的类似故事不仅不会出现在我们现有的课本里,也不会出现在当时的日记和报道中。亨利·西沃(Henry Sewall)是玛莎在哈洛韦尔的邻居,他的日记涉及的时段基本上和玛莎相同。但相比玛莎,亨利的记载方式更接近温思罗普·乔丹。从玛莎的日记而不是亨利的日记中,我们了解到在亨利的妻子塔比莎(Tabitha)分娩前,玛莎先后 8 次从诊所来到她的床边、塔比莎复杂的

---

① Jean Roland Martin, Reclaiming a Conversation: The Ideal of the Educated Woman(New Haven, 1985).

② Laurel Thatcher Ulrich, A Midwife's Tale: The Life of Martha Ballard, Based on Iles Diary, 1785—1812(New York, 1990).

③ Laurel Thatcher Ulrich, A Midwife's Tale: The Life of Martha Ballard, Based on Iles Diary, 1785—1812(New York, 1990), 40.

分娩过程和玛莎所收取的服务费。最后,只有玛莎的日记记载了塔比莎积极参加了制售帽子这类女性经济活动。玛莎·巴拉德记载了妇女间衣服、保健、食物和药物等经济交换活动的细节,但这些从来没有在亨利·西沃的记载与温思罗普·乔丹对殖民地时期及美国早期的经济生活描述中出现过。基于历史意义(historical significance)的传统假设,我们可以很容易想象出课本侧边栏会有玛莎·巴拉德的内容。但如果依据其他历史意义的假设,我们也可以很容易看到有关朗姆酒的记载。

当然,不是所有的历史偏见都与性别有关。但是我们对性别会影响历史理解的认知,使我们质疑此前历史成就表现中存在"性别差异"的报告。从 1917 年 J. 卡尔顿·贝尔和 D. P. 麦科勒姆(D. P. McCollum)对得克萨斯州学生的研究(几乎每个班级的男生都明显优于女生)[①]到 1987 年黛安娜·拉维奇(Diane Ravitch)和切斯特·芬恩(Chester Finn)发布的首份全国历史与文学教育进步评估报告,[②]都指出男生在历史知识方面优于女生。如果不考虑课程可能忽略了妇女生活的内容,这一研究结果就是符合实际情况的。

不管是书写历史还是编写学校课程,有关历史意义的假设都十分重要,且这些作者一般都是男性。哲学家内尔·诺丁斯(Nel Noddings)感到疑惑,[③]为什么学生更喜欢了解珀欣将军(Generals

① J. Carleton Bell and David McCollum, A Study of the Attainments of Pupils in United States History, Journal of Educational Psychology, 8(1917), 257-274. 参见现代成就测试之父爱德华·桑代克的类似评论:Edward L. Thorndike, Educational Psychology Briefer Course(New York, 1923), 274.

② Diane Ravitch and Chester Finn, Jr., What Do Our 17-Year-Olds Know? A Report on the First National Assessment of History and Literature(New York, 1987).

③ Nel Noddings, Social Studies and Feminism, Theory and Research in Social Education, 20(1992), 230-241.

Pershing)和巴顿将军(Patton)①,而不是 1946 年获得诺贝尔和平奖的艾米丽·格林·鲍尔奇(Emily Green Balch)。根据诺丁斯的说法,鲍尔奇的名字"甚至没有出现在 20 世纪 50 年代出版的大百科全书中",而两位将军的条目却有详细记载。② 她问道:"难道参加战争的人要比维护和平的人更值得研究吗?"

近年来,尽管历史、社会科课程已经受到学术界越来越多的关注,但有关性别与历史理解问题方面的研究依然很少。③ 在学校,已有多次尝试将更多的妇女史和社会史纳入现有课程。④ 事实上,加利福尼亚州和其他主要州已经将"男女贡献平等"列为社会科教材的选用标准。这些努力是否改变了孩子们对过去的印象? 这是我们下面将要探究的。

一、方法

我们的问题直截了当:男生和女生是如何描绘过去的? 孩子们是以何种方式将自己投射到性别中立的历史角色中去的? 我们选取了三种历史人物,分别来自美国历史上的不同时期——清教徒、拓荒者

---

① 约翰·约瑟夫·珀欣(John Joseph Pershing,1860—1948),第一次世界大战期间担任美国远征军总司令;乔治·巴顿(George Smith Patton Jr.,1885—1945),美国陆军四星上将,第二次世界大战中著名的美国军事统帅。——译者

② Nel Noddings, Social Studies and Feminism, Theory and Research in Social Education, 20 (1992), 231.

③ 参见:Donna Alvermann and Michelle Commeyras, Inviting Multiple Perspectives: Creating Opportunities for Student Talk About Gender Inequalities in Text, Journal of Reading,37(1994), 38-42; Terrie Epstein, Sometimes a Shining Moment: High School Students' Creations of the Arts in Historical Context, American Educational Research Association, Atlanta, April (1993); Marcy Gabella, The Art(s) of Historical Sense: An Inquiry Into Form and Understanding, Journal of Curriculum Studies,27(1995), 139-163.

④ 参见 B. Light, P. Stanton, and P. Bourne, Sex Equity Content in History Textbooks, History and Social Studies Teacher, 25(1989), 18-20; Tetreault, Integrating Women's History, 210-261.

和嬉皮士，并编制了一份简短的调查问卷。

鉴于这是一个实证研究，刚开始时我们并没有设置一些正式的假设，部分是因为我们未能找到清楚描述学生是如何描绘美国历史人物的研究。但这并不意味着我们对即将开展的研究没有任何预想。基于数十年儿童描绘能力的相关研究，我们可以预见存在"以性别为中心"的偏见，也就是男生倾向于描绘男性人物，女生倾向于描绘女性人物。40多年临床心理学研究表明：在没有特殊提示的情况下要求儿童"描绘一个完整的人"，绝大多数情况下，他们会描绘与自己同性别的形象。[①] 而且，当儿童被要求描绘男女两种性别的人物时，他们通常会先描绘与自己同性别的人物，并描绘更多的细节。[②] 作为研究儿童绘画的领军人物，伊丽莎白·科皮茨（Elizabeth Koppitz）将"描绘一个人"的要求等同于要求儿童描绘他们最了解的一个人。"儿童最了解的人是自己，因此他对某个人物的画像就是内心中自己的样子。"[③]

我们的问卷并没有要求学生们去描绘一个泛化的"人"，而是去描绘媒体或文化中典型的男性形象。孩子们会将我们的提示当作邀请他们描绘自己扮演清教徒、拓荒者或者嬉皮士的形象（这种情况下我们可以看到男性与女性画像的数量相同）吗？或者我们的问卷会让他们描绘一套以男性特征为典型的文化偶像吗？

每份问卷只涉及其中一个人物，并分为两部分。第一部分要求孩子们想象一位清教徒（拓荒者或嬉皮士）的形象，并在"下面的方格中"

---

① 参见：Karen Machover, Personality Projection in the Drawing of the Human Figure (Springfield, Ill. 1949); Elizabeth Koppitz, Psychological Evaluation of Human Figure Drawings by Middle School Pupils(New York, 1968); M. Richey, Qualitative Superiority of the "Self" Figure in Children's Drawings, Journal of Clinical Psychology, 21(1965), 59-61.

② M. Richey, Qualitative Superiority of the "Self" Figure in Children's Drawings, Journal of Clinical Psychology, 21(1965),59-61.

③ Elizabeth Koppitz, Psychological Evaluation of Human Figure Drawings by Middle School Pupils (New York,1968),5.

描绘出来。第二部分要求孩子们阅读一段类似课文的、介绍历史人物的短文并画图说明。我们试图设计一段在形式和内容上都没有性别倾向的短文，并使用复数人称代词进行描述，这意味着男性和女性都可以参与这里所设计的活动（见附录）。[①] 我们设计第二部分的一个目的是激发学生对学校历史课程的思考。我们想知道课文式的语言是否会让学生调用"学校历史课程框架"，从而让学生对历史人物的描述倾向于传统，或者无性别倾向的短文是否会引导学生既画男性又画女性呢？相比第一部分，第二部分的提示语要求学生绘制多幅图画来说明短文："清教徒在耕作""拓荒者在驾驶马车"或者"嬉皮士在抗议"。因此，每个孩子都有两次机会来描述过去，第一次是在问卷刚开始时，第二次是阅读完短文后。

二、样本

我们将问卷发给五年级和八年级的学生。其中，73 名五年级学生来自华盛顿州普吉特海湾地区一个白人中产阶级社区的郊区小学（幼儿园至小学六年级）。我们将问卷发给了三个五年级班级中的 27 名男生和 46 名女生。第二所学校是中学，它处于同一地区一个类似的白人中产阶级社区，我们对这所学校四个八年级班级中的 50 名男生和 30 名女生进行了问卷调查。我们对两所学校各年级的所有班级都进行了取样，并选择在 10 月初进行问卷调查，因为此时学生还没有太多地接触新学年的历史/社会科课程。虽然我们没有咨询老师对这一问题的看法，但我们相信他们不会在历史课中提到这一问题，他们

---

① 在撰写教科书的段落时，我们试图继承现有小学教科书的风格。我们以这些书为指导：T. Helmus, V. Arnsdorf, E. Toppin and N. Pounds, The World and Its People: The United States and Its Neighbors(Morristown, N. J. , 1982); S. Klein, Scholastic Social Studies: Our Country's History(New York, 1981); J. Ralph Randolph and James W. Pohl, People of America: They Came from Many Lands(Austin, Tex. , 1973).

所使用的课本也不会明确地提及这一问题。

三、过程

我们向学生进行了自我介绍,并解释了我们非常想了解"和你们一样的孩子是如何思考过去的"。我们告诉他们,我们的问卷并非"绘画比赛",而且强调他们每个人的回答对我们来说都很重要。我们还解释了不是每个人都会得到相同的题目,我们分发了三个不同版本的问卷,这样每个班里分别有三分之一的学生得到有关清教徒、拓荒者或者嬉皮士的题目,相邻的学生也不会得到相同的题目。完成问卷需要 25—30 分钟。

四、分析

在分析数据前,我们密封了每份问卷上的姓名与性别,这样一来就可以在不知学生性别的情况下对绘画作品进行编码。然后,我们随机抽取了 30 份问卷来制定编码方案以判定学生们所画人物的性别。简单地讲,编码方案遵循了下面的指导原则:男清教徒穿着裤子,戴着有檐的帽子或者贵族帽,女清教徒穿着连衣裙或短裙,戴着软帽或者留有长发;男拓荒者通常身穿裤子、宽檐帽、靴子或者马刺,女拓荒者则穿连衣裙或者短裙、软帽,留着长发;男嬉皮士面部有毛发,头发直立而不是垂下来,短发或者没有头发,系着腰带,穿着靴子,女嬉皮士穿着连衣裙或者短裙,头上或者衣服上插着花,戴着耳环,或具有其他典型的女性面部特征,如弓形嘴唇或者夸张的睫毛。无法通过这些特征进行区分的人物被编码为"模糊"。尽管第一部分的问卷题干明确要求画一个人物,但还是有很多画作被判定为画有"多个人物"。第二部分要求学生画多个人物,画作被编码为(1)全部都是男性,(2)全部是女性,(3)模糊,(4)包括两种性别。[①]

五、结果

我们的第一印象是学生生动的想象力和绘画的丰富多样。图 5.1 展示了一些学生描绘各种历史人物的范例。我们按学生性别、年级和收到的历史提示来区分资料。男生的回答带有明显的一致性;从年级和提示方面来看也没有什么明显的差异。表 5.1 显示相关数据随着年级均呈现大幅下降的趋势;这表明男生对第一部分三个提示的回应是基本一致的。总之,76 名男生中的 64 名描绘的是男清教徒、男定居者或者男嬉皮士。换句话说,我们样本中 84% 的男生描绘了男性人物。只有一个男生在嬉皮士提示语下描绘了一个女性人物。剩下的 11 个男生(14%)描绘了"模糊"人物,大部分是在嬉皮士的提示语(6 个人,占总数的 8%)或者多个人物的提示语(5 个人,占总数的 7%)下出现的。

表 5.1　第一部分中单个人物提示语下男生($N=76$)描绘人物的性别

性别	清教徒	拓荒者	嬉皮士	总计
男性	22(92)	21(81)	21(81)	64(84)
女性	0(0)	0(0)	1(4)	1(1)
模糊	0(0)	2(8)	4(15)	6(8)
多个人物	V2(9)	V3(12)	0(0)	5(7)
综合	24(100)	26(100)	26(100)	76(100)

注释:括号中标记的为数值占总数的百分比。考虑数值四舍五入,百分比总值可能非 100%。

女生的回答并没有那么直接。尽管未发现年级对调查结果有显著影响,但五年级和八年级女生对三个提示的回答都与男生不同(见

[①] 我们使用大约 20% 的问卷测试了编码方案的评分者间信度,以得出较高的可信度,编码量表间的一致性信度(Cohen's Kappa)$=0.91$,$p<0.001$。

图 5.1　关于清教徒、拓荒者和嬉皮士的优秀画作

说明:A.男性与女性清教徒;B.女清教徒;C.男拓荒者;D.男拓荒者;E.男嬉皮士;F.女嬉皮士。

表 5.2)。一般来说,女生画出的男女人物数量比例大体相当。在完成第一部分的 80 名女生中,28 名女生(35%)画出了女清教徒、女拓荒者或女嬉皮士,26 名女生(33%)画出了对应的男性人物。三个题目的

回答情况并非都是如此,女生画出的女清教徒和女嬉皮士要比女拓荒者多(见表5.2),而在相应拓荒者题目中,大约三分之二的女生画出了男性人物,这表明这些女生采用不同的范式来"描绘"这三种历史人物。[①]

表 5.2 第一部分中提示语下女生($N=80$)描绘人物的性别

性别	清教徒	拓荒者	嬉皮士	总计
男性	8(28)	15(65)	3(11)	26(33)
女性	13(45)	3(13)	12(43)	28(35)
模糊	0(0)	0(0)	11(39)	11(14)
多个人物	8(28)	5(22)	2(7)	15(19)
综合	29(100)	23(100)	28(100)	80(100)

注释:括号中标记的为数值占总数的百分比。考虑数值四舍五入,百分比总值可能非 100%。

在男生与女生的画作中,我们还发现了另一个区别。在第一部分中,共 20 个学生忽视了"画出一个人物"的要求而画出了多个人物。正如表 5.1 和表 5.2 中所显示的多个人物的总数,女生犯这一错误的可能性是男生的三倍。如果"清教徒""拓荒者"或"嬉皮士"没有让孩子们想到单个历史人物,那么这些词语又会引发什么想象呢?为了回答这个问题,我们分析了描绘多个人物(见表5.3)的 5 个男生(7%)和 15 个女生(19%)的作品。

① 卡方分析表明,历史提示下这些数据的差异具有统计学意义,$\chi^2(6, N=80)=40.1, p < 0.001$。

表 5.3　第一部分单个人物提示语下描绘了多个人物

性别	年级	提示语	图片描述
男孩	八年级	清教徒	前景为男清教徒,背景为男人(简笔画)
男孩	八年级	清教徒	男清教徒在围成一圈跳舞(简笔画)
男孩	八年级	拓荒者	男拓荒者与奇怪的人
男孩	八年级	拓荒者	"内战",两个男人在互相射击
男孩	五年级	拓荒者	"拓荒者屠杀印第安人"
女孩	五年级	清教徒	清教徒母亲与婴儿
女孩	五年级	清教徒	清教徒夫妇,男人和女人
女孩	五年级	清教徒	前景为女清教徒,背景是船上的男人
女孩	五年级	拓荒者	拓荒者夫妇,男人与女人
女孩	五年级	拓荒者	家庭:妈妈、女儿和儿子
女孩	五年级	拓荒者	男"牛仔"与女"牛仔"
女孩	五年级	拓荒者	男拓荒者与他的女儿
女孩	五年级	嬉皮士	5个嬉皮士,男女均有
女孩	五年级	嬉皮士	男性与女性嬉皮士
女孩	八年级	清教徒	感恩节上的清教徒家庭
女孩	八年级	清教徒	感恩节上的清教徒夫妇和印第安人
女孩	八年级	清教徒	清教徒夫妇,男女均有
女孩	八年级	清教徒	男清教徒,印第安妇女
女孩	八年级	清教徒	男清教徒,印第安妇女
女孩	八年级	拓荒者	男拓荒者,和背景中在开车的其他人

注释:引号标注的为学生实际给绘画作品所取的名字。

在描绘多个人物的 15 位学生中,有 13 个女生将男人与女人画在了一起,其中有 12 份(80%)作品是一对夫妻或者一个家庭(见图5.2)。对于这 12 位女生来说,一个"清教徒""拓荒者"或"嬉皮士"不是通过一个人,而是需要用一个家庭或社会单元来表征。

"家庭画像"并非出自男生之手。在第一部分中,画出多个人物的男生并不比画出一个人物的男生更倾向于相信妇女在历史中发挥了

图 5.2 第一部分中单个人物提示语下女生描绘多个人物的例子

说明:A. 多个人物——女性与儿童;B. 多个人物——男性与女性;C. 多个人物——男性与女性。

重要作用，因为他们画的都是男性（见表5.3），并且五个例子中还有三个包含着暴力暗示（见图5.3和表5.3）。换句话说，当男生描绘了多个人物时，他们的画作更多地显示出男人在争论而非合作。[①]

要求学生们描绘多个人物的任务是否导致了"清教徒""拓荒者""嬉皮士"的人物图像出现大范围的性别混合呢？在检查学生对问卷第二部分的回应时，这个问题得到了回答。我们困惑的是，在被要求阅读有关"清教徒""拓荒者"或"嬉皮士"没有性别倾向的描述并用图画来加以说明时，学生会如何回应？我们将与第一部分要求描绘一个人物的画作进行比较。

大部分男生（完成第二部分的60个男生中的34个）都描绘了男性人物（见表5.4），尽管比第一部分只画出男性的比例91%（男生描绘的多个人物均为男性）要少，但在第二部分，没有一个男生的作品单独画了女性。另外，从类别上来看，增加最多的不是"男女均有"而是"模糊"的人物类别。尽管在绘画中增添妇女的男生人数从第一部分的1个（只描绘了女性嬉皮士）增长到了第二部分的7个，但画出"模糊"人物的人数增加了四倍。我们推测增加的原因可能包括了下面的一种或者两种：第一，任务限制使学生几乎没有时间或动机去完成更细致的画作（我们发现第二部分有很多简笔画）；第二，现场要求学生描绘细节是不合适的，比如清教徒在耕作、拓荒者在驾驶马车，或者嬉皮士在抗议。

然而，女生的数据几乎不支持任何一种解释。虽然完成第二部分的男生数量比完成第一部分的少了16个，但没有完成第二部分的女生只比第一部分少了7个，这表明预设的问卷完成时间是充足的。此外，正如表5.5所示，从第一部分到第二部分，女生作品被判定为"模

---

① 这些发现与 K. K. McNiff, Sex Differences in Children's Art (Ph. D. diss., Boston University，1981)的发现相似。

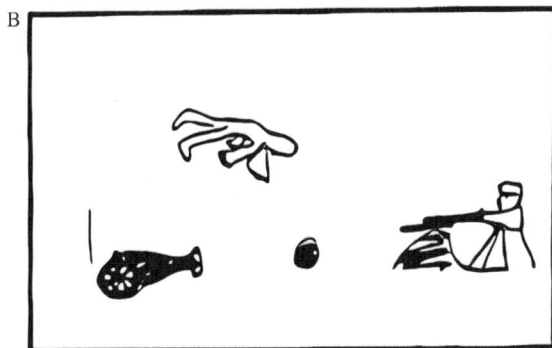

图 5.3　第一部分中单个人物提示语下男生描绘多个人物的例子

说明:A. 多个人物——男性;B. 多个人物——男性;C. 多个人物——女性。

糊"的数量并没有明显增加;即使是远景人物,女生也画出了足够的细节以区分男性与女性（难道这仅仅是因为女生更认真或更注重细节吗？如果这是事实，为什么在第一部分有19％的女生完全忽略了题干提示的方向呢？）。[①]

表5.4　第二部分中男生（$N＝60$）描绘的人物性别

性别	清教徒	拓荒者	嬉皮士	总计
男性	12(67)	12(67)	10(42)	34(57)
女性	0(0)	0(0)	0(0)	0(0)
模糊	5(28)	6(33)	8(33)	19(32)
两性	1(6)	0(0)	6(25)	7(12)
综合	18(100)	18(100)	24(100)	60(100)

注释：括号中标记的为数值占总数的百分比。考虑数值四舍五入，百分比总值可能非100％。

表5.5　第二部分中女生（$N＝73$）描绘的人物性别（对文字进行插画说明）

性别	清教徒	拓荒者	嬉皮士	总计
男性	13(59)	14(58)	4(15)	31(42)
女性	3(14)	3(13)	1(4)	7(10)
模糊	1(5)	2(8)	11(41)	14(19)
两性	5(23)	5(21)	11(41)	21(29)
综合	22(100)	24(100)	27(100)	73(100)

注释：括号中标记的为数值占总数的百分比。考虑数值四舍五入，百分比总值可能非100％。

在第二部分女生和男生的回答也出现了其他差异。尽管女生在阅读课文式短文后，描绘同时包含男性与女性的绘画数量增加了10％，但只包括男性的画作数量也几乎有相同的增加（9.5％）。然而，

---

① 为了进一步检查我们的分析，我们使用方差的重复测量分析法分析了学生对问卷第一部分和第二部分的回答，考察男生和女生对这两部分的反应。Phis需要使用二元女性/非女性编码系统记录学生的图画，其中性别模糊的图画——通常是简笔画被编码为"非女性"。该方差分析得出了极为重要的性别结果，$F(1,130)＝12.71$，$p＜0.0005$，并且显著的性别 X 问卷部分（第一部分与第二部分）相互作用，$F(1,130)＝4.95$，$p＜0.05$，进一步表明从第一部分到第二部分的提示差异对男生的影响相对较小，对女生的影响更大。

和第一部分一样,女生对三种提示做出了不同的回答。读完课文式短文后,女生们画出一个或多个男性清教徒数量是之前的两倍多(59%对28%)。但是,有关拓荒者的画作在第一部分与第二部分的数量没有大的变化(见表5.6)。

表 5.6　第一部分与第二部分中女生所画人物的性别比例

(单位:%)

性别	清教徒		拓荒者		嬉皮士	
	第一部分	第二部分	第一部分	第二部分	第一部分	第二部分
男性	28	59	65	58	11	15
女性	45	14	13	13	43	4
模糊	0	5	0	8	39	41
多人、两性	28	23	22	21	7	41

注释:考虑数值四舍五入,百分比总值可能非100%。

这一发现不仅说明女生对三种历史提示语有着不同的反应,也说明课文式短文可能会影响女生的历史观念。在形式和内容秉持性别中立取向的情况下,课文式短文是否会让女生联想到过去主要是男性呢?而且,我们想知道,为什么女生对历史的理解在读了一段关于清教徒(或嬉皮士)的课文式短文后会产生这么大的改变,而阅读拓荒者的描述却没有带来多大的影响?

这些反应使我们再次审查我们的问卷是否带有性别偏见。尽管第一部分的每个提示语都要求学生们简单地"画一个清教徒、拓荒者或嬉皮士",第二部分的提示语要求学生绘画来表示"清教徒在耕作""拓荒者在驾驶马车"或"嬉皮士在抗议",事实上,这些提示语可以被理解为在问不同的问题:第一部分问到"清教徒是谁"对应第二部分中的"在扇扇子的清教徒是谁";第一部分中的"拓荒者是谁"对应第二部分中的"谁在驾驶着拓荒者的马车";第一部分中的"谁是嬉皮士"对应第二部分中的"谁参加了抗议活动"。在女生的观念中,男人和女人都可以成为清教徒,但耕作的清教徒是男性(我们注意到这里的描述不符合史实,除了大规模农业外,殖民地时期主要由妇女从事农业劳动)。女生也把大部分的拓荒者和一些定居家庭的成员理解为男性,他们同时也是马车夫(虽然,妇女似乎从来没有驾驶过马车)。在男生的回答中(见表5.7),除了对嬉皮士提示语的回答,其他问题的答案基本上与女生是相同的。男生和女生都认为,男女(及很多模糊人物)都参加了抗议。

表5.7 第一部分与第二部分中男生所画人物的性别比例

(单位:%)

性别	清教徒		拓荒者		嬉皮士	
	第一部分	第二部分	第一部分	第二部分	第一部分	第二部分
男性	92	67	81	67	81	42
女性	0	0	0	0	4	0
模糊	0	28	8	33	15	33
多人、两性	8	6	12	0	0	25

说明:考虑数值四舍五入,百分比总值可能非100%。

在三个提示语中,嬉皮士的提示语引发了最大的争议。正如表5.6和表5.7所显示的,不论男生与女生,嬉皮士的作品类型不同于清教徒或拓荒者的作品。当描绘历史人物时,学生们对嬉皮士提示语的反映最接近我们预期的心理倾向,即倾向于描绘与自己同性别的人物(类似于在要求他们画一个人的测验中的反映)。在第一部分中,大多数男生画了男嬉皮士,大多数女生画了女嬉皮士。另外,在第二部分中阐释课文式短文时,男生和女生在嬉皮士部分同时描绘男性人物和女性人物的数量要比清教徒或拓荒者部分多。尽管并非绝大部分,但在嬉皮士一栏中可以看到同时描绘男性人物与女性人物的作品数量有了大幅提高(大量"模糊"人物总体上可以反映"嬉皮士"可男可女的属性)。

关于这一发现,我们可以从嬉皮士画作中的各式各样的形象中找到可能的解释——画作中的形象包括越南战争抗议者、伍德斯托克音乐节(Woodstock)的参加者、非主流音乐的狂热者和大商场中的游手好闲者。这些形象表明,对于很多学生来说嬉皮士并不是历史人物,而是生活在现代的人。这一发现也反映出中小学历史课本很少讲述嬉皮士。具有讽刺意味的是,画作中男女嬉皮士均有的形象在历史上是最准确的,而清教徒和拓荒者男性居多的偏见,虽然在这些学生眼里是真实的"历史人物",但事实上并非如此。

六、讨论

这项研究并不是对儿童历史观念的深度调查,我们采用的问卷形式只能部分地揭示孩子们如何理解我们布置给他们的任务。然而,考虑到我们的目的是理解孩子们头脑中的历史形象,问卷发挥了很好的作用。它们就像一面镜子映照出孩子们对这三个历史提示语的快速反应,即使可能只是他们无意识的反应,用埃伦·兰格(Ellen Langer)的话来说,是未经过思考的回应。[①] 这些绘画揭示了学生普遍的、未受到如"伟大的女清教徒"或者"时尚前沿的女牛仔"等特殊成分影响的历史观念。

在我们评价的 289 幅画作中,最引人注目的是女生和男生不同的回答类型。我们预感到我们将会发现同性偏见,特别是在第一部分的单一人物画作中;我们认为女生们将更多地画女性人物,男生们则更多地画男性人物。我们也相信第二部分中性别中立的短文将会使学生既想起男性人物也想起女性人物。我们的推断在女生身上非常准确地应验了,她们的作品整体来说都描绘了一个有着男性、女性和儿

---

① Ellen Langer, Mindfulness(Reading, Mass., 1989).

童的过去。然而，女生的作品中数量占比最高的类型还是只描绘了男性人物。在第一部分和第二部分女生所画的 153 幅画中，58 幅（38％）只有男性，而只画女性的作品却只有 35 幅（23％）。剩下的作品是同时描绘男性人物与女性人物或模糊人物。

我们注意到女生有一种倾向，尤其是在被要求用绘画来阐明课文时，女生更倾向描绘一个女性少于男性的过去。[①] 同样，我们也关注到男生倾向描绘一个绝大多数是男性的历史。在这些男生的画作中几乎看不到女性，不管是清教徒、拓荒者还是嬉皮士。在男生的 136 幅画作中，只有 8 幅（6％）包含了女性人物，其中 7 幅（5％）将男性人物与女性人物画在一起，只有 1 幅（少于 1％）只描绘了女性人物。相比之下，描绘男性人物的有 103 幅（76％），剩下的 25 幅画作（18％）被编码为模糊人物。按照这些数据，如果说女生看历史时视力不够清晰，那么男生就是一只眼睛失明了。

男生只会用这种方式看待过去吗？他们又是如何看待现在的呢？或许这一调查结果表明男生存在一个更普遍的趋势，即除非明确提示不可以，否则不论什么时候他们都只画男性。但桑德拉·韦伯（Sandra Weber）和克劳迪娅·米切尔（Claudia Mitchell）在著作中并不支持这一观点，[②] 他们考察了在校学生、实习教师和资深教师根据"画一位教师"的提示语而作的 600 余幅画作，结果发现几乎所有人，无论男女，都画了女性的形象。为了回应"这些结论是研究提示语的人工产物"的批评，韦伯和米切尔又增添了新的提示语如"画出你最喜欢的老师""画出一个理想的老师"或"画出一个正在上课的班级"。结果，学生对教师的描绘依然如此，"作品描绘的典型教师是一个白人妇

---

① 在英国背景下的类似发现，参见：Fiona "ferry, Women's History and Children's Perceptions of Gender", Teaching History，17(1988)，20-24.

② Sandra Weber and Claudia Mitchell, That's Funny, You Don't Look Like a Teacher (London，1995).

女站在黑板或讲桌前打手势或讲课"[①]。正如现在老师的形象有性别倾向一样,清教徒和拓荒者的历史形象也是如此。我们和韦伯、米切尔的发现都表明,从文化角度讲,根据提示语来画人物的心理倾向都是会受到该人物在文化背景下性别模式化的极大影响。不管这种模式化是来源于过去还是现在,这个规律看起来都是正确的。

我们如何平衡女生和男生对过去的理解呢? 一个建议是增加对妇女历史贡献的描述。比如,我们可以设置纪念妇女历史月,在教室中张贴美国著名女性的海报,如柳克丽霞·莫特(Lucretia Mott)、哈里雅特·塔布曼(Harriet Tubman)、苏姗·B. 安东尼(Susan B. Anthony)、伊丽莎白·卡迪·斯坦顿(Elizabeth Cady Stanton)、贝蒂·弗里丹(Betty Friedan)。[②] 我们对此建议保持怀疑,因为当这五位女性的照片挂在我们所调查班级教室的墙上时,该班级的调研结果和其他班级没有什么区别。

将杰出女性的照片挂在教室里是一种试图平衡男性主导的历史课程的积极尝试。近年来,这些宣传挂图连同社会科教材中类似的海报,在整合美国重要女性的贡献方面取得了巨大进步。[③] 但如果因妇女得到了更多篇幅,就得出目前教科书已经实现男女平衡的结论还是有异议的。正如芭芭拉·莱特(Barbara Light)和她的同事在分析教

---

① Sandra Weber and Claudia Mitchell, That's Funny, You Don't Look Like a Teacher (London, 1995), 28.

② 柳克丽霞·莫特(Lucretia Mott,1793—1880),是美国女权运动的发起者与奴隶解放运动者;哈里雅特·塔布曼(Harriet Tubman,1822—1913),出生于马里兰州,是美国奴隶运动的领袖。在19世纪美国南北战争期间,在军队里担任护士的塔布曼曾经19次前往战火中的美国南方,协助当地数百名黑人奴隶获得自由;苏姗·B. 安东尼(Susan B. Anthony,1820—1906),美国女权运动先驱,全美妇女选举权协会会长(1892—1900),主张妇女应有参政权;伊丽莎白·卡迪·斯坦顿(Elizabeth Cady Stanton,1815—1902),19世纪美国女权运动与奴隶解放运动者;贝蒂·弗里丹(Betty Friedan,1921—2006),美国女性主义者、社会运动家与作家。——译者

③ Mary Kay Thompson Tetreault, Integrating Women's History: The Case of United States History High School Textbooks, History Teacher,19 (1986).

科书时所见到的,关于女性的短篇传记和引文"一般会与正文分开,而以旁白或补白的形式来呈现"[1]。同样,历史学家琳达·科贝尔(Linda Kerber)认为妇女出现在历史探究课上只是因为"她们帮男人做了他们想做的事情,不管是定居边疆还是维持工厂运转;在二战中,巫婆、妓女或女飞行员都发挥了令人震惊的作用;(或者)直到 1919 年,妇女在政治上才获得了投票权"[2]。

格尔达·勒那(Gerda Lerner)称这种变化为"奉献史",或者女性如何帮助重要的事业男性。[3] 奉献史对于教科书编者来说是有吸引力且划算的策略,因为他们只要在现有叙述中增加新材料即可。在伊桑·埃伦(Ethan Allen)和马奎斯·德拉菲特(Marquis de Lafayette)照片的旁边,他们增加了德博拉·桑普森(Deborah Sampson)的照片,她"曾男扮女装,在大陆军队服役期间表现良好"[4]。在修订西方人定居与探险部分时,编者去掉了刘易斯(Lewis)和克拉克(Clark)向西看的传统插图,替换为他们的女侦察员萨卡贾维亚(Sacajawea)。在马丁·路德·金的旁边,他们插入了罗莎·帕克斯(Rosa Parks)的照片。

奉献史为传统历史课本保留了更具普遍意义的假设。历史保留了公共舞台上政治、经济进步的故事,详细记述了伟大人物的重要活动和艰难困苦。但奉献史保留了原有的术语,如"进步""伟大""重要",以及某些人类活动领域为何更重要。奉献史是基于这样的理念:

---

① B. Light, P. Stanton, and P. Bourne, "Sex Equity Content in History Textbooks", History and Social Studies Teacher, 25 (1989), 19.

② Linda K. Kerber, "Opinionative Assurance": The Challenge of Women's History, Magazine of History, 2(1989), 30-34(quotation from p. 31).

③ Gerda Lerner, Placing Women in History: Definitions and Challenges, Feminist Studies, 3 (1975), 5-14.

④ 这句话来自美国最受欢迎的历史教科书中之一(哈考特·布雷斯和约万诺维奇)。Lewis Paul Todd and Merle Curti, Rise of the American Nation(Orlando, Fla. , 1982), 131.

只有一种历史而非多元"历史",很多历史不被讲述是因为它们的内容不突出或者不重要。奉献史引导我们通过文献记载去寻找女朗姆酒商人,却未让我们去质疑为什么记载朗姆酒的故事。

我们对学校课程改革的关注或许会带来这样一种印象,即对历史的理解与印象来源于课堂。我们相信它们确实如此,至少是部分。但同时,我们也认识到这些理解与印象受到多方面的影响,不只是在学校里发现的信息。[1] 好莱坞对我们头脑中拓荒者形象的塑造甚至超过了西方史专家;[2]我们对清教徒的印象,更多的是来自感恩节传说而不是佩里·米勒(Perry Miller)的思想史。我们的问卷要求学生联想的不只是在学校遇到的画面,还包括在媒体、流行文化、教堂和家里所能遇到的画面。考虑到这些印象背后的复杂因素,在教室悬挂海报或者为插图重新命名看起来确实是一种无力的改进。

当(历史课程)遇到有深度的文化假设时会怎样呢? 玛丽·K. T. 坦特利尔特(Mary K. T. Tetreault)接受了这一挑战,并为十一年级的学生设计了妇女史课程。[3] 她发现许多学生很难将眼前的资料同之前所学的"真正历史"融会贯通。面对与之前观念冲突的文本,这些学生认为妇女史是"带有偏见的"、主观的。这门课程"让(学生们)质疑

---

① 参见:Michael Frisch, American History and the Structure of Collective Memory: A Modest Exercise in Empirical Iconography, Journal of American History, 75(1989), 1130-1155; David Lowenthal, The Past Is a Foreign Country(Cambridge, England, 1985); George Lipsitz, Time Passages: Collective Memory and American Popular Culture(Minneapolis, 1993); David Thelan, Memory and American History, Journal of American History, 75(1989), 1117-1129; Vivian Sobchack, The Persistence of History: Cinema, Television, and the Modern Event(New York, 1996), 另见,James Wertsch in the Journal of Narrative and Life History, 4(1994)中收集的系列文章, 以及 Robert Farr in a special issue of Culture and Psychology, 3(1998), One Hundred Years of Collective and Social Representations 中收集的那些文章。

② 参见彼得·塞沙斯大胆的原创作品,他对比了青少年对《搜索者》和《与狼共舞》的反应。Peter Seixas, Popular Film and Young People's Understanding of the History of Native American-White Relations, History Teacher, 26(1993), 351-369.

③ Mary K. T. Tetreault, It's So Opinioney, Journal of Education,168(1986), 78-95.

哪一种历史才是真实的。这为他们制造了认知冲突……使他们对于什么才是对的感到疑惑，也有违于他们以前经常见到和听到的社会角色和领域"[1]。

当我们要求学生们考虑为什么一些人的故事被讲述而另一些人的被忽视时，我们就已经带给他们一整套从认知、认识论甚至到情感上的挑战。学生们认为，课本已经做出了接受或者拒绝的决定。但课本是如何决定哪些重要、哪些故事要讲述、哪些要保持沉默的呢？一直以来，我们通过给学生提供一些解释的选项、对立的表述，甚至是呈现一些由不同立场的历史学家评论的课文中的故事，来让他们尝试提出这些问题。每一种活动都可以有效地帮助学生意识到历史是由很多故事组成的，不同的人会选择不同的故事进行叙述，这些故事看起来、听起来和在深层意义的体悟上都有所不同。但即便通过这些活动，学生依然无法体会到学术工作中权衡冲突性解释的"实际做法"。在阅读别人的作品时，学生了解了别人做出的选择，但从认识论角度讲他们仍是旁观者，依旧看不到叙事形成过程中的艰难选择。

学生只接触别人已经研究、解释过的历史是不够的。我们理解历史多样性的唯一方式就是直接经历讲述、整理纷乱的冲突和编写故事的过程。我们在这里设想了这样一种情境：在历史课堂上，学生通过重写历史来学习这门学科。学生们逐渐提高了对多个故事的敏感性，因为他们曾与这些故事做过"斗争"，他们不再是别人故事的仲裁者，而是自己作品的创作者。这样的历史教学将学校历史课程从死板故事、重要问题的学科，转变为鼓励学生体验人类丰富经历的系列故事。通过质疑过去，学生们照亮自己的现在。过去与现在的哪些活动值得注意呢？谁的故事与哪些事件需要囊括进或删减掉呢？由谁决定呢？

---

① Mary K. T. Tetreault, It's So Opinioney, Journal of Education, 168(1986), 81-82.

事实上，在选择历史提示语时，我们自己也面临着这些问题。一般来说，美国历史课本关于清教徒和拓荒者有大量叙述，嬉皮士则经常被忽视。比如，托德（Todd）和柯蒂（Curti）编写的美国历史畅销教科书《美国的崛起》中对清教徒的描述。① 从这本书中，我们了解到清教徒的信仰、普通家庭的饮食、照亮自己房子的各种灯（从贝蒂灯到太阳灯）、他们的服饰，还有关于权利、未来世界和日常工作场所等构成了清教徒概念世界的观念。确实，对于大部分学生来说，研究清教徒是学习某个时代社会史（不同时期普通人的习俗、价值观、习惯和世界观）的难得机会。

这本书同时也呈现了很多关于清教徒的内容，对"嬉皮士"却只字未提。尽管教科书设置了完整的一章来介绍20世纪60年代的历史事件（第13单元"进入新时代"），但我们也只是在"打断了总统公开演讲"的反战游行部分才了解那时的青年运动。② 儿童未能看到的是，这些"打断演讲"的举动其实源于人们对待权力时的态度转变，这种转变又给社会生活的各个领域几乎都带来了深刻的变革。从藐视《药品管理法》到反对传统的性别伦理观（颠覆了清教徒"人生来有罪"的观念，向公众传播"自由恋爱"的理念）；从对东方宗教哲学的探索到放宽对正常服饰和发型的限制；对环境的态度不再全然坚守犹太教与基督教的共有观念，而更多地受印第安人观念的影响，再到我们"每日面包"的新观点——无论是素食、有机食物抑或是长寿饮食的形式。事实上，我们可以证明，嬉皮士对美国的社会生活结构的影响不亚于清教徒的风俗习惯。为了了解这些变化，今天的学生需要搜集历史学家的专题文献，如托德·吉特林（Todd Gitlin）、斯托顿·林德（Staughton

---

① Lewis Paul Todd and Merle Curti, Rise of the American Nation (Orlando, Fla., 1982).

② Lewis Paul Todd and Merle Curti, Rise of the American Nation. (Orlando, Fla., 1982), 762.

Lynd)、芭芭拉・爱泼斯坦（Barbara Epstein）、莫里斯・艾泽曼
（Maurice Isserman）。[①] 而手边的教学材料——学生的教科书——对
此居然只字不提。

　　这项研究提出的新问题与解决的问题一样多。后续研究中我们
会拿着画重返那些调查过的教室,让学生们去讨论他们画了什么以及
为什么画这些。通过这种方式,我们基本可以确定学生推理中的具体
假设了。鉴于教师的态度和学生的理解之间的关系尚不明晰,可以邀
请教师也参与类似的任务。问卷调查是为了配合一个广泛的抽样方
案,必然会牺牲细节。进一步的研究——聚焦于解析学生个体赋予这
些图画意义的研究——将会使我们开头提出的问题更有条理、更
清晰。

七、结论

　　我们已经使用了一个相对简单的研究任务去提出问题:典型的历
史课程是什么样的,它应该是什么样的。但图画,即使是孩童们画的
这些画作,也提供了一扇了解历史观念的窗户,这种方式可以避开口
头解释。我们相信这就是毕加索所说的"艺术是一个谎言。"的含义:告
诉我们有关真相的事实。如果说我们的工作还有其他意义,那就是我
们发现在女生的头脑中,历史上的女性形象是模糊的;在男生的头脑
中,女性几乎是看不到的。从历史的角度来看,这是对过去的严重歪
曲。从社会的角度来看,它代表了一直以来令人忧心的失常态度。从
教育的角度来看,我们希望它构成了一个挑战。

---

　　① Todd Gitlin, The Sixties: Years of Hope, Days of Rage(New York, 1981); Staughton Lynd, Intellectual Origins of American Radicalism(New York, 1968); Barbara Epstein, Political Protest and Cultural Revolution: Nonviolent Direct Action in the 1970s and 1980s(Berkeley, 1993); Maurice Isserman, If I Had a Hammer: Death of the Old Left and the Birth of the New Left(New York, 1987).

附录：问卷第二部分所使用的课文式（Textbook-like）短文

> **清教徒**

当清教徒来到普利茅斯时，他们遭受寒冷的天气、食物匮乏和疾病的折磨。他们种植粮食作物也很困难。印第安人教清教徒把鱼和玉米种子一起种在地里来肥田。他们还教清教徒在田间观察几个晚上，以确保狼和其他野生动物不会把鱼挖出来。请（在下面的方框中）画一幅清教徒在耕作的图画。

> **拓荒者**

1844年，詹姆斯·K.波尔克（James K. Polk）当选总统。他承诺将美国的领土从大西洋沿岸扩展到太平洋沿岸。很多人收拾好行李，坐上圆篷马车开始西进。这些拓荒者在路上遇到了很多困难，他们害怕野兽、崎岖的道路和恶劣的天气。那里几乎没有树荫，拓荒者也经常缺少食物。请（在下面的方框中）画一幅拓荒者在驾驶马车的图画。

> **嬉皮士**

20世纪60年代，美国参加了越南战争。很多人支持这场战争，但有些人感觉它没有意义，是错误的。他们在大学里和白宫前抗议战争。这些抗议者通常被称为嬉皮士。他们举着反战与和平标志的横幅。很多嬉皮士穿着不整洁的衣服，戴着头饰。请（在下面的方框中）画一幅嬉皮士在抗议的图画。

【说明】　这篇文章最初是与贾妮丝·E.福尼尔（Janice E. Fournier）合作完成的，发表于《美国教育杂志》上，版权归芝加哥大学所有。我感谢贾妮丝同意让我为本书对其进行修改，还要感谢针对本文发表评论的读者：N. L.盖奇（N. L. Gage）、米里亚姆·赫希斯坦（Miriam Hirschstein）、彼得·塞沙斯和苏珊娜·威尔逊。《美国教育杂志》的编辑菲尔·杰克逊（Phil Jackson）也帮助我们更犀利地思考。最后，我要感谢这些参与调研的、朝气蓬勃的学生和他们的老师，没有他们，这项研究便无法完成。

第三部分

历史对教师的挑战

第六章　通过不同的透镜凝视历史：学科视角在历史教学中的作用

（与苏珊娜·威尔逊 合作撰写）

四位新教师正坐在一起，讨论如何设计大萧条这一单元。我们加入他们的讨论中。

简（Jane）：我们必须告诉学生，大萧条不只影响了 1929 年，不只带来了股灾。它对所有美国人的生活都产生了深刻影响。我会让学生阅读《愤怒的葡萄》（*The Grapes of Wrath*）的部分内容，或者也可以看看摄影家多罗西娅·兰格（Dorothea Lange）关于外来工人的一些照片。

凯西（Cathy）：阅读约翰·斯坦贝克（John Steinbeck）的作品是个不错的主意！如果学生不理解当时尘暴和干旱对土地的影响，他们将会错过要点。

比尔（Bill）：要点？稍等一下。20 世纪 30 年代的经济、政治事件与黑色风暴事件（the Dust Bowl）相比同等重要甚至更为重要。股市崩溃、信用消费、罗斯福经济改革——在教大萧条时，你怎么能不强调资本主义？

弗雷德（Fred）：不好意思，各位，你们都偏离了重点。你们提到的这些与学生们的生活有什么关系？如果学生们看不到大萧条是如何影响他们生活的，那大萧条还有什么独特价值呢？相关性才是关键！

简、凯西、比尔和弗雷德①是四位新教师，他们毕业于同一个教师教育项目，并获得了教育硕士学位和中学社会科教师资格证书。目前，他们在旧金山湾地区不同的中学教社会科。尽管他们不可能在同一个学校一起教书，但可以想象到，他们也会与同事展开类似的讨论。

上面虚构的谈话表明了一个事实：这些教师关于如何教历史有着完全不同的想法。考虑到他们的学术背景，也就不奇怪了。凯西拥有人类学学士学位，偏重于考古学；弗雷德主修国际关系与政治专业；比尔获得了美国学专业的学士学位。四个人中，只有简拥有美国史的学士学位。

他们的教育背景是比较典型的。作为一个群体，社会科教师是从人文与社会科学下多个分支专业的毕业生中招聘的。除了教授美国史与欧洲史等标准课程，社会科教师还被征调去教人类学、经济学、性教育和家庭生活等各种课程。他们一旦获得了教师资格证，就有可能被要求去教社会科中的任何一门课程。但是，当一个人类学专业毕业的教师去教美国史时，会发生什么呢？或者一个欧洲史专业毕业的教师去教社会学，又会怎样呢？我们四位新教师该如何准备教社会科的各门课程呢？

苏珊娜·威尔逊与我一起采访和观察了六位新社会科教师，其中四位用作本章的案例。如果我们观察这些教师学习教学的情况，就会发现他们早先的学科背景对他们教学决策发挥着强大的——甚至是

---

① 这里使用的是化名。分段引文和引号内的词是从转录的采访和实地记录中改编过的。

决定性的——影响。[①] 我们在此着重讨论的是学科视角对美国历史教学的影响。我们之所以选择美国史,主要基于如下两个因素。第一,在美国,美国史是很多社会科领域的主体,在绝大部分州是法定课程。第二,四位教师中有三位在实习期间或者工作的第一年教过美国史。只有本科是人类学专业的凯西还没有教过历史课程,即便如此,她未来教历史课的可能性也比较大。

当我们考察这些刚从大学和教师培训项目毕业的人类学者、历史学者和政治学者将会如何思考历史时,很多问题会随之涌现。我们将在本章重点探讨这些问题,并讨论我们在四位新教师的课堂中观察到的不同教学风格。最后,我们将探讨这些观察对教师教育和教学研究的若干启示。

一、历史观念

我们已经围绕历史教学的重要维度对简、凯西、比尔和弗雷德在历史观念上的区别进行了讨论。这些维度包括事实的作用、解释和证据、时序与连续性等。我们将依次对这些维度展开讨论。

事实的作用

对于政治学者弗雷德来说,历史等同于事实,他说道:

> 我认为了解历史就是了解事实,以及所有事件的日期。掌握所有的术语,知道维也纳会议何时召开,知道二战中所签条约的内容。

弗雷德承认他"并不是特别喜欢历史",他更喜欢国际关系与政治

---

① Sigrun Gudmundsdottir, Neil B. Carey, and Suzanne M. Wilson, Role of Prior Subject Knowledge in Learning to Teach Social Studies, Knowledge Growth in a Profession Project Technical Report No. CC-05(Stanford: Stanford University, School of Education,1985).

学。因为他认为这些学科比历史更加"综合化"和"主题化"。在弗雷德的理解中，历史只关注特定事件，他说："如果我生活在过去，我会知道更多的细节。"

本科学习美国学专业的比尔，认为事实是历史的基础。他把历史比喻成一座"大厦"，一座建立在事实性信息基础上的"历史大厦"。然而，这座大厦的框架，却是由关于这些细节的不同解释（看待事实的"不同方式"）组成的。比尔也很敏锐地指出传统历史遗漏了很多事实，他还区分了教科书历史（或者我们称为"精英历史"）和大众历史。比尔意识到，很多历史著作重点关注的都是伟大的白种男人的故事，他谨慎地认为，历史应该包括其他文化、宗教、社会和种族的生活和经历。

对于弗雷德来说，历史是事实；对于比尔来说，历史不只是事实。他们的历史观念虽然不同，但对事实的态度却一致：它们是不好的。两位教师都试图在课堂上迅速摆脱事实，将焦点从细节转移到对细节的解释上。关于这一点，比尔在提到有些教师讲解有关立法和创建国家复兴管理局（NRA）和农业调整署（AAA）等新政（New Deal）的"字母汤"（alphabet soup）时，解释道：

> 我有这样一种观念，孩子们讨厌美国史，是因为老师要他们学习像事实这样的内容。老师给学生一个测试，给出十组字母，然后说："解释下这些字母代表什么及每个字母的重要性。"我觉得孩子们会说："废话！这些都不重要！"孩子们是对的，因为事实不重要！

简，是我们唯一一个历史专业毕业的访谈对象，对待事实也更为友好。对于她来说，事实构成历史叙事，也就是过去的故事。

> 历史不是一堆死气沉沉的事实，也不是一堆令人厌烦的虚夸

之词。历史是事件、人物、动机的徐徐展开,跌宕起伏,是有神韵和生命的。

对于简来说,历史是一段内容丰富的"织锦",综合了经典问题和主题、伟大的男人和女人、地理和自然灾害。此外,历史与背景密切相关:"作为一个历史学者,我接受的训练是把事件与历史背景联系起来……我看待事件,会回顾事件的过去,去寻找它的根源。"对简来说,事实是历史的一部分,借由主题和问题编织起来,更重要的是需要融入赋予其意义和视角的情境中。

解释和证据

这几位教师对证据在解释及其形成过程中的角色亦有不同看法。对于人类学专业的凯西来说,解释与证据融为一体。要理解和解释过去,首先就要寻找考古证据,包括挖掘文物、断定年代和拼接碎片。

> 我喜欢寻找被掩埋的器物……喜欢和人们隐藏的部分打交道。如果你研究现在的某个人,你就必须和他互动。确实,他也有物品,但你关注这些人现在在做什么,他们是如何交流的。你会涉入更多的现实生活……而我喜欢以前发生的事情。

"以前发生的事情"是无法在书中找到的。相反,对于凯西来说,过去是可以被发现、感受和掌握的。当凯西教九年级学生关于解释的内容时,她试图让他们接近证据,因为她相信,当学生专注于确定存在的事情时,假设是最有效的。那些与现有实物证据相去甚远的理论和解释会使她迷惑不解。

凯西的解释观与简截然不同。对于简来说,解释超越了现有证据的集合。解释与历史学、历史学家的探究过程和模式密切相关,"作为历史学家,建构历史需要对论证与逻辑、证据以及细节的洞察有清晰的思考"。她将历史学描述成为分析与综合的过程。

> 当你把事情分解时，历史是分析；在进行历史书写时又成了综合。你将事情分解又将它们重新组合，努力去寻找其中的联系。你寻找细节、搜集证据、做出初步的假设，以一种科学精神来完成这些步骤。

简的解读是围绕"历史中的经典问题"展开的，在这些问题的指引下，事实信息被编织成复杂而丰富的故事。历史是叙述和解释，它代表了过去遗留的物品和历史学家参与重建过去的过程。

弗雷德也认识到解释在社会科中的重要性，但对于他来说，解释是政治学家而非历史学家的分内之事：

> 我认为历史是已发生的基本事实。过去发生了什么。你不需要问"如何发生的"，你只需要问"发生了什么事情"。历史是很重要的背景材料。政治学则大不相同，它可能需要历史，但它会在历史的基础上走得更远。政治学是以历史为依据，观察事件背后的原因，而不只是事实。

在政治学中，解释经常聚焦在政治和经济问题上；因此，弗雷德的解释仅限于历史中有关这些维度的内容。比尔也知道很多关于政治和经济的解释，当他谈到解释时，他的阐述中夹杂着"左派"和"右派"等术语。然而，比尔将解释划到历史学家的领域内，并意识到可能存在不同于自己的解释。比如，比尔承认社会问题的重要性，并欣然承认自己对这些问题知之甚少。比尔认识到自己的盲区，所以利用备课时间去学习其他解释，特别是结合社会史的解释。

时序与连续性

四位教师对时序和连续性的重视程度也有所不同。对于凯西来说，历史就是时序。当被问到如何从历史的角度呈现她的九年级课程

"世界研究"时，她评论道："当历史学家讲述某个国家时，会先讲解这个国家是如何诞生的，再是如何慢慢变强大的，这是一种随时间而来的发展。"由于对历史背景知识缺乏充分的了解，凯西常常无法透过教科书中罗列的日期和事件窥见历史故事的意义、历史人物是如何行动以及如何影响事件发展的。她说："你知道，孩子们会想尽办法逃避，所以我必须谨慎对待，我先做一些有趣的事情去建立某种平衡，以避免有些学生认为（历史）是一章中最枯燥的部分。"在很大程度上，凯西认为历史是一连串无穷尽的事件，经常是孤立的，对当代社会也几乎没有影响，因为她看不到任何延续或变化。

　　比尔和简关于时序有着更丰富的想法。对于这些教师来说，时序和连续性是交织在一起的。时序不只是离散的日期，而是需要将日期按照趋势和主题、模式与视角整合起来。虽然，比尔和简可以讲述一个历史时期的故事，并会提到重要的人物、日期和事件，但时间不是他们建构解释的唯一要素。相反，每个教师都具有一套丰富的解释性主题和观念，借此赋予过去以意义。对于比尔来说，大部分主题都是关于政治和经济的。当讨论新政同美国其他历史时期的关系时，他会谈到自由放任资本主义的发展以及从农业经济向工业经济的缓慢过渡。他将 20 世纪 60 年代林登·约翰逊（Lyndon Johnson）的"伟大社会"（Great Society）和里根政府联系起来。简对历史上的社会和艺术方面更感兴趣，她关注的是文化趋势。当简被要求解释她所了解的大萧条时代时，她首先打开了一组幻灯片，每张幻灯片都展示了一件艺术品、一幅画，或者一张照片。利用这些幻灯片，她梳理了国家思维模式（national mind-set）的变化，揭示了艺术是如何反映诸如女性角色变化或对少数族裔持续压迫之类的政治和社会变化趋势的。她这样谈论时序：

　　　　我将历史视为一个逐步展开的故事，它对我们发现自身价值，了解自己在时间中的位置、在历史上的定位是很重要的。时序意识的展开，并不需要非常密集的"测量频率"（measured gait），而只需一个好的框架，就能让你在宇宙中看到自己，看到过去的事物。

需要注意的是，简没有把时序等同于时间（他没有像凯西那样的简易时序观念，而是将以年为单位的"测量步态"作为基础）。对于简和比尔来说，时序是连续性的基础——用简的话来说，就是将现在与过去连接的桥梁，是"走向未来"的必经之路。

二、因果关系

罗宾·科林伍德曾经说过："对于历史学家来说，探究发生了什么和为什么发生几无区别。"[1]因果关系问题是历史探究的核心，在四位教师的课堂上也占有重要地位，但不同的教师对因果内涵的认识却截然不同。比如，在凯西的课堂上，并不需要在相互矛盾的原因解释间反复思索，通过探索土地、气候和人类发展间的关系就可以得出具有权威性的确定结论。下面这段话是她对所教日本一章的概述，凯西看起来像个环境决定论者，认为地理对人类事务发挥着决定性作用。

> 我们从地理状况入手，看下日本位于何处、气候如何、地质情况怎么样，从这一点出发，看（地质和地理）如何影响生活在那儿的人们。日本有一个问题就是土地不足，太多人生活在一个岛屿上，这是如何影响他们生活的？影响了日本人的生计。他们没有足够的自然资源，他们会怎么做呢？比如，他需要去和其他国家进行贸易，那他们的贸易有多少呢？在与美国进行贸易的国家

---

[1] Robin G. Collingwood, The Idea of History(Oxford,1946),177.

中，日本是美国主要的贸易伙伴之一。为什么？气候和地理环境使然。

凯西对人类事务的理解，带有她在本科阶段接受的自然人类学与考古学专业训练的影子。她喜欢的课程都与土地有关，比如可以让她发掘遗物、标识和测定文物年代的田野课程，展示所发掘文物的博物馆课程，让她专注于智人在复杂生态系统中地位的生态人类学课程。凯西对社会生活的理解也因她未曾接受过某种训练而受到影响，她没有学过经济学或政治学课程，并且在历史方面只上过一门古埃及史课程。因为只接受过一点"模糊的"社会科训练，凯西对社会领域中因果观念的认识缺少了史学家进行历史解释的特色。由于缺乏日本文化与历史方面的知识，凯西在解释日本现代化问题时，只能以"没有充足的自然资源……"来说明。由于对所教内容的历史背景很不了解，凯西将从人类学中提炼出来普适性观点渗透到对变化的解释中，并直接应用到具体国家身上。当她想到历史时，她只想起了时序，或者用她的话说，一个"随时间而来的东西"。历史是描述作为行为主体的人类按照自己的动机和感情而行动，从而影响人类发展进程的故事，但是在凯西的知识储备或者教学内容中没有这样的概念。

简和比尔的因果观念与凯西截然不同。当被问及大萧条的原因时，比尔回答说："当然，原因从来都不是唯一的。"接着，他列举了导致1929年金融恐慌的种种事件。和比尔类似，简认为大萧条时期过于复杂，不能只归因于一个事件如股市崩溃，甚至一连串的孤立事件，她说道："历史不是线性的发展，由一个伟大的白人砰砰砰地连续做出决定。历史过程中可能会出现多次转折和丰富的故事。"因果关系对于简和比尔来说是"复杂"的问题。单一的事件也是由很多原因引起的，而且这些原因不只是通过考古发掘就可以找到的。有些因果关系的解释需要借助分析人类动机与心理学理论；有些则要借鉴社会学和经济学理论；还有一些，甚至需要使用"美国思维模式"这样的模糊概念。对于比尔和简来说，原因远不只是饥荒与干旱。因果是一个需要思考、研究、讨论和提倡的问题，但又永远无法有确定的答案。

三、历史演绎

在四位老师的课堂上，历史承载着不同的意义，并以不同的方式发挥着作用。在凯西的社会科课上，显然，历史是经常缺席的。她向九年级学生介绍的国家似乎存在于时间真空之中，脱离了历史背景，并用同样的方式一般性地回应特殊的地理和地质条件。这种一般性的回应应用到特定案例中，必然只是部分正确，很多情况下甚至可以确定是错误的。背景知识的缺乏，常使凯西难以发现错误。

在开始教授某一单元时，凯西要求学生列出人口过剩给一个国家带来的问题。很快，黑板上就写满了各种问题，从食物短缺到住房紧缺。当一名学生提出人口过剩会影响国内交通时，另一名同学举起手来问为什么。凯西转向了这个学生，用夸张的语气问道："如果一个国家的国民都饿死了，政府还会花钱修路吗？"由于不知道如埃塞俄比亚在饥荒蔓延的情况下每年花费2亿美元去庆祝革命，凯西将政府描绘成为公民追求最大利益的机构。

虽然弗雷德的美国史课并不缺少历史内容，但它的丰富和复杂程度却不足称道。弗雷德的课都是从热烈讨论当天的头条新闻开始，20分钟后，他不情愿地打断讨论，以便开始当天主要的教学活动。在课堂上，他的评论中夹杂着政治术语。政治和经济解释占比较大，而事实性信息通常被淡化，社会史与文化史则很少被提及。在为期两周的工业革命单元的教学中，弗雷德详细阐述了美国经济体系的变化，特别是从家庭手工业向工厂的转变。毫无意外，他还讨论了强盗资本家

（Robber Barons）和他们的金融帝国，"垄断""信托""放任"这些词汇被频频提及，而与经济和工业转型同时出现的社会变革却只字未提。

在弗雷德的眼中，工业革命成为所有政治和经济革命的代表，弗雷德将美国和法国革命同南北战争及中美洲的剧变进行了广泛的比较。如果了解相关背景知识，就知道这些事件看起来更多的是不同而不是相似，而弗雷德则把所有革命都描述得和近亲一样。由于既缺少广博的历史知识，也不了解背景，弗雷德就像凯西一样几乎看不到自己的错误之处。

从表面上看，比尔的美国史课堂与弗雷德的很像。他的课不仅从时事讨论开始，还大量提到政治史和经济史。然而，仔细观察就可以发现两者的主要区别。在大萧条和新政的教学单元中，比尔跟大部分历史老师一样，开设了一系列的微讲座（mini-lectures）。不过，这些讲座也辅以其他活动。在一段时间里，学生们以小组为单位参与到一项"假如你是总统"的活动中。面对失业、银行倒闭、营养不良和农场丧失抵押品赎回权等一系列问题，学生们提出了解决方案和可能的行动路线。比尔利用这一活动为讲授富兰克林·罗斯福（Franklin Roosevelt）总统所面临的问题及解决这些问题的立法提案做了铺垫。在另一天，比尔利用农业安全管理局摄影师拍摄的照片组织了一场关于农民困境的讨论。在另一堂课上，他复印了《愤怒的葡萄》的部分内容，并让学生大声朗读。通过向学生展示社会与文化视角，比尔努力弥补自己在政治史和经济史专长之外的不足。

简在她的课堂中使用了类似的教学策略，但没有利用讨论时事作为课堂导入，而是通过关灯、播放幻灯片来吸引学生的注意力。她介绍了名为"咆哮的 20 年代"（Roaring Twenties）的单元，幻灯片上有时

髦女郎、音乐家、盖茨比（Gatsby）①那样的豪宅，加州淘金者、福特 T
型车和沙尘暴地区的农民。她播放爵士乐磁带，并简短地介绍了爵士
乐的文化起源。

她解释说，爵士乐融合了布鲁斯和拉格泰姆音乐，为了让大家理
解，每种音乐她都播放了一段。在课堂的结尾，简又播放了爵士乐唱
片并让学生从中辨别出布鲁斯和拉格泰姆音乐。第二天，她用这个音
乐隐喻来解释 20 世纪 20 年代"爵士乐时代"（Jazz Age）。她解释说，
一个极端是"时髦女郎和她们的伙伴"，流行信用消费、跳查尔斯顿舞；
另一个极端是受压迫的黑人、贫困的农民和被剥削的移民。经过两天
的介绍，简接着讲解了信用消费，阅读《了不起的盖茨比》和《愤怒的葡
萄》，并播放黑色风暴事件的幻灯片。学生们学习了有关社会、文化、
政治和经济方面的知识。他们阅读了一手和二手资料、研究照片、分
析图表并参加辩论。在用爵士乐的隐喻构建整个单元后，简讲述了不
同时期的人物、地点、事件。借助图片、音乐、艺术和舞蹈，她为历史事
实赋予了生命。在她的课堂中，过去是一场演出中的戏剧而不是需要
死记硬背的剧本。事实不仅可以讲出来，还可以唱出来、亲眼看见和
亲身经历。

四、学科视角的影响

这四位教师的对比表明，在大学接受的训练对他们的教学过程
和内容产生了一些影响。对于他们来说，在学习如何教学的过程中
也会形成自己的一种教育哲学，影响教学目标与教学策略的选择；
这意味着既要学习学科知识也要学习教学理论。凯西毕业于人类
学专业，可是她需要教授九年级的"社会科"，正如她使用的教科书

---

① 盖茨比是 F. 斯科特·菲茨杰拉德（F. Scott Fitzgerald，1896—1940）的小说《了不起的盖茨
比》（The Great Gatsby，1925）中的角色。——译者

所说，是"七门明显不同的社会科"的混合体。[①] 弗雷德懂得政治学，但他必须教美国史、亚洲史和代数导论。简在大学主修 20 世纪早期的美国史，但她被要求教授一门美国史概论，范围从"五月花号"靠岸到登陆月球。

一个准备成为社会科教师的人不可能懂得被要求教授的所有科目，也没有一个大学专业完全符合典型社会科的师资要求。所以，我们发现凯西和弗雷德在刚开始教历史时不太占优势，也就不足为奇了。比尔和简在教授他们从未学过的美国史时，也同样需要临时抱佛脚；比尔基本不了解杰克逊式民主（Jacksonian democracy），简在讲授大萧条时期的经济形势时几乎惊慌失措。所有这些教师需要学习的"教学内容"并不比"教学方法"少。

教师在大学期间接受的训练是如何影响他们教学的，这是个很有趣的问题。他们所学的课程与之后他们所教授的科目都会受到他们已知的和未知的事物影响。弗雷德的美国史课变成了政治课，他不仅强调政治和经济，而且会围绕这两个主题构建整个课程体系。由于缺乏历史学科整体结构的知识，他就从政治学中借鉴了一个框架来组织和排列他所读到的并在之后要教的美国历史。[②] 同样，凯西利用人类学与考古学的结构知识来理解她边学边教的社会科。在使用这些结构时，凯西和弗雷德都倾向于笼统地概括，比如弗雷德认为所有革命都是一样的，而凯西相信政府所采取的行为都符合公民的最大利益。两位老师对不同时期的事件进行了概括，因而都犯了历史学家一直在批评的错误：没有考虑背景。

---

① Exploring World Cultures(New York,1984).

② 我们使用的"结构"一词的意义参考自约瑟夫·施瓦布。Joseph J. Schwab, Education and the Structure of the Disciplines, in Ian Westbury and Neil J. Wilkof, eds. ,Science, Curriculum, and Liberal Education(Chicago,1978).

　　从某种意义上说，弗雷德的政治学知识和凯西的人类学、考古学知识主导了他们的课程选择，但从另一个重要意义上来说，他们所缺乏的知识才是影响教学的决定性因素。他们不知道历史中解释与事实并重，因而也就不知道如何寻找其他可能的解释。又因为不了解查尔斯·奥斯汀·比尔德（Charles Austin Beard）[①]、伯纳德·贝林（Bernard Bailyn）[②]、埃德蒙·S.摩尔根（Edmud S. Morgan）[③]和佩里尔·米勒（Peril Miller）[④]，凯西和弗雷德认为，只要将在教科书上读到的名字、日期和事件记下来，他们就学会了历史。正如他们的学科知识限制了他们的历史教学方式一样，他们所缺乏的历史知识也将限制他们学习和理解新学科知识的能力。认识到自己的无知，是学习上最重要的第一步。从某个角度来说，弗雷德和凯西还没有达到这个层次。

　　相比之下，比尔和简则有更丰富的历史知识。尽管这两位新手教师不得不经常根据教学需要来学习新的学科知识，但更广泛、更准确的历史学科概念对他们寻找新信息大有裨益。两人都有各自精心设计的、有组织的框架[⑤]，比尔主要是政治与经济方面的，简是社会与文化方面的。这两位教师使用这些框架，效果良好。每一个新单元，他们都需要学习大量新知识，但他们会把这些新知识置于他们在大学历史专业训练中所学到的框架中。他们意识到了历史解释与多种原因

---

　　① 查尔斯·奥斯汀·比尔德（Charles Austin Beard，1874—1948），美国经济与政治史家。——译者

　　② 伯纳德·贝林（Bernard Bailyn，1922—2020），美国社会史家，专研殖民地时期的政治与社会史。——译者

　　③ 埃德蒙·S.摩尔根（Edmund S. Morgan，1916—2013），美国史家，是派瑞·米勒的门生，专研美国早期历史，特别是新英格兰地区新教徒的生活与信仰。——译者

　　④ 佩里尔·米勒（Peril Miller，1905—1963），美国思想史家，专研新英格兰地区的清教主义思想。——译者

　　⑤ Richard C. Anderson，The Notion of Schemata and the Educational Enter prise, in Richard C. Anderson, Rand S. Spiro, and William E. Montagne, eds., Schooling and the Acquisition of Knowledge（Hillsdale，N. J.，1979），415-431.

的重要性,因此也会去寻找历史事件的其他合理解释,并将这些观点整合到他们的教学中。例如,比尔对罗斯福经济计划的诸多政治解释了如指掌,却对新政与少数族裔问题的关系知之甚少。然而,他对多元视角的认识使他意识到需要寻找这些信息。弗雷德和凯西则缺少这种意识,他们多把时间用在阅读教科书和教师指南上,陷入事实性信息的泥潭中,他们努力寻找的解决方案是使用他们最熟悉的学科视角使事实变得有意义。

几位教师的学科视角也影响了他们的教学目标。简喜欢历史,因而非常重视历史的复杂性和连续性。她坚信,学生需要接触历史,会从历史遗产中学到很多。作为一名历史学家,她希望学生喜欢和重视历史。比尔也同样重视历史这个宝库,并主要从政治学角度学习历史,认为学生应该意识到过去如何影响了现代政治体制。在他看来,学生学习历史知识意味着被赋予某种政治权力。比尔的目标反映出他对政治的关心;他很少将时间花在讨论历史遗产上,而是将更多的时间用来强调共同的政治和经济主题。弗雷德把他对现实的热情发挥到了极致。他致力于培养有教养、有责任感的公民,并认为历史只有服务这一目标才会变得重要。他如果看不到历史事件与学生生活的关系,就会一笔带过。他对培养有良知的公民的关注值得称赞,但尴尬的是,历史知识的缺乏使他无法认识并建立起他所看重的历史与现实间的联系。

凯西以人类学家的身份开始了教学生涯,开始时她的教学目标局限在她的专业领域。不过,在她全职教学的第一年,就被安排去教九年级的社会科,并且课程内容涵盖了七门学科,而不只是人类学。由于她对很多领域不熟悉,教科书就成了她主要的教学材料。开学两个月后,她说道:

> 我有时真的很依赖(教科书)。我的意思是,我需要这样的东

西，它使我关注我应该朝什么方向前进。教科书非常详细……我必须上四年大学才能完全理解中东的历史，而在这里，我们只是想让学生对中东有一个整体的概念……我现在一步步紧跟着教科书，由于我还不确定这本书能提供什么，我只能把有关中东的内容一章一章地讲下去。

凯西拿到的课程材料，对社会科中的其他学科视角同等看重，她不得不反思自己对社会科学领域的理解。她的教科书声称，要理解人类的发展，必须考虑七个领域的知识：地理、历史、政治学、心理学、人类学、社会学和经济学。这对凯西的思考产生了显著的影响。开学三个月后，她已经将这七部分默化为"自然的"结构，并认为从这七个角度来研究各种文化已是"常识"。凯西关于九年级学生的教学目标发生了更大的转变。在她的教学中，她之前曾试图将她的学生变成"小人类学家"，但受教科书中学科整合思想（disciplinary ecumenicalism）的影响，她现在想把他们培养成"小社会学家"，"可以从七个方面去考察文化，并能够告诉我每个方面一到两个重要的关键概念"。

五、教授历史认知方式

这四个故事对于教师培训和教学研究都有启发。凯西、弗雷德、比尔和简对社会科中的课程，有着不同的理解和信念。在这里，我们用历史作为例证；但这四位老师在社会科教师职业生涯中会教授多门社会科课程。他们的艰辛说明，了解所教学科的结构对于教学来说至关重要。如果弗雷德和凯西对历史学科的性质有更多的了解，他们可能会发现学习历史并不是那么困难，教学时也不太可能误导学生。

学科学习并不只是获取新知识这样简单，还需要考察学习者之前所持有的信念。作为社会科教师，凯西和弗雷德接触到了大量的历史信息，但他们天真的，甚至有时是扭曲的历史观却充当了筛选新知识的强大过滤器。弗雷德将历史等同于事实的观念如此根深蒂固，以至于他们在历史教科书中读到关于罗斯福新政的不同解释时，就认为这是某个开明的教科书作者引用政治学家的说法。这些观念深根固蒂，铲除它们或许需要的不是一把锄头，而是一台推土机。

这里得出的结论对教师知识的研究也有启发。教师对学科知识的认识，既是观念的产物，也是事实与解释的累积。教了一年美国史后，弗雷德学到了大量的历史知识。他参加了历史学科的全国教师考试（National Teachers Examination）并以优异的成绩通过，这是否意味着弗雷德精通历史了？

历史不只是关于过去的知识。它既不能被掌握在手中，也不能摆放在图书馆的书架上。虽然历史的原材料是过去，但历史远不只是过去。对此，雅克·巴曾（Jacques Barzun）解释道：

> 历史感（sense of history）并不存在于任何一套精装的书籍中，它是人头脑中的东西，虽是好奇心的产物，但也必须通过阅读真实的历史（genuine history）、以特定的方式来培养。我再次强调所谓权威的历史学家认可的真实：它是一种叙述，提出了一系列的动机、行动、结果。时序必须清晰。只有在为动机、行为、结果的链条定向时，时间才具有重要性。这个链条不需要很长，但必须厚重，因为许多人的动机和行为总是联系在一起的，除非对前面的混乱局面有整体的认识，否则无法理解其结果。[①]

①　Jacques Barzun, Walter Prescott Webb and the Fate of History, in Dennis Rinehart and Stephen E. Maizlish, eds., Essays on Walter Prescott Webb and the Teaching of History(College Station,Texas,1985). 关于本注释所提问题更进一步的讨论，可参见：Richard J. Evans,In Defence of History(London,1997).

我们相信我们所有的新教师都是聪明、善于表达且富有爱心的人,他们努力地提升自己的教学技艺。不过,并非所有人对历史都有强烈的感觉。我们选择历史作为此次讨论的重点,所以未能展现凯西和弗雷德的优势。如果我们选择人类学,那我们对凯西的描述也将精彩夺目。同样,如果我们选择的是政治学,弗雷德也会脱颖而出。

社会科老师需要了解很多东西,但要求年轻老师对历史学、人类学、社会学、经济学都有足够的了解并能够准确地表达和有效地教学,这是过分的。学习不只是接触很多新信息,因为新信息往往无法与根深蒂固的观念相匹配。事实上,我们每一位教师都是积极的学习者。当一个人对自己专业以外的学科认知方式不熟悉时,新信息就会成为旧信息的附庸,而原有的基本观念也不会改变。教授认知方式的不只是一门方法论课程,而且很显然,教师教育者不可能单独完成这一任务。然而,在未来的教师培养中,让教师具备不同认知方式的意识是我们可以努力的方向,也是值得追求的目标。

【说明】 本章的实地调查是 1985—1987 年教学知识增长项目的一部分,该项目由李·舒尔曼担任首席研究员,并得到斯宾塞基金会(Spencer Foundation)的资助。本课题是一项为期三年的研究,旨在探讨高中新教师学科知识的发展。从进入教师教育项目到全职教学的第一年,凯西和弗雷德都是这个项目的合作者。在整个项目中,每个人都接受了大约 14 次的采访,并在各自的教室里接受多次课堂观察。

这一章最初是与苏珊娜·威尔逊合著,并与她作为共同第一作者发表在 *Teachers College Record*(1988 年,第 89 卷),第 525—539 页。本章在此基础上进行了修订和更新。历史与社会科教学研究自本章的原文最初提出以来,已有了较大的发展;参见弗吉尼亚·理查森(Virginia Richardson)编辑的《教学研究手册》

(*Handbook of Research on Teaching*，4th ed. New York，2001)
中苏珊娜·威尔逊的"History Teaching"和彼得·塞沙斯的
"Social Studies Teaching"等。另外,你也可以看看克里斯·赫
斯本兹(Chris Husbands)的《历史教学是什么?》(*What Is
History Teaching*? Buckingham，England，1996)这本书主要针
对中学教师,便于学习历史语言、思想和意义。

第七章　历史教学中的智慧模型

与苏珊娜·威尔逊共同编纂

　　有关历史课堂令人担忧的描述比比皆是。《我们 17 岁的孩子们知道什么?》是关于美国 1987 年教育进展评估结果的分析报告;黛安娜·拉维奇和切斯特·芬恩在报告中描绘了典型的历史课堂:学生听老师讲解当天的内容,使用课本,参加考试;偶尔也会看一场电影;有时他们会背诵或阅读关于事件与人物的故事。学生们很少会与其他同学合作或使用原始历史文献,也很少写学期论文或是讨论他们所学内容的意义。[1]

　　可悲的是,这些发现并非个例,而是历史课堂的常态。20 世纪 60 年代中期,在印第安纳州对社会科教学的考察中也得出了类似的结论,[2]而

　　① Diane Ravitch and Chester Finn, Jr., What Do Our 17-Year-Olds Know? A Report on the First National Assessment of History and Literature(New York, 1987), 194.

　　② Maurice G. Baxter, Robert H. Ferrell, and John E. Wiltz, The Teaching of American History in High Schools(Bloomington, Ind., 1964). Compare the more recent collection by Lloyd Kramer, Donald Reid, and William L. Barney, Learning History in America(Minneapolis, 1994).

最近的研究表明这一现象几乎没有什么改变。①

鉴于这种一致性，我们如果继续对"典型的"或"代表性"课堂展开研究，可能也收效甚微。在这样的课堂中会发生什么，我们早已了然于胸。所以，与之前研究相反，在开展教师评估项目②时，我和同事都自觉地避开了这种普遍现象，转而关注特殊之处，从对可能性的研究转向对潜在性的仔细考察。

为此，我们与 11 位资深的高中历史教师进行了一系列的"实践智慧"研究（对 11 名数学教师也进行了类似的研究）。我们的工作是基于这样一种信念：许多优质课堂的教学知识从来都不在专业书籍中，而是存在于优秀教师的头脑中。通过一系列深入的访谈和观察，我们试图采集、捕捉和描述这 11 位同行提名的专家型教师的所知、所思和所行。下面是对其中两位老师的描述，以及他们对所教历史的思考。

一、隐形的老师

星期一的早晨，第一节课就是伊丽莎白·詹森（Elizabeth Jensen）③的美国历史课。这个班级的学生，是由白人、黑人、亚裔、西班牙裔混合组成的。她走进教室后将所有学生分为三组，左边一组是"反叛者"，右边一组是"忠诚者"，前面坐着的是"法官"。坐在旁边的詹森，膝盖上放着一个螺旋形笔记本，手里拿着铅笔。她是一位 30 多

---

① James P. Christopolous, William D. Rohwer, and John W. Thomas, Grade Level Differences in Students' Study Activities as a Function of Course Characteristics, Contemporary Educational Psychology, 12(1987), 303-323; John I. Goodlad, A Place Called School(New York, 1984); James Howard and Thomas Mendenhall, Making History Come Alive(Washington, D. C., 1982); and Karen B. Wiley and Jeanne Race, The Status of Pre-College Science, Mathematics, and Social Science Education: 1955—1975, vol. 3: Social Science Education(Boulder, Colo., 1977).

② 教师评价项目是一项结合研究和发展的计划，旨在构建一套新的教学评价模型。见本书第八章。

③ 在本章的原始版本中，根据本研究所在学区的规定，我们对两位教师使用了化名。自初版之后，伊丽莎白·詹森公开表明了自己的真名：邦尼·泰勒（Bonnie Taylor）。

岁的矮个子女人,声音洪亮。今天,当十一年级学生开始讨论英国在美洲殖民地征税合法性问题时,她保持沉默。黑板上写着这样一句话:决议通过——英国政府拥有向美洲殖民地征税的合法权利。

反叛者中第一个发言人是一位金色卷发、戴着长耳环的女孩,她从笔记本里取出一张纸后开始发言:

> 英国人说他们在这里驻军是为了保护我们。从表面上看,这似乎是合理的,但他们的声明徒有其表,毫无实质内容。首先,他们认为在保护我们免受谁的伤害?法国吗?引用我们的朋友贝利先生的话:"1763 年《巴黎条约》签订后,法国在北美大陆的势力全部瓦解。"[①]……事实上,唯一威胁我们社会稳定的是印第安人,但我们有自己的民兵……所以他们为什么要在这里驻军?唯一可能的原因就是控制我们。随着越来越多的军队过来,很快,我们所珍视的自由都将会被剥夺。[②]

另一位反叛者充满自信地站起来说:

> 除了涉及道德和实际问题,还有一个重要事实需要指出,北美殖民地已经自行征税了。……只要殖民地能够确保有公平合理的征税理由,他们显然是愿意交税的。1765 年 5 月 30 日,弗吉尼亚议会(Virginia Legislature)就已经明确证明了这一点。[③] 我们也愿意支付维持美国和平所需的相关费用。然而,我们的能力是有限的,毕竟我们已经有了沉重的税收。如果要增加征税,增税的方式必须由我们决定,我们才会支付。

---

① Thomas Bailey and David M. Kennedy, The American Pageant: A history of the Republic, 7th ed. (Lexington, Mass., 1983).

② 为了简洁起见,我们摘录了学生们的评论,但保留了他们原本的语言。

③ 1765 年 5 月 30 日,弗吉尼亚伯吉斯宫通过了一项决议,其中指出,尽管承认有向王室纳税的必要,但议员将有权决定合理的征税方式。

一位留着平头的高个子非裔美国学生从椅子上站起来，走到忠诚者队伍的中间。他开始了忠诚者的回应：

> 让我们看看为什么我们会被征税，主要原因可能是英国欠下了 1.4 亿英镑的债务……你们知道吗？他们一半以上的债务都是在与法印战争中为保护我们而产生的……没有代表权的纳税是不公平的。确实，这是专制。然而实质代表（virtual representation）①却把你对纳税的抱怨变成了虚假的妄语。每一位英国公民，不管是否有投票权，都由英国议会来代表。为什么这种代表制度没有延伸到美国？如果在英国这种制度已经扩展到 300 英里之外的曼彻斯特和伯明翰，为什么不能延伸 3000 英里外的美国呢？美国不也是英国臣民、英国人吗？

一个反叛者站起来就这一点向忠诚者提出质疑。

> 反叛者：我们向英国国王纳税有什么好处吗？
>
> 忠诚者：我们受到了保护——
>
> 反叛者：保护是你宣称的唯一好处吗？
>
> 忠诚者：你接受了别人的给予，却不接受交税，这有一点自私。你如何证明不向英国纳税是正当的呢？
>
> 反叛者：我们没有说我们不该交税，我们说的是，我们不该在没有议会代表的情况下交税——纳税却没有任何发言权……

她还没有说完，忠诚者就齐声喊道"奶油、奶油、奶油"，这是他们约定的暗号，表示对方犯了所谓的事实或概念上的错误。忠诚者在判决前有短暂的时间向法官陈述他们的理由。

---

① 根据最积极的提倡者埃德蒙·伯克（Edmund Burke）的说法，"实质代表"指的是无论有无投票权，所有英国人都由国会代表的理念。伯克认为国会是一个审议国家事务的议会，坚持维护唯一的利益，即整体利益；并非由地方的目标或区域的偏见所主导，而是听凭全体的普遍利益与意志所作出的决定。参见：Robert A. Gross, The Minutemen and Their World（New York, 1976），36.

忠诚者：议员在议会中代表我们。我们是英国公民，并且在议会中被代表。事实上我们有机会在英国议会中有实质代表，但是你们（谴责地指着反叛者）不接受，在英国，很多公民都拥有形式代表，他们拥有的也就是这些，所以，这是……

反叛者：不！他们不仅拥有形式代表，也有实质代表。

忠诚者：不！在大一点的城市，他们只有形式代表，所以你与本土的许多英国公民是完全一样的。

有一段时间，教室里充满了指责和反击的争吵声。"和伯明翰一样。"一位忠诚者大声喊道。[①] 反叛者轻蔑地哼了一声："形式代表都是扯淡。"32 位同学看起来就要同时讲话了，正在这时，主审法官，一个瘦削的、戴着角质架眼镜的黑人学生，敲响了他的小木槌。但他的同学——正在争吵的忠诚者和反叛者都忽略了他。一直待在角落里、膝盖上放着螺旋式笔记本的詹森，大声地说出了当天她发出的唯一指令："安静！"秩序立刻得到了恢复，法官最终赞同忠诚者的"奶油"。

双方在开场陈述后，又经过了一天半的质询，这场争论终于在第三天结束了，忠诚者和反叛者在第三天各自发表了总结陈词。最后发言的是一位忠诚者，他留着齐肩的长发，穿着褪色的牛仔布夹克，站起来向他的同学讲道：

我们国家的政府有权对我们征税吗？当然可以。当以这种方式提出问题时，与之相反的论点就显得愚蠢了。然而，我们鲁莽的同胞们却认为我们应该免除承担这一责任……他们说，他们没有议会代表，所以为什么要纳税？但与此同时，他们拒绝在议会中有代表权。他们到底想要什么？是想要占半数以上的议会

---

① 忠诚者在这里这样说是正确的。当时，英国只有 10％的人口拥有选举权，许多大城市，包括伯明翰和曼彻斯特，在议会均无代表。

代表席位吗？如果他们想废除向殖民地征税，他们会遭到彻底的否决，就像其他试图如此的英国行政区一样。他们意识到殖民地想获得压倒性的（humongous）票数支持是痴心妄想，所以他们说税收本身就是一个骗局。他们不需要保护，因为英国已经搞定了法国和西班牙。他们非常安全，因为这两个国家受到应有的打击后，其他国家就不敢再来攻击了。一旦联系被切断，美国将再次成为一块对任何人都开放的区域。我们会痛苦地认识到，和与英国开始敌对行动相比，纳税会减少我们的冲突。因此，我要大声疾呼：请大家保持理智！我们的国家当然有权向我们征税。

虽然我们没有对她的学生进行前测与后测，但在我们眼中，这样的陈述有力地证明了詹森课堂上的学习形态。请特别注意这名总结发言的学生在遣词造句上的煞费苦心，为模仿 18 世纪语言所付出的大量努力。他犯了语言学家所说的"语域误用"（用"压倒性的①"来说明反叛者要求代表权）的错误，否则，我们就可以看到他有多么成功。他优雅地使用着诸如"开始敌对行动"和"痴心妄想"这样的措辞，去捕捉一个信息表达风格与含义同等重要的时代精神。16 岁的孩子通常不会说"大声疾呼"，但在詹森的指导下，这位学生深度解读了 18 世纪的主要文献，了解到语言本身就包含丰富的历史。

二、隐身背后的理念

当法官艰难地将这三天的证词整理出来时，整个教室都充满了紧张的气氛。学生们急切地想知道最终的判决结果，他们低声讨论着一些可能赢得法官支持的观点。尽管正式辩论已经结束，学生仍在继续讨论 18 世纪的议会代表的概念。同时，法官努力汇总众多观点和反

---

① "压倒性的"这一词汇直到 1968 年后才成为一般用法，是大学生的常用俚语。——译者

驳意见，形成最终的判决。

这三天，伊丽莎白·詹森在教室里就像个隐形人，她依偎在角落里，在笔记本上做着记录。当一个学生对"有益的忽视"（salutary neglect）或"自然权利的必要性"（imperatives of natural rights）提出特别深刻的见解时，她情不自禁地对他露出了微笑。但她的话（除了"安静！"）主要是说给评委的，以便不时提醒"法官"敲击小木槌以维持秩序。在这些课堂上，詹森几乎没有做出传统意义上的"教学"行为：她没有讲课，没有在黑板上写字，没有分发作业、测验或试卷。

一开始，人们可能会认为，是詹森的学生允许她坐下来，用她的话说，去"扮演上帝"。或许，有了这些看起来很上进的青少年，任何教师都会闪闪发光。不可否认，詹森的学生是很积极的。这门课是学生自主选择的，他们在选择这门课时就知道需要完成许多额外的任务。詹森的学生中有近三分之一来自少数族裔，他们的背景与本校学生或其他大城市的高中学生并没有太大区别。他们就读的这所综合高中与其他城市学校的外观和感觉是一样的，也有着开裂的油漆、裸露的管道和到处是涂鸦的厕所隔间。

詹森在整个活动中只扮演了一个小角色，这正体现了她的教学艺术。就像我们不会看到百老汇音乐剧的编舞师站在舞台上指挥一群舞者一样，学生在税收合法性辩论中整理思想和构思论点时，我们也没有看到伊丽莎白·詹森的身影。编舞师不知疲倦地和他们的舞者一起工作，为他们独自登上舞台中央做准备。同样，詹森多年来一直在学习如何培养学生成为忠诚者、反叛者和法官。

例如，她知道对于青少年来说，要超越自己的狭隘经验，接受那些与自己截然不同的人们的问题、情感和动机是不容易的。让学生这样去做，部分是要他们知道活动的成功取决于自己；他们知道即便做错了，老师也是不会插手的。有时，这也意味着詹森必须克制自己，坐视学生走一段甚至是很长的徒劳之路。但她知道她做不到两全其美,她解释道:"除了制定规则防止它变成一场争吵的比赛或失序,我如果干预了,他们就会全部依赖我。"

詹森能够担任"编舞师",是因为她对学生有着比较深入的了解,并且提供学习机会引导学生参与到探寻原因和动机的过程中来。最重要的是,詹森的辩论建立在历史教育愿景上,这一愿景为教学活动提供了结构并赋予其意义。

在詹森看来,历史将重要的思想和主题整合在一起,这些思想和主题具有一致性,并为理解人类经验的丰富多样提供了方法。因此,詹森这一学年的课程不是从"发现的时代"中的探险者开始的,而是从一个关于"人性"的讨论开始的。学生们阅读哲学家(如休谟、洛克、柏拉图和亚里士多德)、国家元首、革命者(如杰弗逊、圣雄甘地和毛泽东)和独裁者(如阿道夫·希特勒和贝尼托·墨索里尼)的作品节选,然后把读到的观点讲解给同学听。学生们了解到,人性理论是人们做出选择的基础,其中一些理论将人类描绘成仅次于天使的开明生物,另一些则把人类描绘成邪恶的可鄙之人,仅比野兽强一点。几个月后,当批准美国宪法时,这些现在我们已经很熟悉的人物如柏拉图、亚里士多德、休谟、洛克、埃玛·戈德曼(Emma Goldman)[①]、列宁重新受到联邦党人和反联邦党人的热情追捧。

所有这些活动都是詹森想要给学生强调的更重要的一课:历史创造是一个动态过程。过去发生的事情不是命中注定的。这是因为行动者通过做出选择来塑造自己的命运,就像今天的人们通过做出选择来塑造他们的未来一样。

---

① 埃玛·戈德曼(Emma Goldman,1869—1940)出生于立陶宛,1885年移民美国,她后来成为美国无政府主义者的代表。——译者

三、辩论前的准备

詹森对历史的理解是她捕捉学生思想的基础。对她来说,美国历史不只是特定的日期、人物或法案。历史是以权威、自由和代表权等主题为中心,这些主题可以将过去与现在联系起来,并为组织十一年级课程中的大量信息提供框架。这个框架一直指导着她的课程决策,使她能够在学生面对这些想法的几个月前就开始铺垫。例如,当她在学年初介绍 18 世纪的人性观时,她知道这些问题还会在有关宪法、《权利法案》和联邦制的讨论中出现。早在学生们为这些辩论做准备之前,詹森就已经开始进行铺垫工作,向学生介绍能够引发他们思考权利本质的一些概念。

她利用多种方式来铺垫和引导。在忠诚者和反叛者展开辩论的两周前,她从一本名为《学生权利手册》(*Student Handbook on Authority*)的油印本小册子中挑选了一些内容,这个小册子与美国历史课程的主要单元一一对应,是一种"非教科书"的教科书。学生们读的一篇短篇小说《海上的鞭打》,讲述了一位船长鞭打一名水手的故事。接下来他们读的是《两个做出选择的人》(*Two People Who Make Choices*),这篇短文将为波士顿惨案(Boston Massacre)①中被控谋杀罪的英国士兵辩护的律师乔赛亚·昆西(Josiah Quincy)与一个半世纪后抵制公众舆论的黑人妇女罗莎·帕克斯进行比较。帕克斯在亚拉巴马州蒙哥马利市(Montgomery,Alabama)的一辆公共汽车上拒绝让座。当学生们阅读这些选文时,詹森将隐含的内容清晰地呈现出来,将潜在的问题揭露出来。通过这些做法,她帮助学生们为即将到来的辩论做准备。

---

① 波士顿惨案(Boston Massacre)是 1770 年 3 月英国殖民当局屠杀波士顿民众的流血事件,与波士顿倾茶事件等共同构成了美国独立战争的导火索。——译者

辩论开始前的四节课是"研究日",在此期间,学生们以小组合作的方式研究詹森收集的、有助于他们形成论点的文件、书籍和文章。忠诚者、反叛者和法官忙得团团转,来回翻阅着书籍,制定各自的策略。詹森在小组间走动,扮演着教练、问题解决者和监督者的角色,确保学生们讨论的主题是革命,而不是周末舞会。在一次观察中,詹森发现有人坐在那儿跟朋友聊天,就问他:"你的东西呢?"学生说:"我今晚就做。"她说:"现在就开始吧!"

确保学生将注意力集中在讨论任务上,只是詹森工作的一部分。此外,她还是一本行走的百科全书、卡片目录和档案,她会非常迅速地给学生提出建议和暗示。她对一组学生说:"看看第 42 页的《弗吉尼亚议会宣言》(*Declaration of the Virginia Legislature*)",然后她问另一组同学,"你读过贝利关于《1763 年皇家宣言》(*Proclamation of 1763*)的评论吗?"接着,她提醒第三组同学:"你一定要看下《印花税法案》(*Stamp Act*)对不同邮票在日常工作中实际价值的图表。"她将自己关于美国独立战争的丰富知识转化为资源和材料,并提供给学生。不过,她从来没有提供现成的信息,而总是以提示的方式来提醒学生,比如"看看贝利对英国东印度公司的看法",或提出一个问题如"哈克与詹姆森在一点上有何不同"。[①]

小组讨论中临时出现的问题五花八门,从 1770 年由波士顿航行到伦敦需要用多长时间(大约五周)到开场陈述是否需要被记住(他们没有)。但有时学生会问难以用一句话回答的问题。例如,在法官席上,七名学生正在学习法律选辑,其中一个男生告诉詹森,他担心自己可能会动摇,不是因为伙伴的论点多么有说服力,而是因为他忠诚于自己的朋友。詹森停了一会儿,想了想,然后温和地解释说,法官从来

---

① 要求路易斯·哈克(Louis Hacker)和 J. 富兰克林·詹姆斯(J. Franklin Jameson)为詹森的学生阅读。

不存在于社会真空中,他们必须克制自己的情绪,努力把偏见与每件事情的是非曲直分开。她说话时,学生们看着她,频频点头。意识到学生认可她的说法后,詹森就继续前往下一个小组。

四、判决

辩论结束时,法官们的判决既是结束,也是开始。判决结果代表着辩论的结束,但也开启了学生理解所学内容的过程。詹森在笔记本上连续对学生的疑惑和洞察力进行评论,这也成为第二天汇报会议的基础。詹森重新审视了辩论的议题,澄清了学生们的误解,并布置了本单元的期末作业——提交一份关于英国征税合法性问题的学期论文。在这篇论文中,学生们需要对所学材料加工和总结,并留下自己独特的印记。

伊丽莎白·詹森的课堂并不是常规的课堂。教科书没有主导教学,教师的讲话没有取代学生的讨论,也没有学习任务单。詹森的学生们经历了一个高强度的思考过程,在这个过程中,他们接受了不属于自己的观念,并积极地争论。通过再现历史而不只是阅读历史,学生们认识到,托利党并不完全是教科书中描绘的恶棍,而是以不同于反叛者的眼光来看待普通人。有时,甚至可以看到这种学习状态正在持续,学生疑惑的表情变成了认可的微笑。辩论结束时,一个女孩茫然地盯着天花板,慢慢地,她开始点点头。"你知道,"她喃喃自语,"我们本来都可以像加拿大那样。"如果忠诚者占了上风,伊丽莎白女王就会出现在我们以及北方邻居的邮票上。在由美国(而非英国)主导的时代中,青少年是很难意识到这一点的。

法官们最后的判决令全班同学震惊,忠诚者被宣布为最终的胜利者,美洲殖民地不能与英国断绝关系,而是要加强联系。当学生们等待下课铃声的时候,最后一位发言的忠诚者简直不敢相信法官的判决。他迷惑不解地问他的老师："为什么在七年级的时候,我们听到的都是这些殖民地居民突然起义了,英国人则慌忙逃窜？为什么从来没有人告诉我们这些？"詹森边点头边说："我也想知道。"

五、有形的教师

在距离詹森学校 20 分钟路程的一所高中里,我们走进了另外一位历史教师的课堂。两所学校看起来很像:类似的涂鸦,同样破旧的外观,同样的各色面孔。约翰·普莱斯(John Price)是一位 40 岁出头的教师,他在黑板、学生和马蹄形课桌间来回踱步。他正在讨论《不可容忍的法案》(*Intolerable Acts*)。

普莱斯:事实上,这些法律被乔丹先生称为什么?[①]

吉姆(Jim):《不可容忍的法案》

普莱斯:《不可容忍的法案》！不可容忍！我们不能忍受他们！如果你阅读一本英国历史书,它会称这些法律为《不可容忍的法案》吗？

学生:不会。

普莱斯:不会！我不知道他们会怎么称呼这些法律,或许会称为"在波士顿建立法律与秩序的必备法律"。你们看到了吗？因为他们看待这些法律的角度不同,他们看到的是茶叶丢失。他们看到的是私人财产被破坏了,事实上,我们今天要看的是《不可容忍的法案》带来的后果。英国确实派了兵。萨姆·亚当斯(Sam Adams)[②]正在为这一切喝彩！他欢迎！现在,英国人做的正是他想要的。我们已经遇到波士顿惨案,事情平息了下来;现

---

① Winthrop D. Jordan, Miriam Greenblatt, and John S. Bowes, The Americans: The History of a People and a Nation(Evanston, Ill., 1985). 这是普莱斯课堂上所使用的教科书。

② 萨姆·亚当斯(Sam Adams,1722—1803),美国革命前马萨诸塞州的反英领导人。——译者

在由于英国人犯的错误,局势再次紧张起来。目前,我们只需要有一个事件来引爆整个事件。现在,我们有了一个导火索(triggering events)①,请你们读读看,到底是什么引爆了它。我们将阅读两篇写于 1775 年的新闻报道,我来发给你们。拿一张,传下去。请尽快传下去;都是一样的……这份新闻报道讲述了 1775 年 4 月 19 日发生在列克星敦的事情。对我们来说,它的语言过于古老,已经有 200 年的历史了,所以我会和你们一起阅读第一段,让你们对它有所了解。仔细倾听这种语言的描述。"上个星期三,4 月 19 日,"记者说,"不列颠帝国的军队。"——那是谁?

辛迪(Cindy):国王。

普莱斯:国王。所以,我们在读的文章描述的是什么军队?

学生们:英国军队。

普莱斯:英国军队。"对这个省的人民发动了敌对行动……马萨诸塞人受到了残酷的对待,其残酷程度丝毫不亚于我们崇敬的祖先在荒野上受到的野蛮人的虐待。"英国军队做了什么?

伊莎贝尔(Isabel):英国军队就像马萨诸塞人对待他们祖先那样,残暴地对待马萨诸塞人。

普莱斯:对待住在边疆的祖先……"参加内战的恐惧,我们努力搜集和呈现目前将要承认的混乱事态。"这句话很拗口,其实它想表达的是:"列克星敦一片混乱。它就像一场内战。"内战是什么?

苏西(Susie):一个地方内部的战争。

---

① "导火索"(triggering event)一词来自克兰·布林顿的革命模型,这是普莱斯在学年初引入的一个理论框架,旨在帮助学生统整导致美国革命的事件。参见:Crane C. Brinton, The Anatomy of a Revolution(Englewood Cliffs, NJ., 1952).

普莱斯：非常正确。内战就是兄弟打兄弟……现在，你读到了它，我希望你在读论文前先看一下。在你开始前，我想确认你已经理解了事实与观点的区别。阅读时努力去判断所读内容是不是事实，这是一项非常重要的技能。所以我希望这里的每个人都讲下自己对事实的理解。嗯，如果你愿意，你可以把它变成美国独立战争，殖民地。关于美国殖民地，我们了解哪些事实呢？请把知道的都告诉我。

普莱斯和学生交流了不到 5 分钟。普莱斯主导了对话，他说出了 750 多个单词，而学生只说了 26 个单词。事实上，他在这几分钟里说的话比詹森在三天的班级辩论中说的还要多。一个偶然观察普莱斯课堂的人或许会说看到了其他研究人员观察到的同样现象，即教师主导教学，课堂活动以教师的提问与解释为中心。

但有些东西使这堂课与众不同。课堂氛围是活跃的；学生们在座位上身体前倾，深思熟虑后提出发人深省的问题，并在下课铃响后依然留在教室里讨论。普莱斯充满活力，他大笑、踱步、与学生开玩笑、兴奋地打着手势。普莱斯不是一位普通教师，而是一位表演大师，他抓住了 35 位青少年的集体想象，带领他们探索过去。

在简短的介绍性讨论后，普莱斯引导学生阅读第一篇新闻报道。学生要通过阅读来寻找黑板上一系列问题的答案。学生们独自或与同伴一起安静地学习，普莱斯则在教室中走来走去，回答学生的问题。十分钟后，珍妮（Jenny）问："这是谁写的？"课堂讨论再次开始。

普莱斯：嗯，这看起来像是谁写的？

珍妮：一个殖民地居民。

普莱斯：看起来是美国的报纸，不是吗？因为不论读到哪儿，英国人都是邪恶的野蛮人……报道里又是怎样描述美国人的？

珍妮:和蔼的。

普莱斯:还有吗?

珍妮:勇敢的。

普莱斯:英勇的。他们很勇敢,坚守阵地……有看出这般叙述是如何精心地营造某种气氛的吗?所以,你会如何回答第三个问题?这则新闻报道对独立战争有什么影响?谁会去读它?

马克(Mark):这会让他们兴奋起来。

普莱斯:它会让人们兴奋起来。这无异于火上浇油,会使局势变得更糟。你能想象这家伙可能是某个人的朋友或是"自由之子"协会的成员,在努力去说服那些持观望态度或不想参加的人吗?

对话持续了一段时间,直到普莱斯引导学生进入任务的第二部分,包括阅读另一篇新闻报道,并回答一系列类似的问题。第二篇新闻报道来自《伦敦公报》(*London Gazette*),与其他对列克星敦战役的描述大相径庭。再次仔细阅读后,普莱斯和学生讨论了作者的观点是如何影响第二篇新闻报道的。

六、考察有形的教师

教学有时被比作演戏,约翰·普莱斯是一名出色的演员,他对观众的反应非常敏感,同时也是用肢体语言交流的大师。他敏锐地感知着学生,问一些他认为学生能够回答出来的问题,并且他会把当天的课程与学生的已知联系起来,督促学生寻找证据来支持他们的说法。

如果普莱斯是个演员,他也是一个自编自演的演员。他没有正式的剧本,既不精心设计课程,也不以教科书作为指南。相反,他随身携带着一个笔记本,里面记满了他在过去 17 年的教学历程中收集的信息：在列克星敦和康科德阵亡的英国士兵的数量；有关汤姆·佩因（Tom Paine）父亲（胸衣制造者）的注释。

下课铃响起时，普莱斯正在讲台上回答学生的问题，他插入了自己收录在笔记本上的逸闻趣事，并利用类比和案例来阐明他的观点。就像詹森第一次向学生介绍18世纪的人性观以便为批准宪法奠定基础一样，普莱斯也在学年开始时就介绍了组织框架和概念，从而使学生能够从所提供的信息中提炼出精华。为了谈论《不可容忍法令》，普莱斯首先介绍了《汤森法案》（*Townshend Acts*）、贾斯伯事件（Gaspe incident）、萨姆·亚当斯和通信委员会（Committees of Correspondence），他还介绍了改编自克兰·布林顿的革命模型理论（Crane Brinton's model of revolution）。① 他解释说：

> 我想让学生看到它，这样他们就会记住……我希望他们从所有革命爆发的必备要素出发看待历史问题。这样，当他们再遇到革命时，就会有一些参考角度……因此，当我们学习革命史时，他们就会罗列一些引发抱怨的关键点，那是我开始讲"培根叛乱"（Bacon's Rebellion）时所使用的一个词语——抱怨（grievances），他们了解"抱怨"这个词的意思。第二件他们要追查的是出现的领袖，所以，当我开始讨论萨姆·亚当斯或者他们正在阅读约翰·汉考克（John Hancock）或其他人、自由之子等时，领袖是另一个角度。

学生们对普莱斯关于事实与观点差异的看法并不感到惊讶，就像看到他使用"导火索"时一样。自这学期开始，普莱斯就督促学生首先从寻找教科书作者的价值观、观点和解释开始："我们一直从寻找价值观开始，从……这个观念开始……（即）价值观会影响人的言行。"对这

---

① Crane C. Brinton, The Anatomy of a Revolution(Englewood Cliffs, NJ., 1952).

一观点的强调是基于普莱斯的历史观。"乔丹先生的这本(教科书),"他说,"不是历史。人类的历史进程太复杂了,以至于对于发生的事情,不可能只有一个简单的解释。这也是历史如此令人兴奋的原因。"

虽然普莱斯希望学生能够欣赏和认识到历史的解释属性,但他并不是想把学生培养成"小历史学家"。他知道学校希望他教给学生一些特定的事实性知识,他重视这些知识,因为它们可以给学生提供一种实在感。但普莱斯也清楚,在探究课上难以兼顾历史内容和历史学家重建历史的过程,他说道:"我在寻找一种平衡,我的目标是让(学生)在探究过程中对一些人物感兴趣,并且让他们意识到发现这些信息也令人兴奋,这两件事一直在我的脑海中。"

像詹森一样,普莱斯是有名的"严厉老师",他对学生的督促要多于以前的老师。与詹森不同,普莱斯的课并不是"优质课",学生都是被普莱斯的好口碑吸引来的。学生也知道,自己在普莱斯的课堂上是需要努力学习的,而且美国史是一门严肃的课程。

但在普莱斯的课上,"督促"并不意味着要像很多其他历史课一样背诵名字、日期和事件。当然,课堂上依然会出现大量的名字和事件,但普莱斯介绍的并不是课本上没有生命的文字,而是有生命、会呼吸、有感觉的人,有自己的癖好和弱点。萨姆·亚当斯,是一位杰出的宣传家和"革命的笔杆子",但他衣着破烂,为了让他在公共场合露面,自由之子协会(Sons of liberty)①甚至给他买了一套新衣服。约翰·汉考克②之所以对《茶叶法案》(Tea Act)不满,与其说是它侵犯了他作为英国公民的权利,不如说是威胁到他作为茶叶商人的生计。普莱斯在课堂上提到的历史人物都有动机,有些是个人动机,有些是政治动机;

---

① 1765年北美殖民地为反对《印花税法》而成立的地下爱国组织。——译者

② 约翰·汉考克(John Hancock,1737—1793),美国革命的代表人物之一,参加大陆会议,是第一位在《独立宣言》上签字的人。——译者

而他所教授的历史正是通过这些动机棱镜来审视的。

通过将历史课上的人物塑造成真实的形象,普莱斯鼓励学生思考这些人物的行为。当他介绍了故事里的人,学生们就迫不及待地想听这些人物创造历史的故事。但普莱斯讲述的故事并不是定论,它们并非由开头、中间和结尾组成的固定版本。普莱斯强调道,历史学家所呈现的是对事件的叙述(account)而非事件本身。学生们学习了列克星敦和康科德战役,但他们需要从英国与美国两个角度看待这些战役。他们学习了塞勒姆(Salem)猎巫事件①,但也了解到,最近的历史著作提出了不同于教科书编者的解释。他们知道英国人认为《不可容忍法案》是相当合理的。在普莱斯的课堂上,结论是令人兴奋的,因为历史并非布满灰尘、已经过时的人物和地点的集合。相反,历史是故事的选辑,而讲述历史的人可能有着不同信念与信仰,许多人甚至对故事情节都难有共识。

七、差异与相似之处

以上对普莱斯和詹森的分析提供了一个可资对照的研究。通过观察普莱斯,我们看到了拉里·库班(Larry Cuban)所谓的"持续性教学"(persistent instruction),即以教师为中心的整体教学模式,由教师引导讨论,鼓励学生,在黑板上写出关键词。② 相比而言,詹森的课堂不同于传统课堂,合作性的小组教学取代了集体教学;学生的辩论与陈述替代了教师的讲述;老师不再发出指令、传递信息。

虽然詹森和普莱斯在课堂组织方面有着明显不同的风格和形式,

① 1692—1693 年爆发于马萨诸塞州东部乡镇的巫术迫害(witch hunts)事件,先后有数百名男女因被指控为巫师而入狱,其中 20 多人遭处死。——译者

② Larry Cuban, Persistent Instruction: The High School Classroom, 1900—1980, Phi Delta Kappan 64(1982), 113-118.

但对学生的影响看起来是相似的，而非差异很大。在这两间教室里，学生们整整 50 分钟都在围绕历史问题进行讨论，甚至下课铃响后，讨论依然在继续。当同学们收起课本准备去上下一节课时，我们听到了他们的评论，不是关于星期五晚上的舞会或者篮球比赛，而是关于实质代表权与导火索。在这两个教室中，课堂气氛活跃，回荡着各种思考的声音。

为了创造这样的课堂环境，詹森和普莱斯必须具有哪些知识储备呢？很明显，两位教师都擅长组织课堂并向学生传达明确的目标。同时，这两位教师也是学科知识专家。培根叛乱、詹姆斯·奥蒂斯（James Otis）、萨姆·亚当斯、乔治·格伦维尔、《航海条例》（the Navigation Acts），这些细节和其他无数信息形成了组织严密的知识网络，存储在两位老师的头脑中。两人都非常熟悉历史的宏观概念和理论问题。他们可以深入地讨论实质代表、对内与涉外征税的区别、重商主义、有益的忽视、自然权利等问题。

这两位教师也都拥有广泛的知识体系，为多种信息搭建了框架。比如，普莱斯借鉴了克兰·布林顿的革命理论模型，将殖民时期的美国和当代南非进行比较。詹森通过阅读殖民地史专家查尔斯·比尔德（Charles Beard）、J. 富兰克林·詹姆森（J. Franklin Jameson）、路易斯·哈克（Louis Hacker）、戈登·伍德（Gordon Wood）等人的著作，理解了殖民地时期复杂且往往相互矛盾的证据。对于两位教师来说，这些更广泛、更普遍的解释框架为历史细节注入了意义。在他们的眼里，历史并非罗列没完没了的名字和日期，而是一个充满可辨模式和趋势的有趣故事。

两位教师对主题的定位也有着惊人的相似。两人都认为历史是人工作品，尽管有些证据已经褪色，有些被扭曲到无法辨认，有些甚至在时间尘埃中已经湮没，但历史是一项人们试图去解决某个谜题的伟大事业。詹森和普莱斯非常肯定地对学生说,我们可以了解关于人物、事件和行为的确定事实,可一旦我们转向有关其意义的问题,以及思考为什么某个事件会发生而不只是发生了的事实的时候,历史就变成一种判断行为。

在很多历史课堂中,教科书为学生筛选出了证据,却从来没有解释为什么这样筛选。然而,教科书在詹森和普莱斯的课堂中发挥着截然不同的作用。有时教科书会出现相互矛盾的解释,有时会成为老师解释的陪衬,另一些时候,教科书会成为帮助学生了解历史发展线索的资源。作为一种叙述而非历史的复制品,教科书可以丰富但不能决定学生的理解。

从历史与教学的角度来看,詹森和普莱斯将知识转化为不同背景的青少年都可以接受的形式。在教学过程中,他们将学科知识通过不同的表征形式进行表达,包含举例、类比、证明、模仿、故事、戏剧扮演和辩论。这些形式有一个共同特点,都是为了在教师的复杂理解与学生正在发展着的理解之间架起一座桥梁。

建构表征形式是一种教学推理行为。[①] 教师必须首先自己去理解和思考学科的关键思想、事件、概念和解释。但在形成表征形式的过程中,教师还必须向外看,必须努力设身处地地站在学生的角度去思考,而学生通常缺少老师那样的理解深度。教学表征是教师理解教学内容及学习者的需求、动机和能力的产物。

我们知道,这里对历史教学中专业知识本质的思考还只是开始,而不是结束,还有很多需要理解。专家型教师对历史、教学、学习者的认识,构成了理解专业教学的基础。

[①] 为了教学而根据学科内容来设计"呈现方式"(representations)的行为,是学科教学知识(pedagogical content knowledge)的核心。参见:The work of Lee S. Shulman, Those Who Understand Teach:Knowledge Growth in Teaching, Educational Researcher, 15(1986), 4-14; Knowledge and Teaching:Foundations of the New Reform, Harvard Educational Review, 57(1987), 1-22.

　　在呈现詹森和普莱斯的解释时，我们未能指出他们作为专家型教师的关键特征。当聚焦詹森的辩论和普莱斯有关列克星敦战役与康科德战役的讨论时，我们没有去谈我们对两位老师其他课堂的观察。我们没有描绘詹森在课堂上的演讲，她响亮的声音成功抓住了学生的注意力，让他们沉浸其中长达 50 分钟。我们也没有提及普莱斯的政府课，这门课完全由学生讲授，学生们利用六个月的时间来模拟美国国会，每个学生都扮演着立法者，提出议案和在休息室协商，那时的普莱斯一直保持沉默。

　　所以，我们要以一段忠告来结束本章。学科知识是教学的核心，但专业的学科知识并非优秀教学的唯一决定因素。正如历史并非僵化的、枯燥的，詹森和普莱斯也不是单维度的教师，只擅长做某一件事。两位教师对很多事情都有丰富而深刻的理解，这种理解体现在从广泛的可能性中汲取灵感的能力。确实，或许正是在不同的教学模式间自由转换的突出能力，使他们赢得了"明智教育实践者"的美称。

　　【说明】　这一章是与苏珊娜·威尔逊共同撰写的，首次发表在 Phi Delta Kappan，(1988 年，第 70 卷)，第 50—58 页，并在略微改动后发表在 History Teacher：Journal of the Society of History Education，(1992 年，第 24 卷)，第 395—412 页. 这项研究后来发表在《纽约时报》弗雷德·赫金杰(Fred Hechinger)的教育专栏，引起人们更多的关注，甚至超过了我参与过的所有研究。教师评价项目(The Teacher Assessment Project)(首席专家李·舒尔曼)由纽约的卡内基基金会(Carnegie Corporation of New York)资助。感谢卢埃特·麦格劳(Louette McGraw)，她帮助搜集了这份报告中的数据，感谢保利娜·高夫(Pauline Gough)和布鲁斯·史密斯(Bruce Smith)，他们作为编辑，拥有非常出色的敏锐度。

第八章　时空褶皱：运用表现性
评价理解历史教师知识

与苏珊娜·威尔逊共同完成

很少有话题能像教师考试那样引发如此大的争议。这是有充足理由的，因为教师考试——无论是考察基本技能还是辨别专业的教学知识——都能表明教学中最重要的是什么。多年以来，全国教师考试（National Teacher Examination，NTE）一直主导着教师考试这一领域。全国教师考试是一种多项选择题的考试，分为教学论和学科知识两大部分，它使教师的知识局限于问题的正确或错误答案，并根据预设答案来评分。虽然全国教师考试也有局限性[①]，尤其是它与教学评价的相关性很低，但它在过去几十年里一直没有受到挑战，部分原因是它易于管理，甚至更容易评分。

20 世纪 80 年代，新形式的教师考试数量激增。[②] 这些考试兴起

---

① Edward H. Haertel, Assessing the Teaching Function, Applied Measurement in Education, 1(1988), 99-107; T. J. Quirk, B. J. Witten, and S. F. Weinberg, Review of Studies of the Concurrent and Predictive Validity of the National Teacher Examination, Review of Educational Research, 43(1974), 89-113; Linda Darling-Hammond, Mad Hatter Tests of Teaching, in B. Gross and R. Gross, eds., The Great School Debate(New York, 1985).

② Edward H. Haertel, New Forms of Teacher Assessment, in Gerald Grant, ed., Review of Research in Education, vol. 17(Washington, D.C., 1991), 3-29.

于充满争议的政治环境中，有时是作为绩效工资的分配手段，有时是作为考察教师基本技能的方式。① 尽管在教学中学科知识与教学论是融合的，但大多数考试都遵照全国教师考试的模式，将学科知识从教学论中分离出来。② 此外，大多数考试仍然要求老师做一些已不在日常教学中做的事情，比如在考卷上把他们认为的正确选项前的圆圈涂黑。

也许，这些考试最具破坏性的后果是它们影响了公众对教学的认知。作为政策工具，这类考试让公众把教师知识看作一种容易定义和包装的东西，可以随时脱离语境并且传播。就像学生考试着重考察"基础"而非"理解"一样，教师考试也强调"可测试性"而不是"必要性"。不管有意或无意，这些考试可能都降低了教学在公众心目中的地位。

表现性评价在其他行业早已出现，但直到 20 世纪 80 年代末，它才在教学领域形成雏形，因为人们对用纸笔测试评估教学的做法已经痛感失望。③ 从本质上说，表现性评价要求人们做出一些事情或产出一些东西。在教学中，这意味着要求老师给学生上课、给学生的论文评分、起草单元计划、评价教科书、观察别人的课堂并给予反馈、与其他老师一起参加小组计划会议等。对教师表现的评分并非取决于他们的答案是否符合标准，而是看他们是否遵守了专业思想和行为的规定标准。

---

① 参见：B. Berry and R. Ginsberg, Creating Lead Teachers: From Policy to Implementation, Phi Delta Kappan, 71(1990)，616-621.

② Lorrie A. Shepard and A. E. Kreitzer, The Texas Teacher Test, Educational Researcher, 16(1987)，22-31.

③ 参见：B. Davey, Evaluating Teacher Competence Through the Use of Performance Assessment Tasks: An Overview, Journal of Personnel Evaluation in Education, 5(1991)，121-132; Barbara W. Grover, The Teacher Assessment Dilemma: What Is Versus What Ought To Be! Journal of Personnel Evaluation in Education, 5(1991)，103-119.

　　转向表现性评价不只需要新的测试技术,还要努力构造一个更好的"捕鼠器"(mousetrap)。对于政策制定者来说,它标志着从官僚化向专业化的观念转变。[①] 在官僚化教学模式下,教师被视作执行上级命令的官员,他们不能质疑这些命令,也不能驳回或根据自己的经验或环境去改变这些命令。为了确保教师工作的统一,当局者不顾内容主题与背景而实施"一刀切"式的考试。琳达·达林·哈蒙德(Linda Darling Hammond)在总结官僚化教学观念内涵时写道,教师"不需要计划或检查工作,他们只是在执行"[②]。另一种观点将教师描述为有技能的专业人员,他们会深入分析儿童的需求,并考虑主题、教学方法和儿童发展问题。在做决策时,教师会像其他专业领域的人士一样,依据自己丰富的专业知识储备做出判断。按照这种观点,教师负责教学的考核与评价,他们创建、管理和评估专业知识和技能水平的考核。[③]

　　对教学的认识从官僚化转向专业化是受到认知心理学研究的启发,并随着它的发展而展开的。[④] B. F. 斯金纳(B. F. Skinner)曾经将教学视为强化的方式,以使"生命体掌握标准化的行为"(mathematical behavior),[⑤]而现在则被视为复杂的工作,无法使用现成的公式。行

————————

　　① Linda Darling-Hammond, Mad Hatter Tests of Teaching, in B. Gross and R. Gross, eds., The Great School Debate (New York, 1985).

　　② Linda Darling-Hammond, Mad Hatter Tests of Teaching, in B. Gross and R. Gross, eds., The Great School Debate (New York, 1985),532.

　　③ National Board for Professional Teaching Standards, Toward High and Rigorous Standards for the Teaching Profession: Initial Policies and Perspectives of the National Board for Professional Teaching Standards(Detroit, 1989).

　　④ 参见: Holmes Group, Tomorrow's Schools: Principles for the Design of Professional Development Schools(East Lansing, Mich., 1990); Carnegie Forum on Education and the Economy, A Nation Prepared: Teachers for the 21st Century(New York, 1986); Nel Noddings, Feminist Critiques in the Professions, in C. B. Cazden, ed., Review of Research in Education, vol. 16 (Washington, D. C., 1990), 393-424.

　　⑤ B. F. Skinner, The Science of Learning and the Art of Teaching, Harvard Educational Review, 24(1954), 91.

为主义的语言已经被"目标和行动方案"[①]"个人和社会认知"[②]"知识转化和表征"[③]"模式实例化和模式识别能力"[④]"心理支架（mental scaffolding)"[⑤]"认知学徒制（cognitive apprenticeships)"[⑥]等取代。这些术语以及它们所代表的概念体系说明了一个事实：教学评价已经从记录和计数，转变为在面向特定儿童群体、特定内容、教师目标和知识以及更广泛的学校社区需求时，探讨教学行为的意义和适切性的评价。教学认知观是思想与行动、思维与决策的结合。

本章的研究发现来自斯坦福大学教师评估项目（Teacher Assessment Project，TAP），该项目是首批面向教师绩效评估的开发和实测项目之一。[⑦] 教师评估项目着手开发评估模型，为国家专业教学标准委员会（National Board for Professional Teaching Standards，NBPTS)的工作提供参考，该委员会自 1987 年以来一直参与国家教师

---

① Gaea Leinhardt, Expertise in Mathematics Teaching, Educational Leadership, 43(1986), 28-33.

② James C. Greeno, A Perspective on Thinking, American Psychologist, 44(1989), 134-141.

③ Lee S. Shulman, Those Who Understand Teach: Knowledge Growth in Teaching, Educational Researcher, 15(1986), 4-14.

④ David C. Berliner, In Search of the Expert Pedagogue, Educational Researcher,15(1986), 5-13.

⑤ 强调社会或成人对孩童的学习提供支持与引导，而这种协助应建立在学习者当时的认知能力上。Annemarie Palincsar and Ann Brown, Reciprocal Teaching of Comprehension-Fostering and Comprehension-Monitoring Activities, Cognition and Instruction,1(1984), 117-175.

⑥ 认知学徒制强调达成教学目标是经过如下过程：首先由教师示范所要学的知识或技能，在教师的协助下，学生对学习内容产生认知，最后由学生独立完成作业。Allan Collins, Jan Hawkins, and Sharon M. Carver, A Cognitive Apprenticeship for Disadvantaged Students, in Barbara Means, Carol Chelemer, and Michael Knapp, eds., Teaching Advanced Skills to At-Risk Students(San Francisco, 1991), 216-243.

⑦ TAP 的主要审查者是李·舒尔曼。在其四年的历史中，TAP 发表了 100 多篇文章、技术报告和其他文献。此处提到的每个测验，包括完整的评分指南、管理员须知、候选人须知以及练习材料的副本，在 TAP 技术报告中都有更全面的描述。

自愿认证制度的建设规划。[①] 这项认证制度在很多关键方面都与教师
资格证有所不同。国家教育部门颁发和管理的教师资格证是进入该
领域的最低"门槛"，其规定的目标是确保教学人员具有履行工作职责
的基本能力。认证制度则不局限于基本技能和"入门"能力，它代表着
一项"大胆的标准"[②]，它不是针对新手教师的，也不期望每一位资深教
师都能符合。在这种情况下，这种认证制度象征着一种成功，标志着
卓越的专业水平。

　　在四年的发展历程中，教师评估项目为中学历史/社会科和小学
数学课程开发了表现性评价（performance exercise），以及中学生物和
小学语言艺术方面的一系列档案袋评价项目。[③] 这里聚焦于教师评估
项目开发的中学历史/社会科方面的三项评价。

一、背景

（一）开发测验

　　教师评估项目中测验的开发始于一系列"实践智慧"研究，它对由
教授、学校管理者和其他教师推荐作为"专家"的 11 名历史教师进行
深入调查。[④] 我们在开发时设定的目标，不是调查整个历史教学领域，

---

　　① 参见：Joan Baratz-Snowden, Performance Assessment for Identifying Excellent Teachers：The National Board for Professional Teaching Standards Charts Its Research and Development Course, Journal of Personnel Evaluation in Education，5（1991），133-145；National Board for Professional Teaching Standards, High and Rigorous Standards.

　　② Lee S. Shulman and Gary Sykes, A National Board for Teaching：In Search of a Bold Standard, paper prepared for the Task Force on Teaching as a Profession（Hyattsville, Md.：Carnegie Forum on Education and the Economy, May 1986）.

　　③ 参见：Angelo Collins, Portfolios for Biology Teacher Assessment, Journal of Personnel Evaluation in Education, 5（1991），147-167；Rick Marks, Pedagogical Content Knowledge：From a Mathematical Case to a Modified Conception, Journal of Teacher Education, 41（1990），3-11；Kenneth Wolf, The Schoolteacher's Portfolio：Issues in Design, Implementation, and Evaluation, Phi Delta Kappan, 73（1991），129-136.

　　④ 见本书第七章。

而是从中随机抽样,这是商业测试的开发人员常用的"工作分析"策略。更准确地讲,我们试图从优秀历史教师所擅长的有价值的活动中挑选其核心理念。

显然,这并不是一个中立的过程。最后一组的九项测评所揭示的教学形象,受到了先前的理论和实证研究的影响。这种教学形象将教师描绘成学科知识渊博的人,他们积极寻找各种方法向学生呈现学科知识。它假定教学并非套路化的过程,因为好的教师必须精心设计强有力的表述(类比、隐喻、演示、例子、故事和模拟),在他们所知与希望学生所学间架起一座桥梁。这些表述看起来不同,他们根据教学内容——数学或英国文学、艺术史或体育,来调用不同的知识。此外,我们的测验假定良好的教学不会遵循固定的形式。根据他们的目标和情况,教师们可以选择开设演讲、安排小组合作活动、担任学生个人项目的教练和促进者、同伴辅导活动的监督者等。[1]

(二)研究策略

样本。1987 年夏天,19 名代表着不同背景和经验的历史教师来到斯坦福大学,在历史教师评估中心参与了为期三天的现场测试。这里就其中两位教师的表现展开分析。苏珊娜·威尔逊和我参与了现场测试数据的收集和后期整个数据的分析。

被选中的两位教师呈现出有趣的异同点。对于衡量学科知识的常用指标来说,即在大学本科或研究生期间所学习的课程数量,这两

---

① 参见:Lee Shulman, Those Who Understand Teach: Knowledge Growth in Teaching, Educstional Research,15(1986), 4-14;Lee Shulman, Knowledge and Teaching: Foundations of the New Reform, in Harvard Educational Review, 57(1987), 1-22; Pamela L. Grossman, Suzanne M. Wilson, and Lee S. Shulman, Teachers of Substance: Subject Matter Knowledge for Teaching, in M. C. Reynolds, ed., Knowledge Base for the Beginning Teacher(New York, 1989), 23-36; Suzanne M. Wilson, Lee Shulman, and Anna E. Richert, "150 Different Ways" of Knowing: Representations of Knowledge in Teaching, in James Calderhead, ed., Exploring Teachers' Thinking (London, 1987), 104-124.

位教师都拿到了高分。[①] 一名教师主修历史专业,另一名教师则拥有历史学硕士学位,两人都就读于历史系全国排名前十的大学。因为大多数历史或社会科教师主修历史以外的学科,[②]所以他们所学习的课程使他们成了特例,而不是通例。这两位教师的第二个相似之处是,他们都在郊区的中学工作,那里大部分都是中产阶级的学区。这两所学校都按照能力对社会科的学生进行了分组,两位老师都有不同能力水平的学生。此外,近 25 年的人生经历又使两人多有不同。埃德·巴恩斯(Ed Barnes)在 20 世纪 50 年代完成了本科学业;简·凯尔西(Jane Kelsey)在 20 世纪 80 年代完成学业(两个名字都是假名)。年轻的简在来评估中心前有 3 年的教学经验;年长的巴恩斯则有 27 年的教学经验。

这里的分析聚焦于九项测验中的三项。(1)学生论文评估,教师阅读一组学生论文并给予评价;(2)使用文献材料,教师利用第一手资料设计课堂活动;(3)教科书分析,教师对广泛使用的美国历史教科书的摘录进行评估。[③] 这三项测评展现了互动任务和自我管理任务的对比情况,也同时展现了整体测评精神。

资料分析。尽管我们的想法得益于教师评估项目(TAP)的研发,但是出于分析的目的,我们决定弃用教师评估项目的正式评分规则。评分规则的目标是资料整理;在这个项目中,我们的主要目标是深入分析较小范围的资料,这是一般分析大量样本的个人与活动评分规则难以胜任的。资料收集两年后,我们开始了分析。我们每个人都单独

---

① 参见:National Center for History in the Schools, Teachers' Academic Preparation in History, National Center for history in the Schools Newsletter, 1(1991), 4, 10.

② National Center for History in the Schools, Teachers' Academic Preparation in History, National Center for history in the Schools Newsletter, 1(1991), 4, 10.

③ 了解历史中的其他六项测验和初等数学中的九项测验,参见:Lee Shulman, Edward H. Haertel, and Tom Bird, Toward Alternative Assessments of Teaching: A Report of Work in Progress(Palo Alto, Calif., 1988)。

听完了所有录音带，查看了与这三个测评相关的所有文献，并且在这个过程中用备忘录来记录有关评审的印象、假设、问题及担忧。然后，我们逐字转录了录音带，并检查了彼此的转录是否准确。我们逐一审视这些测评，并形成了一套假设来解释这些行为表现。之后，我们通过检视先前和此后的测评来验证这些假设，以寻找确定或否定的证据。

在分析的早期阶段，我们经常会对教师为何这么说、为何这么想有不同的解释。我们没有急于达成共识，而是利用这种差异提出多种，有时甚至是相互冲突的假设。然后，我们返回资料，看看我们的假设的有效性。在一次次的往返中，我们不断增添或删减现有假设，并对某些假设增强或失去了信心。

在下面的讨论中，我们提出了我们认为最能解释这两位教师不同表现的假设。在下面的展示中，我们大量地引用了教师的口头和书面评论，而没有使用全国教师评估的评分规则，因为我们想要说明的问题不是围绕教师在测试中得到的是"4"还是"5"。相反，我们发现最有趣的问题是他们如何做出这些评价、是基于哪些资料、其中反映出的标准又是什么。①

我们并未打算在描述教师的行为后直接给出最终判断，相反，我们会按照测评顺序依次呈现教师的表现并重点阐述我们是如何做出最终判断的。我们使用这种修辞策略基于两点原因。第一，我们感兴趣的是，在开展和报告定性研究时需要采用不同的论证形式，而不是

---

① 同样，我们也没有考虑评分者间的一致性，也没有用一致性信度（Cohen's Kappa）来计算，因为我们的评价不是比较编码标准或者等级，而是比较解释。从这个意义上说，我们同意唐娜·S.萨伯斯（Donna S. Sabers）等的观点，他们认为"对于要给多少数字的一致意见，与研究者之间关于如何忠实描述资料的共同看法，都带有主观性"。参见：Donna S. Sabers, K. S. Cushing, David C. Berliner, Differences Among Teachers in a Task Characterized by Simultaneity, Multidimensionality, and Immediacy, American Educational Research Journal, 28(1991), 70.

轻易贴上"人种学"或"社会语言学"的标签。为了使得我们的思考活动一目了然,我们邀请读者来评价我们判断的准确性、合理性和有效性,并就两位教师的能力和知识得出他们自己的结论。其次,我们认为分析表现性资料(performance data)所需的思维是复杂的,与完成教学所需的思维基本相同。它需要根据不同来源的证据进行判断,这些判断不容易简化为算法,也不能轻易脱离上下文,它们是表现性评价中不可或缺的一部分。因此,表现性资料分析构成了我们描述的这项评估的重要部分。

二、两位老师

(一)巴恩斯先生

20 世纪 50 年代初,巴恩斯在一所著名的西海岸大学获得文学学士学位后不久,就开始在一所高中教授社会科。1961 年,他在同一所大学获得了美国历史硕士学位。现在,他在一所旧金山湾区的郊区的高中任教。他目前教授高中三年级学生大学预修课程(AP)和"常规"美国历史,但也教授过世界地理、美国政府、欧洲现代历史以及社会心理学。

(二)凯尔西女士

凯尔西是一位 20 多岁的女士,1983 年毕业于常春藤联盟大学,并获得了美国历史学士学位。在一所私立学校教授初中社会科一年后,她加入了一个为期五年的教师教育项目,完成该项目后她被授予硕士学位。在实习时,凯尔西在郊区的一所高中任教,与巴恩斯现在任教的那所学校类似,并在第二年成为该校的正式教员。在现场测试时,她教了三年的全日制课程——一年在私立学校、两年在公立学校,并有教授七年级和十一年级美国历史、八年级公民学、九年级中世纪历史以及心理学和艺术史选修课的经历。

三、测验一：评价学生论文

（一）描述

评价学生论文是一个 90 分钟的测试，包括两个部分。[①] 在第一部分中，教师查看了高中生为回答后面的问题——"描述和评估引发美洲殖民地反抗英国的事件和行为"——而撰写的六篇论文（这些论文是学生按照限时测试的要求写的，而限时测试是十一年级社会科的常规内容。我们仅复制了论文，并未修改拼写和标点错误）。教师们被送到一个安静的房间，他们有 20 分钟的时间来思考这六篇论文打分的标准。他们还要求思考"该群体的知识水平及普遍存在的错误观念"。20 分钟后，教师们接受了采访并且解释了他们的评分标准。在第二部分中，教师们需要阅读三篇新的文章，并需要"标记和做出对学生有用的评价"。随后进行了第二次采访，教师们详细阐述了他们的书面评论，还被问到帮助学生改进论文的策略。

（二）教师的反应

巴恩斯先生。巴恩斯在采访开始时描述了他评价论文的标准。他指出，他首先会解释自己对学生的期望：

> 我会强调，为了获得满分和最高分，他们需要完成题目的所有要求。题干要求学生描述和评估引发北美殖民地反抗英国的事件、行为和人物。所以，他们在文章中，应该既描述事件，也评价它们的意义。他们都应该提到英国政府方面可能发生的事情，以及殖民者方面可能采取的行动或反应。所以，这才是一篇真正

---

① Suzanne M. Wilson and Louette McGraw，Evaluation of Student Papers，History，Tech. Rep. No. H-3(Palo Alto, Calif. , 1989).

由四部分组成的论文,并且会获得满分,他们应该下定决心去努力回答这四方面的内容。

巴恩斯先生将他的评分标准总结为:(1)关注准确的事实陈述,(2)对关键事件和人物的描述,(3)评估这些事件,(4)学生的表达方式。他将第五篇论文——一篇被评为"B"的论文描述为:

> 这是一篇很好的文章,但在后半部分,它的表达方式开始变得非常粗糙。有足够的事实资料和资料分析,使我相信这个学生知道自己在说什么,但学生还难以把这些内容写在纸上。令我特别苦恼的是,用"慢下来"代替"允许"……还把英国西印度公司误认为英国东印度公司。我敢肯定,对一名高中生来说,这没有什么区别。但对于一位历史教师来说,这简直是世界上最大的不同。

下面的评论是针对第二篇论文,一篇被评为"A-"的论文:

> 该学生对事实的掌握非常出色,但在事件的时序方面有一些的小问题。在我看来,他本可以有一个更有力的主题句。对于美国独立战争的爆发,用英国开始成为殖民地的累赘来介绍是相当随意的,特别是下文又用组织良好、深思熟虑的事实细节进行了阐述。

巴恩斯先生对所有学生论文的评价保持了一致。他的评论着重关注学生论文中是否存在事实性错误和拼写错误,对历史信息的掌握程度,是否存在正式和非正式语言的不当混合,以及他们能否成功运用巧妙的措辞和提出"激动人心的"观点。

凯尔西女士。凯尔西女士也明确提出了论文的评价标准。她绘制了一张表格,列出了以下标准:(1)选择立场,并努力坚持下去(提出论点/陈述概括)。(2)利用之前课程中的具体事实来支持论点。

（3）选择的证据能够支持一方或编故事。（4）文章足够长，可以详细、准确地回答问题。（5）文章是否使用了准确的语法和拼写（我可以知道你在陈述什么）。要段落化、结构化和清晰化。

凯尔西女士一开始就指出，这六篇论文中至少有三篇反映了学生们的观念，即历史是"名字和日期的目录"。她推测，学生之前接受的教育"非常注重事实"，并想知道这些文章是否真正用到了学生所知道的东西。与巴恩斯先生一样，她最初的评论集中在她如何为学生准备这篇文章上。

> 我会及时（给论文题目）提供更多的支持，让孩子们明白他们既需要描述，也需要评估。这些孩子看起来处于中等水平，他们真的很难做到这两件事。这对一个历史学家来说都比较难，因此对一个普通水平的孩子来说真的非常难。所以我可能会说，"包括这些事件并解释这些事件"……像"我希望你至少写出以下三点内容"这样的规则……"当你解释时，你应该考虑诸如'这主要是政治还是经济问题'这样的问题"。

在回应第二篇论文时，巴恩斯先生说"显示出对事实的良好掌握能力"，凯尔西女士评论道：

> 在我看来，这孩子像是那种努力学习的孩子。我觉得这孩子得到了一个信息……历史是名字和日期的目录……我猜，那个学生走开时在想："我写了一篇很棒的文章，我应该得'A'。"

在他们的评分标准中，两位老师都关注学生是否解决了这个问题；两位都考虑了学生的拼写、语法和表达的质量。如表 8.1 所示，他们打出的分数很接近。

表 8.1　学生论文的成绩

教师	论文 1	论文 2	论文 3	论文 4	论文 5
巴恩斯	D−	A−	B+/A−	D+	B
凯尔西	F	B/B+	B/B+	D	B

注:斯皮尔曼等级相关性是通过将字母等级转换为 4.0 级来计算的,0.7 级等于最低及格等级,4.0 级等于最高等级,同时将删减后的等级合并为一个平均等级,$r_s = 0.94$,$p < 0.001$。

但这种相似性可能具有欺骗性。虽然教师打出的成绩基本相同,但他们赋予这些成绩的含义却不同。巴恩斯先生在面对"你对本班学生理解水平的总体评价如何"的问题时回答道:

> 嗯,我们有六篇论文。一个 A−、一个 B+、一个 D−、一个 D+,还有一个 B,没有 C;然而,我认为,如果给它们一些数值系数并求平均值,对我来说,这就像是一个普通的班级……钟形曲线的能力分布是有意义的。

面对同样的问题,凯尔西回答道:

> 在我的印象中,这些学生所认为的历史理解就是记忆大量信息,讲述一系列事实,没有太多的问题,也没有任何解释,这是目前我所掌握的情况。

在他们的回答中,巴恩斯先生关注学生的能力,凯尔西女士关注他们的观念和误解。第二部分的计划要求教师为三名新生"提供补救和加强的方法",教师关注点不同的现象再次出现。例如,尽管两位老师都认为学生 A 的作文最差,但他们的补救计划在语气和内容上都有所不同(见表 8.2)。巴恩斯先生说,他会鼓励这个学生多读书。

> 我自己的想法是——这并不是什么新奇的东西——今天的学生写得很差,包括这篇……因为他们除了指定的材料,几乎不读其他任何东西。他们读书不是为了获得关于如何写作的知识,

而是为了考试去记住一些事实，这将使他们获得周末买车所需的分数，甚至可能是他们进入心仪大学所需要的分数。但他们不关注所给材料的写作风格。而我相信，阅读就是人们学习写作的途径。因此，补救措施应该是：多读，才能写得更好。两者为因果关系。

凯尔西女士对事情有不同的看法：

我聚焦于这孩子……"说出你的想法"以及你如何才能更有效地做到这一点……我会研究如何把你所知道的、你脑子里的东西变成一种形式。我猜想一旦它以更好的形式出现，其他的东西就会更好地就位，孩子们可以更好地表达他们真正知道的东西……从他们自己的感受开始，因为这是一个很好的起点，可以在你和信息之间架起一座桥梁……有时，我可能会把这个孩子和一个更有能力的孩子搭档，或者，如果我有机会，可以单独和这个孩子一起工作，来理解这是如何运作的。也许采用小组合作的方式来讨论大纲……因为这里还有很多潜力尚未挖掘出来。

表 8.2　教师评议的学生论文

学生 A 美国历史
法国和印第安人的战争（七年战争）结束后，英国人希望美国人帮助他们偿还那里的债务。如果这场战争是为殖民地而战，那么这个要求是合理的，但这场战争是为英帝国而战，因此你不能责怪他们不愿意去偿还。这些税收只是缓慢走向叛乱的开始。另一个原因是，议会决定禁止殖民政府再去赚钱。金钱（specie）前所未有地缺乏，许多商人陷入"进退两难"的境地，面临破产。 　　如果我可以在效忠、叛乱但有东西吃之间做出选择，我知道我的选择是什么。真正忠诚的殖民者从未反抗，有三分之一的殖民者支持革命。 　　让大多数人心动的主要原因是大量的宣传、帕特里克·亨利（Patrick Henry）等人以及"协会"等组织的演讲。在波士顿惨案和《不可容忍法案》颁布后，人们确信皇家政府密谋消灭美国的自由。 　　我认为很多人也只是随波逐流，或者受到自由之子的压力。不同意抵制的商人往往成为暴徒暴力的受害者。但总的来说，人们已经厌倦了过重的税赋，并且决定采取相应的行动。

续表

巴恩斯的总结评论	——你的主题句很弱 ——增加更多的事实细节会提升你的文章 ——注意拼写和语法更正 C—
凯尔西的总结评论	——这篇文章最大的优点是它非常努力并仔细思考了一个问题,即殖民者为什么反叛? 并设身处地地进行思考,"如果我在这里呢"? 这是一个很好的出发点 ——然而,要写出好的文章,你需要对你的组织策略进行重大改进。记住,你的读者基本上一无所知,所以你要尽可能清楚地表达你的观点。试着从头到尾构建你的观点。在开始时,告诉我们你站在哪一边:是什么让殖民地人民反叛的——金钱、宣传、从众 在中间,验证你的观点。有哪些因素支持你的想法并能说服读者 最后,再次向读者强调你的观点 ——回去重新修改并交上来

　　除了拼写和用法,两位教师向学生 A 提供的建议几乎没有相似之处。他们不同的关注重点在他们对其他两篇论文的评价中得到了明显的体现(见表 8.3)。巴恩斯的评论并没有涉及论文的历史内容,而是侧重于写作和表达的一般问题。虽然凯尔西并没有忽视写作的问题,但她主要关注的是如何使这些历史文章写得更好。在这部分练习中,教师没有被要求打分,只是向作者提供建设性的反馈。巴恩斯先生选择给论文评分,而凯尔西女士没有,这可能表明了他们对这项任务的不同取向。对于巴恩斯来说,这些论文可能代表了等待最终评估的成品,而对于凯尔西来说,它们可能代表了等待修订的初稿。事实上,在这三个案例中,她鼓励学生重写论文并再次交上来的就有两个。

表8.3　教师对三篇论文的评论总结

			巴恩斯	凯尔西
学生A	学生表现评估	优点	对所发生的事情有一个基本了解	学生"成功地尝试去评估事件"
		弱点	在"正式说明文"中使用街头语言、"低于平均水平"的内容、拼写和语法知识。几乎没有支撑的证据	"很难理解孩子的意思。"拼写、组织和语法方面需要努力
		补救或充实策略	鼓励学生多读书；阅读越多，写作就越好	帮助学生说出自己的"意见"并"将他/她所知道的内容转换为合适的形式"。指导学生修改文章并说明殖民者反叛的原因。通过分组指导，讨论提纲
	关于论文的书面意见总结[a]			
学生B	学生表现评估	优点	对引发美国革命的事实、事件、人物和行动的理解"优于平均水平"	"信息是正确的，表明学生努力学习；对事件有很好的掌握。"
		弱点	"呆板的"书面表达缺乏流畅性；倾向于陷入短句的书写，这可能是因为时间不够用	"认为历史是事件的目录"；"记住了时间轴并写下来了。"需要在分段和字母大写方面下功夫
		补救或充实策略	"与学生A相同的补救措施"；多读书；另外练习写文章	让学生知道，写下许多事实并不能获得高分。鼓励学生冒险。使用小组策略。让学生与能力更强的同伴搭档
	关于论文的书面意见总结		"你能很好地回忆起事实，但你的写作应该要更加流畅。我们要在这方面继续努力（例如，'很多'是形容一块土地，而不是度量单位）。"B+[b]	"评估发生了什么。这是困难的部分。你需要告诉我为什么那些殖民地居民真的会反抗。为什么他们对这些行为如此愤怒？是因为政治抱怨，还是因为经济抱怨？是什么使得殖民地居民团结在一起？所有这些问题都需要解释，并且肯定会使这篇论文变得优秀。另外，要注意单词拼写和分段问题。试着把你的文章分成几段！并且避免使用缩写。"

续表

			巴恩斯	凯尔西
学生C	学生表现评估	优点	对内容的掌握很好。令人印象深刻的写作,尤其是"英国人的无畏"等短语的使用。"充满了所有必要的细节"	很好的引言和结尾。书写良好;"使用了一些简洁的词语,如'愤怒'和'无畏'"
		弱点	"一些句子有不完整和不精确的倾向"	需要提出更深层次的问题;需要更仔细地思考某些历史概括
		补救或充实策略	"提醒他'英国'是一个单数主语,而'their'是一个复数形容词,在英语中你无法将二者搭配使用……提醒他忽略了激烈战斗中的一些细节,并告诉他继续努力"	学生们需要重新思考英国区分自己与殖民地的明确说法。"在有益的忽视时期,①问题在于……重商主义。英国和殖民地的作用有着明确的区别,但有益的忽视使它有点像是一个松散时期,当时没有人在严格地执行它。""我会和那个孩子一起努力……再努力一点。这听起来很聪明,但你到底在说什么?"
	关于论文的书面意见总结		"你对事实的掌握很好。除了个别情况,你表达得也很好。继续努力。"A−	(学生写道:"英国在殖民地和自身之间做出了明确的区分。")ᶜ "虽然很有趣,但我不知道这是不是真的。事实上,英国一直存在这种区分,特别是在三角贸易问题上,只是在'有益的忽视'时期,英国根本没有认真实施。"(学生写道,七年战争后,殖民地居民意识到大不列颠对于生产来说已不再是必要的。)"是的,这也有助于简要的解释,这是因为法国的威胁已经结束,而相应的,英国现在更肆意地加强了控制;英国还希望利用殖民地来帮助偿还战争的债务。"

注:ᵃ 见表8.2。

ᵇ教师被要求对论文发表书面评论,但没有明确要求给他们打分。巴恩斯先生选择这样做。凯尔西女士在询问了面试官评分是否属于面试必需的部分后,选择不打分。

ᶜ凯尔西没有写任何总结性评论,只发表了这些无关紧要的评论。

---

① 指1621—1756年,这一时期,英国政府很少干预北美殖民地的事务。——译者

（三）提出关于教师知识的问题

作为了解教师想法的窗口，这些简洁的示意图暗示了什么？首先，它们都有一些明显的相似之处。两位教师都想让学生提出组织良好的论点并予以论证。双方都希望这些文章能体现良好形式的原则。两位都给出了非常相似的分数，即使有差异，也都在半分之内。然而，当我们抛开这些评分，就会发现，令人惊讶的不是它们的相似之处，而是不同之处。

巴恩斯先生带着 27 年阅卷经历所积淀的信心完成了这项任务。他冷静地阅读这些论文，指出事实和拼写错误，并敦促学生多读书，以便写得更好。事实上，巴恩斯进展顺畅（fluid approach）让人想起在教师专业知识文献中经常讲到的脚本处理（scripted processing）[①]。而凯尔西女士进展缓慢，她的判断带有模糊限制语、限定语和替代假设：论文是否告诉我们更多关于学生已接受的指导，而不是他们真正知道的内容？学生能否在提示和其他支持下写出更好的文章？他们能否使用其他媒介来更好地展示自己的知识？事实上，凯尔西指出，在她自己的课堂上，她将论文与其他形式的评估（如制作时间轴和"学习海报"）结合起来，因为许多学生"措辞不好，但他们真的理解了很多。显然，我想在我课堂上帮助他们学会措辞……但我也找到了其他方式来帮助他们表达自己"。

如果只比较这些表现（performances），是很难找到这些差异根源的。在这里，我们概括出一系列可能解释它们的假设。

假设 A：教师对学生和教师的角色与责任持有不同的观念。这些

---

① 参见：Berliner, Expert Pedagogue；Gaea Leinhardt and James G. Greeno, The Cognitive Skill of Teaching, Journal of Educational Psychology, 78（1986），75-95；Ralph T. Putnam, Structuring and Adjusting Content for Students：A Study of Live and Simulated Tutoring Addition, American Educational Research Journal, 24（1987），13-48；Sabers, Cushing, and Berliner, Differences Among Teachers.

表现上的差异可能是教师对教师和学生的角色与责任的不同认识导致的。巴恩斯可能会要求学生负责获取教师提供的信息。如果学生注意力集中,就会学到所需的内容。如果学生关注作者的风格,他们将成为更好的读者和作家。在这种观点下,教学的发展路径是线性的。引导学生阅读好书,并将注意力集中在作者的写作上。要求他们在写作的任务中展示自己的知识,纠正事实和风格上的错误。

而凯尔西女士或许相信学生们在努力学习和书写历史。他们的观念或许还不完整,并且会受到质疑。他们可能在阅读有说服力的文章和撰写有说服力的文章时感到不熟悉。他们可能会对创新性和个人思维(personal thinking)感到不舒服。在这种观点下,教师有责任创设情境以支持学生通过自我表达和新的学习形式来尝试。

假设 B:教师持有不同的学习理论。一个相关的假设是,教师持有不同的学习理论。也许巴恩斯先生认为,学习是通过接触和吸收来实现的。如果接触材料的时间足够长(并被鼓励练习),学生最终会吸收所需要知道的知识。凯尔西女士似乎认为,知识是建构的,而不是吸收的,学生在建构历史理解时需要帮助。

假设 C:教师持有不同的历史课程观。这些差异可能部分是教师对历史课程的不同认识导致的。巴恩斯纠正了大多数学生觉得不太严重的事实性错误,如混淆了英国东印度和西印度公司,但在他看来,这些错误"会让世界上的一切都不一样"。他努力确保学生们能够直接获取事实,在一篇文章中(学生写道,"殖民者……把一大堆茶从船上推下来")划掉了"一大堆茶"(a whole bunch of tea),并用铅笔写上"342 个箱子"。凯尔西女士尽管也纠正了事实性错误,但用她的话说,她似乎更关心"大局"。她将评论重点放在这些文章缺少的解释和分析上,而不是它们的事实性内容。教师评论重点的不同可能反映了他们关于什么历史知识对学生最有价值的不同认识。

假设 D:教师持有不同的历史知识观。假设 C 可以视作每位教师历史理解的副产品。如果巴恩斯先生认为事实性知识与细节——有趣的人物和事件的目录——是历史知识的焦点,那会怎样? 如果凯尔西女士多考虑一下约瑟夫·施瓦布(Joseph Schwab)①的历史"句法结构":历史知识是如何被创造和证明的,解释和证明的作用,证据的谬误以及基于证据得出论点,会怎样?

这四个假设可以部分地解释我们观察到的部分差异。但这项练习只是让我们管窥到了教师的知识、信念和技能的世界。为了开阔视野,我们要转向下一个测验。

四、测验二:文献材料的使用

(一)描述

在使用文献材料的练习中②,30 名教师被要求在 30 分钟内复习一套关于列克星敦和康科德战役的八份书面文献和三张图片。书面材料包括一手资料和二手资料;图片展示了三个版本的战役画面,它们绘制于不同的时期。30 分钟后,教师们就如何在课堂上使用这些材料接受了采访。他们还被要求评价"(文献)所讲述的故事以及其对美国历史的影响"。

(二)老师们的回答

采访者:首先,您能简要描述一下在教学中如何使用这些材料吗?

巴恩斯先生:嗯,首先,我不会在常规历史课上使用它们,而是放在 AP 课程中,因为对于我教的普通中学生来说,这些文献的阅读要

---

① Joseph J. Schwab, Enquiry and the Reading Process, in Ian Westbury and Neil J. Wilkof, eds., Science, Curriculum, and Liberal Education(1958; reprint ed., Chicago, 1978), 149-163.

② John McGreevy and Lawrence Hyink, Documentary History Exercise, Tech. Rep. No. H-1(Palo Alto, Calif., 1989).

求太高了。我知道我 AP 课程的学生可以处理它们,即使他们反对模棱两可,反对必须做出选择和判断。他们宁愿只被告知发生了什么,然后为了考试而记住它。

巴恩斯先生解释道,对于有能力的学生来说,文献可以提供"历史研究的味道"。

> 首先,我要告诉他们,实际发生的历史并不总像从教科书上读到的那样简单。他们在学校待的时间越长,上的历史课越多,对历史上特定事件的真实性就越感到困惑,尤其是那些包含冲突和分歧事件的动机和因果关系等。这一点经常出现在史学研讨会上。如果他们决定学习历史专业,就可以放心,在完成学业前,他们会多次使用这种技能。但是,即使对于未能继续学习高级历史和修读历史课程的人来说,证据冲突也会很有启发,即人们必须能够阅读事件的内容,或者能够看到事件的图片,并依据特定事件的有效性、相对权重或价值做出选择。

当被问及他计划开展的课堂活动时,巴恩斯关注的是谁在列克星敦开了第一枪。

> 所有学生都能在上课或者做家庭作业时阅读所有的书面文献和图片文献。然后,第二天,我们可以讨论它们了……哪一方先开火? 殖民地民兵先开的火,还是不可能弄清了? ……还有很多其他办法。你可以使用拼图技巧[①]……你可以只是简单地让孩子们阅读并进行测试,以找出最基本的两个观点以及两者间的区别。或者你可以组织口头报告,让阅读了所有内容的孩子单独报

[①] 巴恩斯在来到评价中心并体验"合作小组"练习之前,从未听说过阿隆森的"拼图技巧",正如他在其他地方的评论所证明的那样:"第二种方法是使用这种拼图技巧,这是我来到这里之前从未想过的。"简而言之,这是一种让每个人学习不同内容后,再把他们各自学到的东西在小组中展示的策略。参见:Elliot Aronson, The Jigsaw Classroom(Beverly Hills, Calif., 1978).

告他们认为发生了什么以及为什么发生。你可以写一篇论文，就像会议论文……试着回答"哪些证据似乎更有效，为什么更有效"，以及尽可能符合事实地判定事件的性质……因此，一般来说，要么将他们分为几个小组，每个学生拿着文献并向小组或全班报告，要么让所有学生阅读所有文献，然后在课堂上对每个文献进行全面剖析。从其中一个开始，然后再看其他的。我认为两者都有优点。

当被问到如果一些学生不理解这些文献的主要观点怎么办时，巴恩斯说，他会使用"好的老式说教方法（good old didactic approach）。如果他们猜不到，我就告诉他们"。

巴恩斯先生关注的是最有能力的学生。凯尔西女士则为不同能力水平的学生提供了多种使用文献的方法。她说，这些文献提供了：

> 一个让孩子们思考历史上真正发生了什么的极好方式……这是一个很好的精准练习，当然这是从我们的历史观点如何改变我们的历史解释的角度来说的。这是一个可以让孩子们了解当时的语言和人们的观念的很棒的方法。他们能够真正地投入其中，并开始学习一些批判性技能来确定到底发生了什么，也包括每种记述间有何不同以及为何不同。我突然想到的是历史解释的问题，还有在我们解释中随时可能出现的偏见……我会从一些观点着手，还有每种观点是如何利用偏见自圆其说的……这里还包含着情感的目标，即学生们应该真正参与其中，真正地去体验。我鼓励孩子们这样做，在自己所处的世界中去感知真实的想法是什么。这个活动可以很好地联系当前新闻报道中的偏见，也可以成为让学生准确记录自身经历的一个练习……如果要考量技能的水平，我认为这个活动的技能要求略低于偏见评估，不过，

这也取决于学情。大多数学生的语感模糊且不准确，他们所写的东西可以从老师那里得到一个过得去的分数，却不能提出有关过去的丰富见解。对于水平较低的孩子，我可能会让他们思考一会儿。哪份（文献）能够最详细地告诉你到底发生了什么……我可以把它与一个练习结合起来，在这个练习中，他们可以对一些事情做出解释。此外，对于能力很强的学生，不，事实上，我可以用多种方式来完成这项任务，并将任务分为几个层次。我可能会鼓励孩子们去引用文献，并尝试提出论点。如果是学习 AP 课程的孩子，这将是一个很棒的材料分析题（document-based question）。

对于凯尔西女士来说，这些文献提出了一系列课程和教学的可能方案（见表 8.4）。她同意巴恩斯先生的观点，即原始文献对大多数学生构成了挑战，但她不同意针对挑战的教学建议。文献产生的问题使巴恩斯只能让最有能力的学生使用这些文献。而凯尔西女士会面向所有学生开展这些活动，但会为具有不同能力、经验和兴趣的学生设计不同"层次"的活动。她难以想象文献给低年级学生、高年级学生甚至老师带来的困难（正如她下面的评论所证明的那样）。但她认为，如果教师首先"搭建桥梁"，让学生接触原始史料，学生是可以克服的。

第一天，我会从一个精确观察的练习开始……我会从搭建一座桥梁开始，我会谈论当今的一些事情……（我会）根据（学生）自己的个人经验：今天早上你起床时发生了什么事？上周大家都去参加的集会是什么时候举办的？像这样的事情，我们可以讨论一下。其他孩子读报纸或看新闻……我会把这些当作我的桥梁，我会回到这一事件，在那里我们有这些目击者的描述，我会先看看每个描述都说了些什么，我可能会让他们经历一些类似于我刚刚做过的练习。我会让他们谈谈文献上的内容。他们必须总结出他们确实知道的事实。这是一项相当艰巨的任务，是事实和推论之间的区别……我在一个研讨会上看到一群老师在这个问题上出了差错，如果我们出了差错，我知道孩子们会……我会让他们合作……也许，我会想到合作伙伴，最多三个。这是……非常紧张的，并且某些孩子在总结文献的内容时会有困难。但我认为几乎每个人都可以问一两个问题，而且它们都很有趣。所以我会执行到底，我会和孩子们一起做这些，并让他们创建一个图表。然后我会分析你更信任谁。我会增加一些英国立场的文献，你就可以真正融入并重新体验更多。你可以让孩子们扮演这些人……我会以一篇某种形式的文章来结束这项活动。

表 8.4　教师使用文件的目的总结

巴恩斯的用途	凯尔西的用途
1. 史学 2. 证据中的冲突 3. 偏见影响现实观察的课程	1. 史学 2. 文献证据和教科书阐述的对比 3. 记录与观察技能 4. 观点与偏见 5. 不同时代的语言与观念 6. 思考为何会有不同的解释 7. 探索学生的真实看法 8. 当代新闻报道的偏见 9. 使用说服性语言 10. 使用引文建构解释或论点 11. 为 AP 考试中基于文献的问题做准备

五、文献研究，修订假设

在两位老师的计划中，学生都会阅读和讨论文献。他们可能会参与辩论，也可能会写一些东西。巴恩斯先生计划将处理文献作为学生的家庭作业，或者可能通过课堂阅读活动来完成。学生们阅读完这些文献后，会在课堂上讨论或交流。

凯尔西女士是基于另一组假设开始着手的。列克星敦的枪声发生在很久以前，学生或许很难与它建立起个人联系。也许她需要从一些更接近的东西开始，要么是学生自己的经历，要么是他们在电视上看到的东西。此外，学生就像成年人一样，在区分事实和推理方面还存在困难，这可能需要检查他们的假设。他们可能需要练习来考察证据的可信度。由于这些材料的复杂性，她会把学生们分成小组，并向他们布置一系列任务，以便所有的学生都能参与进来。

两位教师都认真考虑过在课堂上使用文献，也都考虑到学生的能力与学科知识。那么，他们在使用文献的目的与活动方面为什么存在如此大的差异呢？

在第一次练习之后，我们推测这两位老师可能持有不同的历史知识观（假设 D），巴恩斯先生认为历史主要关乎事实，而凯尔西女士则认为历史具有解释性和透视性。但在这里，这两位老师的想法很相似。巴恩斯先生曾表示，历史"涉及大量事实的筛选、大量数据的解释，然后尽可能做出最有教育意义的猜测"，这一过程就像"迷人的侦探故事"。这些评论使人们对假设 D 有了新的认识。两位教师似乎都认识到历史知识的解释性质、证据的核心地位及其对观点的影响。从这个意义上讲，这两位教师观点的相似性超出了我们原有的认知。

虽然巴恩斯和凯尔西可能对历史知识的复杂性持有类似的观点，但他们对学校历史课程的性质却有不同的看法（假设 C）。巴恩斯先生看起来是从两个路径思考学校历史课程：对于普通学生来说，历史是事实和事件；对于准大学生来说，历史除了是事实和事件，还包括理解历史知识的解释属性。如此，教学计划则成为教师判断学生能力并寻找与其匹配的材料的过程。历史知识源于大量的事实和解释。事实知识先于解释知识，根据巴恩斯的说法，能力较差的学生可能永远难以企及历史学科的解释层面。

　　凯尔西的高中尽管也按能力分班，但她对历史课程有不同的看法。她认为自己在大学所学的历史与教给青少年的历史密切相关。在她看来，事实知识和解释联系紧密，相互交织且难以分开。当然，凯尔西会根据学生能力来调整任务和活动，但这些变化都是为了一个共同的目标——让所有学生都参与到解释过去的过程中来。

　　我们在这项测验中看到了更多支持假设 B（学习理论）的地方。与之前的测评一样，巴恩斯先生多次提到学习的接触/吸收理论。如果学生倾听并关注老师"呈现""解释""讲述"的主题，他们就在学习。而凯尔西女士则反复强调在历史和学生生活间建立联系，并强调需要创造有助于学生看到过去与现实相关性的情境。然而，很难说这些差异是源于教师学习的观念，还是源于他们历史知识概念化的观念（假设 D），因为这两者相辅相成。如果知识是预先打包好的，那么教学就很简单：只需交付包裹。但如果知识是动态的，教师就不能简单地交付预先打包好的事实，因为要想理解这些"事实"，在很大程度上取决于理解它们所嵌入的且不断变化的解释框架。

　　这项测验中的资料也有助于我们详细阐明假设 A（角色和责任）。在分析凯尔西女士的计划时，我们注意到她的学生也会阅读档案材料，但凯尔西会事先为学生示范如何质疑这些文献。她会带领学生走出史学的纷乱，因为她深知他们很容易迷失方向。另一方面，巴恩斯的学生可能会将阅读文献作为家庭作业或在课堂上使用这些文献，但不管哪种方式，他们为任务做的准备都很少。巴恩斯先生认为学生们会按照自己的方式浏览这些文献；凯尔西女士认为，她有责任在沿途提供"垫脚石"。

　　我们根据这些资料又提出了另一个假设。我们在这项练习中发现的差异与其说与学习理论或角色概念有关，不如说与教师的学科教学知识(pedagogical content knowledge)有关，它由学科知识和学生知识交织而成，李·舒尔曼称其为"教师的独特领域"①（我们将这种可能性称为假设 E）。学科教学知识的本质是转化，即教师将他们的学科知识转化为表征的过程，从而弥合他们所知道的与希望学生学到的知识之间的鸿沟。我们注意到巴恩斯先生的计划中只有少许的转化，而凯尔西女士的计划则展示了多样的内容转化。

学科教学知识还包括教师预测可能对学习者来说困难或容易的内容。巴恩斯先生意识到这些材料的难度，因而只在 AP 课程的学生中使用，但他几乎没有意识到这些文献对于能力较强的学生——甚至是那些在 SAT 测验中获得高分、成绩优良并在学科能力测验中表现优异的学生，仍是一项难以克服的挑战。相反，凯尔西女士指出，即使是教师，在处理文献时也可能会遇到困难。为了简化这项工作，她去掉了冗赘的文献，并将学生分成两人或三人小组合作学习。②

我们在想，或许关注学科教学知识本身就有着更深层的含义。因此，我们重新审视并修订了假设 D（历史知识）。巴恩斯没有设计准备活动，有没有可能是因为他没有意识到这些文献对智力的挑战？相应地，是否因为凯尔西是历史学家而比巴恩斯更擅长倾向性语言、偏见和观点采择，所以就精心策划了这些方面的活动？事实上，凯尔西掌握并证实了证据、推测了文献的起源、提出了多个竞争性假设并生成了获取证据的模式主题，而巴恩斯先生只谈到了文献的一个维度：关于谁开了第一枪的争论。尽管巴恩斯和凯尔西可能都将历史视为"侦

---

①　Lee S. Shulman, Those Who Understand Teach: Knowledge Growth in Teaching, Educational Researcher,15(1986),4-14.

②　将视角转回到测验一的学科教学知识(pedagogical content knowledge)，便能发现关于该测验的另一种观点。教学的一个重要方面是了解如何提供有助于学生学习的反馈。人们往往将明确性视为关键的评判标准，当问题从"你如何改进这篇答题"转化为"你如何改进这篇历史文章"时，也就由一般的教育知识(general pedagogical knowledge)提升到了学科教学知识。我们注意到，两位老师的评语在明确性上有显著的差异，尤其是在历史内容方面。

探工作",凯尔西——至少在这项练习中——是一个更精明的侦探。

我们意识到,还有其他方式可以解释这些差异。也许凯尔西女士更努力。也许巴恩斯先生并没有仔细阅读这些文献,只是浏览了一下。我们无法从资料中知道这一点。因此,我们将一系列假设带到第三个也就是最后一个练习中。

六、测验三:教科书分析

(一)描述

在三个小时的教科书分析测试中[1],老师们从保罗·托德(Paul Todd)和默尔·柯蒂(Merle Curti)的《美利坚的崛起》中挑选了一部分内容进行评论。[2] 我们让他们设想某个城市的学区正考虑是否使用这本教科书,他们的任务如下。

> 提供一个公正的评论……需要思考以下几个方面:这本教科书所呈现历史的可靠性、对学生的吸引力、编写质量、作为提高社会科技能工具的潜力、对不同类型学生的适用性、一般性的优势和劣势,以及可能与该书相关的其他信息。

为了突出分析的重点,教师们被要求着重考虑美国革命的三个子话题:(1)少数族裔和妇女的作用;(2)波士顿大屠杀;(3)税收和代表权问题。教师们收到了附带的教师手册(包括现成的学习任务单和测试卷中摘录的文本),以及一份附有问题和足够书写空间的答题纸。示例问题包括以下内容:"这篇文章与最近的历史研究相比怎么样?""不同阅读水平的学生对文章的反应如何?""文章与历史/社会科课堂

---

① Samuel Wineburg and Deborah Kerdeman, Textbook Analysis, History Tech. Rep. No. H-7,(Palo Alto, Calif. , 1989).

② Paul Todd and Merle Curti, Rise of the American Nation(Orlando, Fla. , 1982).

中不同的教学风格是否匹配?"这一系列较短的问题引导教师关注文章的特定部分。此测验不包括访谈的部分。

(二)教师们的回答

从最基础的层面看,两位老师在书写量上存在差异:凯尔西女士写了 1892 个单词,巴恩斯先生写了 1001 个单词。然而,我们知道,回应的长度并不等同于回应的深度或广度。[①] 在分析教师的回答时,我们发现他们不认可文本所呈现的历史合理性,该书对学生理解的影响,教师手册中工作表和活动的教学有效性。

文本的历史合理性。在评估文本的历史合理性时,特别是当文本适用于妇女和少数族裔的历史时,巴恩斯先生写道:

> 我认为,该文本在少数族裔和妇女在革命中的角色方面,呈现了合理的历史,对两个群体的关注程度超过了我目前所使用的文本。我所用过的文本中,没有哪一份像《崛起》(*Rise*)这样安排整整两段文字来叙述"革命中的女性"。据我所知,最近关于这三个子课题的研究都无法超越《崛起》。

凯尔西女士不同意。

> 这是典型的哗众取宠,人们通常对白人、男性、政治史抱有偏见。令人沮丧的是,如此少地提及最新的研究作品,尤其是像南希·科特[②]关于殖民地妇女的作品,或多位历史学家关于少数族裔的作品。例如,第 97 页上,众所周知的运奴船插图,我在其他地方也看到过。这幅"唯一来源于生活的图片"呈现的并非真实情况——核查当时的奴隶交易手册,发现手册中包括了如何尽可

---

① Suzanne M. Wilson, Understanding Historical Understanding: Subject Matter Knowledge and the Teaching of U.S. History(Ph. D. diss., Stanford University, 1988).

② 这里凯尔西指的是美国人南希·科特,她是 *Bonds of Womanhood*(New Haven,1977)和 *Root of Bitterness*(New York,1975)等著作的作者。

能多地装运奴隶——详细绘制了手铐和鞭子。相比之下,这幅插图通常会让孩子们以为运奴船就像一艘游轮。此外,尽管象征性地提到了克里斯珀斯·阿特克斯(Crispus Attucks)①,但奴隶贸易和非裔美国人对殖民地经济和文化的贡献被掩盖了,妇女也被降为客串角色。

教师们通过回应教科书中对庞蒂亚克(Pontiac)叛乱的描述,将这些差异凸显出来。课文如下。

> 在渥太华首长庞蒂亚克的坚强领导下,印第安人联合起来,阻止了所有入侵他们土地的行径。近一年来,印第安人和白人陷入了一场绝望的斗争。印第安人摧毁了英国在尼亚加拉(Niagara)以西的大部分堡垒。死亡和破坏在西部边境肆虐。最终,英国和殖民地军队夺回了堡垒。印第安人接受了慷慨的和平条款。庞蒂亚克宣称:"我们将拒绝一切有邪恶倾向的东西,并勠力同心,共同维护我们在愉快中建立起的友谊。"②

巴恩斯先生认为这一解释"清晰、准确且程度适宜"。凯尔西女士再次表示反对。

> 啊!我很难相信事情会如此美好,不幸的是,我的学生都太迟钝了,难以像这样来质疑这段话。第2—4段中含糊不清的语句让人觉得只有英国和殖民地的军队才有助于恢复秩序(而且暗指这是美德)。庞蒂亚克的这句话令人作呕,因为它与他所处困境的背景脱离了。摩尔根的《美国奴隶制度》(*American Slavery*)、《美国自由》(*American Freedom*)(1975年)等著作清

---

① 克里斯珀斯·阿特克斯(Crispus Attucks),非裔美国水手,在波士顿惨案中被英军杀害。——译者

② Lewis Paul Todd and Merle Curti, *Rise of the American Nation.* (Orlando, Fla., 1982), 98-99.

晰地表明了殖民者实际造成的残暴行为（顺便问一下，那些"慷慨的和平条款"是什么？而且，这些早期的土地冲突后来催生出了"命由天定"观念——作者忽略了这是阐释这一概念的机会）。

对学生理解能力的影响。教师们在这本书对学生理解的影响上，观点并不一致。在回答课文能否有效"解决许多学生误解历史"的问题时，巴恩斯先生认为这本书在两个方面"特别有效"：第一，在一张波士顿倾茶事件照片的文字说明中，作者指出袭击发生在白天，课文则提醒读者"实际上，袭击者在夜间潜入船中"[①]；第二，在一幅波士顿大屠杀版画的文字说明中，作者提醒读者"实际上，在 1770 年 3 月那天，只有 10 名士兵和约 60 名抗议者发生了冲突"[②]。而凯尔西则将"学生误解"理解为她在测验一中提到的对历史广泛而根深蒂固的信念。她认为教材"强化了错误观念，几乎没有改善它们"，因为"对女性、黑人和印第安人文化的不公正对待，往往会强化学生们的绝望信念，即历史不过就是政治、战争和白人男性的行为"。

补充材料的教学用途。这些不同的观点影响了教师对课文补充材料的评价。巴恩斯先生写道，这些材料包含"许多组织活动和观点的优秀技能"，他唯一的反对意见是，建议论文最好以"客观的形式"（objective format）提出问题。

凯尔西女士则不那么乐观。例如，两位老师都完成了关于绘图技能的学习任务表。[③] 这份任务表的标题为"完成地图：西部土地"，要求学生"标记 13 个殖民地"，确认"1774 年魁北克法案规定的魁北克新增

---

① Lewis Paul Todd and Merle Curti, Rise of the American Nation. (Orlando, Fla., 1982),109.

② Lewis Paul Todd and Merle Curti, Rise of the American Nation. (Orlando, Fla., 1982),106.

③ 表格中的问题为回答提供了一些发挥的空间，而教师的回答只在几个点上重复。例如，在"课文和社会科技能"下的提示语是："这篇课文和附带的教师手册（包括习题卷）是否有助于培养社会科的技能（例如，地图阅读，图表理解，评估资料，原始资料，原创艺术作品等）（引用时必须注明页码）？"教师可以自由地对任何一个或所有补充教材做出评论，但在某些情况下，我们会要求他们对特定的段落和例子来评价。

西部领土的南部边界"，还要说出"1763 年公告线以西尚未明确所有权的五个殖民地"。巴恩斯先生将该任务表列为他将使用的六个"优秀技能培养活动"之一。凯尔西女士却没有强烈支持。

无论在用色、象征还是在诠释方面，这份地图任务表都没有给学生任何展示创造性的机会。地图也过于粗略，除了政治信息，没有呈现任何其他的信息，遗漏了南方的主要水道、阿巴拉契亚山脉（Appalachians）的重要地位、阿迪朗达克山脉（Adirondacks）和格林山（Green Mountains）的位置等关键信息。它没有显示波士顿或查尔斯顿（Charleston）。因此，它严重阻碍了学生深入认识殖民地的多样性和统一性。

七、检验与评估

教科书分析测验澄清了我们早先的一些预想，也深化了其他一些预想。诸如"据我所知，最近的学术研究没有被忽视"之类的评论表明，巴恩斯先生自 20 世纪 60 年代以来就没有关注过美国史的研究进展。他似乎对"教科书史"有广泛的了解，主要是学校教科书中的事实知识和时序知识，但对历史学家用来赋予过去以意义的解释框架知之甚少。因此，两位教师的学科知识似乎存在本质性差异，这是假设 D（历史知识）的延伸。

也许教师间最严重的分歧集中在教科书对女性和少数族裔的处理上。我们推测，这一分歧源于各位老师在判断这本书的合理性时，使用了不同的质量标准。巴恩斯先生将这本书与其他教科书尤其是他使用的两本进行了比较。凯尔西女士评价这本书时则采用另一种标准——用南希·科特的女性史著作或埃德蒙·摩尔根关于奴隶制度的著作来衡量。按照这个标准，侧边栏和章末部分对妇女和少数族裔的处理似乎确实很粗糙。在测验一之后，我们推测巴恩斯和凯尔西对他们的角色和责任有不同的认识（假设 A）。在这里，我们找到了支持这一主张的进一步的证据，特别是教师对课程材料中妇女及少数族裔角色的看法。在巴恩斯先生看来，教师的决策具有二元取向。当他对这本书的某些方面进行评价时，他要么说它很好，要么说它应该被换掉，就像评价论文中的问题一样。在他看来，教师会接受或拒绝课程材料，却很少调整和修改它们。这一观点阐释了巴恩斯在此前测验中的回应，当时他坚称原始文献适用于大学预科生，并不适用于普通学生。

凯尔西女士认为课程材料需要调整和修改。我们已经见识到了这一点——她在此前的测验中描述了修改文献的计划。在这个测验中，她描述了如何重塑书中建议的活动和现成的任务表。例如，她看到了 22 号任务表的价值，这是一份目击者对福吉谷（Valley Forge）情况的描述，"开始着手解决一些严重的问题，如'你认为它是可靠的来源吗？'"但她也认识到，在将这一重大问题呈现给学生前，需要对其进行修改。

这些不同的方法也许在教师们关于"采用本书的利弊"评论总结中得到了最好的证明。对巴恩斯先生来说，采用这本书的主要好处是"把一本写得很好的、最新的、与年级匹配的教科书交给学生，并将一套精美的配套材料交到每位老师手中"。主要的缺点是费用：在书本上花费太多的钱，以至于"学生可能仍然拒绝阅读……因为它毕竟只是一本教科书"。巴恩斯先生倾向于对教育做出非黑即白的决定：这本书应该被采用，但学生们不会读它。

有人可能会猜想，凯尔西女士不会发现用这本书会有什么好处。相反，她找到了将本书的缺点转化为教学机会的方法："（文本）可以由富有创造力的老师以不同方式来利用。这本书的阅读难易程度适中，资料中的小毛病对于批判性思维的练习来说是很有价值的，特别是再辅以补充材料。"不同的预设立场似乎会激发每位教师不同的课程立场。对于巴恩斯先生来说，课程材料呈现的是固定的选择。对凯尔西女士来说，它们呈现了为适应特定情境和目标而调整的潜在机会。

在教师们书面评论的字里行间，还存在着其他不同。凯尔西女士对历史课程和学生动机间关系的敏感与关注在这项测验中再次得到体现，这支持了假设 E（教学内容知识）。在评估《教师手册》关于学生对玛丽·沃伦（Mary Warren）、约翰·汉考克、约瑟夫·沃伦、塞缪尔·亚当斯（Samuel Adams）和其他革命人物的研究项目建议时，她评论道："我的孩子们对研究萨姆·亚当斯的兴趣和我对聆听扭曲姐妹合唱团（Twisted Sister，一个 20 世纪 80 年代的摇滚乐队）歌曲的兴趣一样。这项活动很需要增加一些趣味性。"同样，在测验二中，她多次提到阅读原始资料的情感体验，能阅读历史创造者的文字对于青少年来说是令人兴奋的，这是一种"让孩子们开展历史思考的绝佳方式"[①]。

这些评论提出了一种思考历史的方式，即永远不要忽略青少年的兴趣和性格。它们表明，凯尔西女士相信精心挑选的历史材料和深思熟虑的呈现方式，可以激发和鼓励学生。相比之下，在巴恩斯先生的回答中，我们几乎没有发现关于学生动机的内容。如果说有什么区别的话，我们发现了巴恩斯认为学生缺乏动机、历史课程难以激发他们兴趣的证据。在回顾测验一中的那篇得"A—"的文章时，他假设学生写的是"一个他自己可能不感兴趣的主题"。在同一测验中，他说"现在的学生不读书"，除非为了取得好分数，或者为了"周末买辆车，甚至是为了进入他们心仪的大学"。在测验二中，他相信即使是他的 AP

---

① 参见：John A. Scott, Historical Literature and Democratic Education, History Teacher, 25 (1992)，153-173。

课程学生也会在文献测验中感到畏缩不前:"他们宁愿只被告知发生了什么,然后为了考试去记住它。"在这里,他假设学生们不会读教科书,无论教科书多有趣或写得多好。我们没有在他所谈论的历史内容中找到让学生感到兴奋、挑战或不安的例子,也没有看到类似凯尔西女士回忆的给学生呈现手铐和鞭子图片的情境,她说:"这些通常会激发孩子们思考。"

八、判断的背景:挑选时间和地点

我们重视专业判断,但这种分析也提醒了我们其中的复杂性。在某种程度上,我们可以自信地说,巴恩斯和凯尔西的表现确实不同,并且在许多方面都很明显。此外,在本文完成前,从额外的六项测验中获取的资料支持了我们在这里提出的假设,当然,也提供了补充和扩展。[1] 然而,下一步,从观察差异到基于差异做出决定,我们提出了如何评判教师以及由谁评判的问题。我们现在谈谈其中的一些问题,从我们自己作为"评判员"时遇到的担忧开始。

如果我们声称自己偏爱凯尔西而非巴恩斯的回答,那就是在撒谎。我们不会认为偏爱某位教师是一种巧合或历史的偶然。事实上,我们在这两位教师间发现的差异代表了我们作为个人和学术团体成员在如何概念化教学、学习和历史学科观念方面的重大转变。1984年,凯尔西女士曾在一所著名的研究型大学接受师范教育,在那里,认知革命产生了前所未有的影响。在课程学习中,她接触到了维果茨基

---

① 参见:Suzanne M. Wilson and Samuel S. Wineburg, Using Performance-Based Exercises to Measure the Pedagogical Content Knowledge of History Teachers, Annual Meeting of the American Educational Research Association, (Chicago, 1991); Samuel S. Wineburg, A Candidate-Centered Approach to the Assessment of Teaching, Tech. Rep. No. H-15(Palo Alto, Calif., 1989); Samuel S. Wineburg, Unanswered Questions About Performance-Based Assessments of Teaching: A Case Study, Annual Meeting of the American Educational Research Association, (Chicago, 1991).

(Vygotskian)的媒介学习(mediated learning)理论，并为了应用而研究了各种策略——小组合作学习、不同能力水平学生间的辅导(cross-ability tutoring)、配对学习(dyadic learning)等。在一堂读写课上，她了解了琳达·弗劳尔和约翰·海斯(John Hayes)的写作模式，该模式强调要多准备几份写作模板。[①] 而她参加学习的教育课程中弥漫的氛围是深信所有学生都应该学习复杂的内容，并强调可能实现这一目标的支架式教学模式。[②]

同样，她对历史的理解反映了该学科最新的研究进展。在过去几十年中，历史发生了巨大的变化，[③]传统的政治史和经济史与前所未有的历史类型结合(有时会说"被取代")。关于这些进展的评论指出：

> 新社会史、新工人阶级史、新教育史，以及黑人史、土著史、女权主义史和种族史，不过是兴起于20世纪60年代末和70年代、挑战整个传统历史的主题领域和方法论的个例而已。[④]

歌颂伟人(大多数是白人)成就的单一叙事转向了百家争鸣的状态。不仅无权无势的人获得了权利，以前有权的也得到了转化。[⑤]

这些变化不只是出现了一系列新的主题，还深入学科认识论的核心。20世纪80年代初，历史学家发现过去"官方说法"的观念逐渐消

---

① 参见：Linda Flower, Problem Solving Strategies in Writing(New York, 1981).

② Palincsar and Brown, Reciprocal Teaching; David J. Wood, Jerome S. Bruner, and G. Ross, The Role of Tutoring in Problem Solving, Journal of Child Psychology and Psychiatry, 17 (1976), 89-100.

③ 参见：Michael Kammen, The Past Before Us: Contemporary Historical Writing in the United States(Ithaca, 1980); Peter Novick, That Noble Dream: The "Objectivity Question" and the American Historical Profession(Cambridge, England, 1988).

④ Peter Seixas, Parallel Crises: History and the Social Studies Curriculum, Journal of Curriculum Studies, 25(1993), 235-250, quotation from pp. 237-238.

⑤ 参见：Robert F. Berkhofer, The Challenge of Poetics to (Normal) Historical Practice, Poetics Today, 9(1988), 435-452; William Cronon, A Place for Stories: Nature, History, and Narrative, Journal of American History, 78(1992), 1347-1376.

失，这是因为历史学像几乎所有其他学科一样受到了语言学转向的影响。历史叙事不再是简单的书写——它们是被建构的；①一部独立于作者主观之外的客观历史，这种观点直到 20 世纪 60 年代中期仍居于主流地位，②却也逐渐让位给接受甚至是赞扬带有作者印记的历史。③简言之，像巴恩斯先生这样只在年轻时接受过培训的人，能够拥有凯尔西女士所展示的知识及知识观，是非常了不起的事情。类似地，作为 20 世纪 80 年代中期从著名历史系获得学士学位的人，如果凯尔西女士缺少这些理解，她就会被认为只是口耳之学。④

　　作为出身于教育学、心理学和历史学专业的研究者，我们都学会了采用类似于此前阐述过的方式来构建我们的思维。而且，我们并不是唯一持有这些观点的人，后面还有一个建构并共享这些观念的论述群体。重要的是，我们对凯尔西女士的表现很满意，因为她关于学习和教学的观点与我们的高度一致。事实上，我们无法想出比她更相符的人了。

　　上面将我们自己、我们的测验以及两位老师的回答置于（各自的）背景下，为解读这些资料提供了不同的视角。对教学的评价不能脱离其所处的时间和地点。如果这些测验是在 1957 年而非 20 世纪 80 年代末实施的，巴恩斯先生的许多观察结果就不会受到质疑。例如，很少有人会质疑他的观点，即历史教学包括了一系列有关经济和政治史的事实；很少有人会因为他说波士顿倾茶事件发生在白天的错误而感到惊讶。许多人会认可，相对于"普通学生"或"后进学生"（remedial），

---

①　William Cronon, A Place for Stories: Nature, History, and Narrative, Journal of American History, 78 (1992),1347—1376.

②　参见：Henry Steele Commager, Should the Historian Make Moral Judgments American Heritage,17(1966)，92-93.

③　Michael Kammen, The Past Before Us: Contemporary Historical Writing in the United States (Ithaca, 1980).

④　我们感谢彼得·塞沙斯帮助我们理解这一点的重要性。

原始文献更适合 AP 课程的学生。① 同样，当时的读者很容易接受：一组论文可以反映出学生能力的正常分布水平，却不能反映出他们之前所接受的指导、他们渴望成功的动机或考试安排的情况，以及勤加练习会使论文写作变得优秀。最后，巴恩斯凭借"传统的说教方法"，在 20 世纪 60 年代和 70 年代的教育研究文献中得到了很多支持，这些文献致力于建立最有效的方式来传播口头资讯，以便学生在学业考试中回忆起这些信息。②

可以肯定的是，如果我们能将巴恩斯先生的观点放在 20 世纪 80 年代末所设计的评估中的话，就不会出现这么多问题。而且，我们今天无需进入时空机去寻找这样的环境。尽管学者和改革者大概都会呼吁停止监测（tracked）③并转向常规教学④，但大多数学校仍在监测，且大部分教学仍是说教式的。不少改革者和学者会针对学校新型的教学方式争论不休⑤，但看起来，今天的教学方式却怪异得与 20 世纪大部分时期相似。⑥

---

① 詹姆斯·B. 科南特（James B. Conant）的美国教育改革计划即是针对这种课程分化现象。参见：James B. Conant, The Education of American Teachers(New York, 1963)；Robert L. Hampel's keen analysis of the "Conant Plan" in The Last Little Citadel(Boston, 1986)，尤其是第三章。

② J. H. Hiller, Verbal Response Indicators of Conceptual Vagueness, American Educational Research Journal, 8(1971), 151-161.

③ 参见：Jeannie Oakes, Keeping Track: Ilow Schools Structure Inequality(New Haven, 1985).

④ Roland G. Tharp and Ronald Gallimore, Rousing Schools to Life, American Educator, 13(1989), 20-25, 46-52.

⑤ California State Department of Education, Mathematics Curriculum Framework for California Public Schools, K-12(Sacramento, 1985), and History -Social Science Framework for California Public Schools, K-12(Sacramento, 1988)；Holmes Group, Tomorrow's Schools；National Council of Teachers of Mathematics, Curriculum and Evaluation Standards for School Mathematics(Reston, Va., 1989)；Theodore R. Sizer, Horace's School: Redesigning the American High School(Boston, 1992).

⑥ Larry Cuban, Persistent Instruction: The High School Classroom 1900—1980, Phi Delta Kappan, 64(1982), 113-118；John I. Goodlad, A Place Called School(New York, 1984).

即使我们力求变革，教师们在多样化的信念、知识、经验和性格方面依旧如故，传统与创新并存，自由与保守共生。这种混杂的情况会使判断的问题变得困难且极其复杂。在最后一部分，我们再次提供了一系列可能的结果，并请读者依次考虑。

九、另一种评价，另一种作为

从我们对凯尔西和巴恩斯的描述中可以得出几种可能的行动方案。我们的目标是描述一些可能的选择并探讨它们的含义，提出但并不解决存在于解读与行动间的难题。借助勾勒不同的资料使用方式，我们希望强调：基于这类评价来制定优秀教师标准，有其模糊含混之处。

为了简单起见，我们借用了几种虚构的表达。第一，我们假定只运用这里呈现的资料，而没有使用同一系列中的其他六项测验、课堂观察及真实评估等其他来源收集的信息。第二，我们尽可能将行动过程设计得简单——肯定或否定的二选一——尽管任何测评制度都会以低、中、高的顺序来呈现结果。第三，我们在这场讨论中扮演了故意唱反调（devil's advocate）的角色，用令人不安的直白语言陈述各种可能性，希望这种直率能更好地揭示各种可能性的含义。

第一种可能的结果：巴恩斯通过评价，凯尔西未通过。凯尔西的回答中充满了年轻人的理想主义，很容易让人沉迷其中。她致力于帮助所有学生学习她认为的重要东西，很多人可能会为她鼓掌，但其他人会持保留意见。例如，她聚焦"作为视角的历史"却弱化了凝聚我们的知识，也就是共同的历史知识，很多评论家认为它是明智公民的必备条件。巴恩斯先生对"342箱"茶叶的关注，尽管脱离上下文且很容易被模仿，却代表了具有影响力的传统学习观。当三分之二的17岁儿童给出的内战时间超过了50年的误差，当近三分之一的人不知道美国在第二次世界大战中同哪些国家作战,[1]我们如何像凯尔西那样利用一周时间来学习"记录和观察技能"呢? 历史就是解释,但解释必须以扎实的事实知识为基础。凯尔西对事实的轻视可能说明,她需要与资深教师合作,从而形成关于历史知识本质的更均衡的视角。

巴恩斯缺乏妇女史或少数族裔史的专业知识,也不是什么过错。历史教学需要的是多面手,而非只能阐明特定历史细节的人。新型历史研究的爆炸式发展,已经威胁到了我们描绘美国历史"全貌"(big picture)的能力。"每个人都是自己的专家"的精神(spirit)导致了知识的碎片化,催生出大量的砌砖工,却未能培养出建筑师。[2] 20 世纪 60 年代的社会科已经见证了这种分裂,当时学校中充斥着杂乱的"微课程"。凯尔西女士倾向于深入探讨妇女史或社会史等问题,这可能会导致学生心中出现类似的困惑。

从凯尔西女士的话中可以清楚地看出,她更喜欢深度而不是广度。然而,历史教师被要求教授整个美国历史,因此她不可能将一个单元的计划延长为一年的计划。[3] 我们不可能以同样的深度教授所有主题,凯尔西的回答让我们无法深入了解她是否承认这一点或——更重要的——拥有处理这一问题的技能。她所主张的教学模式在学校里难以持续实施。如果说她的理性主义预示着什么的话,那就是她会尽早逃离这个职业。而巴恩斯的取向代表了行事明快的专家,可以迅速地处理大量的信息。他的方法和观点是历经实践证明切实可靠的教学范例,是经得起时间考验的教学方法。在这个改革的时代,我们却急于否定这样的传统,嘲笑他们为学生提供的经验。正如《社会科

---

[1]　Diane R. Ravitch and Chester E. Finn, Jr., What Do Our 17-Year-Olds Know? A Report on the First National Assessment of History and Literature(New York, 1987).

[2]　参见:T. S. Hamerow, Reflections on History and Historians(Madison, 1987); Gertrude Himmelfarb, The New History and the Old(New York, 1987).

[3]　我感谢杰雷·布罗菲提醒我们注意到这一点。

评论》(*Social Studies Review*)的编辑所哀叹的:"严格的技巧如练习和背诵已沦落为羞愧的行为。前瞻性课程试图将学生从旧态度中解放出来,就像从狄更斯监狱中解放出来一样。"[1]

在深受当代改革话语洗礼的人听来,凯尔西女士说的话颇为悦耳。而巴恩斯则在改革洪流中安然地实践着一种经久耐用的教学法。于是,一些问题出现了:卓越教学的标准是否应该考虑长久以来形成的观点,收录过去确认的优秀教学方式;或者我们应该毫不顾忌地采用当前的标准,并希望它们不仅更新而且更好? 或者我们是否应该努力去兼顾两者,引旧入新,并相信折中不仅不会带来混乱反而会产生力量?

第二种可能的结果:凯尔西通过评价,巴恩斯未通过。坦率地讲,有人可能会说教学承担着道德责任,以确保所有学生都有接触重要知识和按照拓展思维的方式来运用知识的机会。按照这种说法,巴恩斯先生只许优等生使用原始文献的做法就犯了一个致命性的错误。他认为应该为不同能力水平的学生提供不同的课程和目标。然而,只有精英学生才应该获得专业知识或有机会参与启发性课程的观念,正受到当前改革的挑战。[2] 巴恩斯并非不认可"所有学生都能够学习",他相信他们可以,但他不认为所有学生都能学习复杂的学科知识并以复杂的方式进行思考。他的话表明,他并不质疑学生是带着"印记"进入教室的;而且,在他的教学实践中,也看不到他在重新思考这些既定"印记"的迹象。

通过否定巴恩斯先生的资格,第二种可能的结果表明了教师应该要了解、思考和信奉的教学。但是,撇开这一立场——以及那些改革

---

[1]　Europe Reconsidered, Social Studies Review,2(Fall 1992).

[2]　参见:Lauren B. Resnick & Daniel P. Resnick, Assessing the Thinking Curriculum:New fools for Educational Reform in Bernard R. Gifford and Mary C. O'Connor, eds. , Changing Assessments:Alternative Views of Aptitude, Achievement and Instruction(Boston, 1991), 37-75.

者、决策者和学者的声明——在很多学校中,巴恩斯先生仍是一名备受重视的教师。我们甚至可以说,"所有学生都可以学习复杂的内容"的观念是一个规范性尚未得到证实的理想。据我们所知,没有研究可以证明后进生能够成功地解读复杂的史料,也没有研究能够系统地记录教师帮助所有学生学会识别、探索和解决历史问题的成功经验。我们相信——是真的,我们希望——这些研究即将开展。但同时,我们能否因为尚未得到验证的希望而去惩罚巴恩斯呢?

那么,教师实践的经历、知识和社会背景应该在多大程度上纳入评估结果呢?应该用同样的标准评价巴恩斯和凯尔西吗?或者这些标准应该考虑每位教师的教育与个人经历,甚至是他们任教学校的规定吗?

第三种可能的结果:两位老师都通过了评价。如果一群资深历史教师评估巴恩斯的表现,他们可能会赞同巴恩斯是一位称职的专业人士,应该通过评价。他们会注意到,他可以证明自己的答案是正确的,以符合他们理解的方式来讨论教学,并展示教科书包含的深层历史知识。他们会注意到,他是一位深邃的思考者。这两位教师在多个方面存在差异——他们的历史观、他们的历史事实知识、他们的历史/社会科教育目标观念——都不应受到质疑。相反,根据这一观点,这些差异应该被视为教学工作中固有的,甚至可能是值得称赞的。毕竟,历史学家对历史研究的性质并不认同,政策制定者和家长也不认同教育目标或课程。心理学家和人类学家还没有就学习的性质达成一致。没有人能对如下问题给出明确的答案:学生应该了解哪些历史?教师应该如何教学?学生间哪些差异是重要的?巴恩斯先生和凯尔西女士的回答各异——我们的资料证明了这一点。我们希望创建培育、支持多元思想与观点的共同体(community)。

然而,这里有一些令人不安的事情。我们推崇的多样性植根于知识。例如,当不同的历史观以丰富我们整体理解的方式相互融合时,我们就会重视它们。但学校里的知识多样性往往根源于其他地方。学校的多样化来自教学中门户闭锁的惯例,助长了孤立主义和利己主义。由于身体和智力上的分离,教师间彼此疏远以至于都不知道同事面对类似的学生是如何教授同一主题的。讨论教学的机会很少,观摩其他人教学的机会更少。结果,学生们经历着一种随意的多样性、不同观点的大杂烩,而新手教师却被希望能够综合这些观点。建立在公认的知识、背景和观点差异基础上的多样性值得称赞;但是,因孤立和无知而产生的多样性对任何人均无益处,尤其是对所有学生。

此外,我们也怀疑某些形式的多样性是否真有价值。例如,我们应该赞美"万事均可"(anything goes)的多样性吗?或者,多样性是否应该符合知识与原则标准?

第四种可能的结果:两位教师都暂时通过了评价,都有机会提高自己的技能和知识。也许上文提到的语境问题可以通过两位教师持续的专业发展来解决。巴恩斯先生已经在学校待了近 30 年,几乎没有机会体验学校之外发生的知识转变。然而,这种转变对人们如何看待教学也产生了影响。历史学家、心理学家、哲学家和政治活动家都清楚地意识到,我们看待知识、公平、民主、历史和教育的方式发生了根本转变并随着学校改革而慢慢渗透。如果巴恩斯先生是推动这些转变的话语群体的一员,或者如果他能够很容易地接触到这些转变,他可能也会以不同的方式来思考教学、学生和历史。他没有被攻读硕士学位时代的知识思潮限制,而是随着知识的增长而成长,随着观点的变化而发展。

凯尔西女士也是她那个时代的孩子。她似乎迷恋着对我们也有吸引力的想法:写作中的声音;学习中的建构主义;帮助所有学生而不只是最聪明的学生学习具有挑战性的内容。她似乎也拥有许多年轻教师所拥有的理想主义和浪漫主义，他们尚未在实践中经历教育理论和实践情况的冲突。因此，她如果能与其他老师讨论她的假设和观念，不管是对于澄清和强化她的知识和观念，还是改变和修正它们，无疑都是有益的。

十、结论

在概述各种可能的结果时，我们或许让一些读者感到不耐烦。提供替代性方案可能被视为优柔寡断的表现。或许，我们把时间花在设计可以确定实施的测验上会更好。如果一个测评工具容许多个判断结果——这些结果在程度与方向上都是不同的——该如何评价其效度呢？确实，效度检验如何开始呢？

讽刺的是，我们把这些不同的可能方案视作一个起点。每个人都阐述了李·J.克龙巴赫（Lee J. Cronbach）关于效度验证的"解释性视角"（explanatory perspective），[①]这一视角是通过拟定替代方案来查看逐渐增多的发现，以提高效度。效度，用克龙巴赫的话说，不是测评的属性，而是论证的属性。每种可能的方案或论证，使用数据的方式不同，结果也不同。每一种可能方案通过提问、质疑假设及反思我们所珍视的事物给了我们"唱反调"机会，以至于我们忘记了它们只是期待和愿望，而不是经过验证的事实。

毫无疑问，我们可以制定出一个符合我们卓越教学观念的单一方案。但这是一种危险的做法。就算这一方案能让我们信服，它仍然只是一种看待教学的方式而已。通过不同方式来解读同一组数据的意义，我们呼吁人们注意这样一个事实，即各种相持不下的教学形象都在争取我们的支持。从中做出的选择，反映了我们所重视的东西，以

---

① Lee J. Cronbach, Five Perspectives on the Validity Argument, in Howard Wainer and Henry I. Braun, eds., Test Validity(Hillside, NJ., 1988), 3-18.

及我们对老师和孩子的期望。

虽然我们接受了由国家教学专业标准委员会等组织提出的许多观念——卓越教学的多重形象、教学是知识和技能结合的事业，将表现性评价作为更准确的教学评价——但我们对资料收集后的分析情况持谨慎态度。教学，就像凯尔西和巴恩斯在这些测验中遇到的历史一样，会受到时空的限制。对于评价而言，即使是基于从这些测验获取的丰富资料，做出"较好"和"较差"这样高风险的教学评价，都将是困难的事情。我们提出这一观点不是谴责，而是提醒。正如很难向非专业人士解释教学的复杂性一样，向政策制定者解释教学评价中充满的冲突和矛盾也非易事。

附录

我们将以一个完全不同于此前的可能方案来结束这次研究。之前的所有方案都基于一个几乎无人注意的假设：每个方案都假设教学评价的最佳方式是评估教师个人。这一假设是现代心理测量学的支柱，而且前沿的表现性评估研究也没有提出质疑。①

但我们越是思考个别教师的评价，我们的疑问就越多。例如，我们最感兴趣的是教学的长远效果，而不是学生在一节课中学到了什么。经过四年的高中学习，学生们是否培养了历史思维？他们是否熟悉看待过去的不同方式且能否用这些方式来思考现实？分科课程是否阻碍了学生心智的发展，或者教师是否帮助学生建立起美国发展与海外形势间的联系？② 这些问题都超出了一门课程的范畴。换言之，学生的教育效果并不是每位教师努力的价值合成，而是综合不同努力共同前进并合并成更大的整体后的结果。如果历史理解的必要条件是多元视角的整合、不同类别与形式知识的协调，那么我们难道不应该寻求某种评价，去关注教师群体能做什么，而不是教师各自能做什么吗？

在这样的教育形象中，各门学科将相互交流，从而拓展和互补一些观点，平衡和调和另一些观点、挑战和反对其他观点。我们不会让学生去整理老师的不同观点，但会强调这些差异，并利用它们来向学生教授智力差异和理性辩论的内容。这种课程的成功依靠

---

① 参见：Richard J. Stiggins and Barbara Plake, eds., Performance Assessment［special issue］, Applied Measurement in Education, 4(1991).

② 参见：Paul Gagnon, Why Study History? Atlantic Monthly, 176(1988), 43-66.

一群成年人合作并发挥他们的才能。从根本上讲，教学是一项社会事业，需要一系列评估及相应的心理测量理论，以捕捉所有个体教师（即全体教师），为学生创造的全部经验。

如果学校照此构建，如果个人档案柜上的图像替换为电子档案共享的图像（和隐喻），我们相信教师间普遍存在的知识差异将转变为一种根植于交流和知识的多样性。如果巴恩斯和凯尔西在这样一所学校任教，我们可能不会期望巴恩斯接受女权主义历史学家的观点，也不会期望凯尔西开始批改学生关于波士顿茶党（Boston Tea Party）的论文时就写下"342 箱"。但是，我们期待着一场开放的思想交流，不仅关于历史知识的性质，而且关于如何吸引那些缺乏动机的、更糟糕的、缺少能力的学生参与进来。在这样的学校里，这两位老师可能会更好地理解他们为什么会持有这样的观点。我们也会期待，若干时日后，他们会找到利用不同观点以达成教学目标的方法。

为教师制定新的标准是一回事；为实现这些目标而创造条件又是另一回事。为了让教师基本达到这样的标准，就我们所知，学校必须有所改变。然而，我们想知道，例如，有多少政策制定者会支持教师将在校日三分之一的时间用于反思和进修他或她所任教的学科呢？会赞同学校有栋楼，让教师个人拥有单间且能远离喧嚣的铃声和其他烦琐的要求吗？会支持在职教师参加真正具有专业发展特征的持续学习活动而非 EST 研讨会①那样的方式来进修吗？

像这样的学校很少，但确实存在。② 如果它们成为常态，我们甚至可能会发现个人导向的评价阻碍了变革。因此，我们希望这些评价将只是学校改革的过路站，而不是终点站。作为催化剂，表现性评价可能会导致我们关注能使教师相互学习且彼此受益的教学团体。当这种愿望实现时，个人导向的评价将完成使命，并将在未来的变革中消失。

【说明】 这一章是我与苏珊娜·威尔逊在斯坦福大学一起求学时共同撰写的最后一篇文章，发表于 1993 年冬季的《美国教

---

① ETS(Erhard seminar Training)是 Werner Erhard 在 1971 年创建的研讨会形式，提供给学员两周的课程，称为"ETS 标准培训"。这个研讨会的目的是改变一个人体验生活的能力，激发潜能，使学员能更好地面对生活中的各种情况。——译者

② 见 Deborah Meier, Reinventing Teaching, Teachers College Record, 93(1992), 594-609; Sizer, Horace's School. 以在职教师专业发展为例，参考：Sam Wineburg and Pam Grossman, Interdisciplinary Curriculum: Challenges to Implementation(New York, 2000); Pam Grossman, Sam Wineburg, and Steve Woolworth, In Pursuit of Teacher Community, Teachers College Record (in press).

育研究杂志》(*American Educational Research Journal*)(第 30 卷,第 729—770 页)。本文的先前版本受惠于多人的建议:希尔达·博尔科(Hilda Borko)、杰雷·布罗菲(Jere Brophy)、厄尔·巴特菲尔德(Earl Butterfield)、拉里·库班、贾妮斯·福尼尔、帕姆·格罗斯曼、玛丽·肯尼迪(Mary Kennedy)、该亚·莱因哈特、丹·珀尔斯坦(Dan Perlstein)、德博拉·麦卡琴(Deborah McCutchen)、苏·诺伦(Sue Nolen),彼得·塞沙斯和罗杰·索德(Roger Sode)。因为我们只是汲取了他们的一些建议,所以本章的所有内容都由我们自己负责。我们还感谢李·舒尔曼,他超群的智慧始终激励着我们完成这项分析。这篇文章发表几年后,我又发表了一篇关于表现性评价的社会功能的文章。见 Samuel Wineburg, T. S. Eliot, Collaboration, and the Quandaries of Assessment in a Rapidly Changing World,于 *Phi Delta Kappan* (1997 年,第 79 卷),第 59—65 页(http:// www. pdkinti. org/ kappan/ kwin9709. htm)。

第四部分

历史记忆与国家认同

第九章　迷失在语言中：
历史课堂中的道德两难

大众文化给我们提供了历史课堂枯燥乏味的印象。在 1986 年上映的一部青少年电影《春天不是读书天》(*Ferris Bueller's Day Off*)中，老师以下面这段独白开始了他龟速般的讲课。

> 1930 年，共和党人控制的众议院努力去减少什么影响？——有谁知道？谁知道？——大萧条的影响。通过了什么？有谁知道？谁？——《关税法案》。《霍利-斯姆特关税法案》(*The Hawley-Smoot Tariff Act*)提高还是降低？提高关税以使政府获得更多的税收。它有效吗？谁来回答？谁知道它的效果？它并没有起什么作用反而使美国深陷大萧条之中。今天我们是不是也遇到了类似的争议呢？谁知道这是指什么？全班同学？有谁知道？在此之前谁看过拉弗曲线(Laffer Curve)[1]？

这段引文阐明了社会上低水平(偏激者可能称之为"典型的")历史教师的所有特征：单调的讲述，如强行军般穿越过去，好似戴眼镜的

---

[1]　由经济学家亚瑟·拉弗(Arthur Laffer)提出，它描绘了政府的税收收入与税率之间的关系，当税率在一定的限度以下时，提高税率能增加政府税收收入，但超过这一限度时，再提高税率反而导致政府税收收入减少。——译者

胆小鬼卡斯帕·米克透斯特(Caspar Milquetoast)在进行苏格拉底式
(Socratic)的独白。黑板上写满了毫无关联的板书——所有事实都是
左耳听右耳冒。至于学生，则目光呆滞地默默坐着，一些人在记笔记，
大部分人在无聊地打着哈欠。然而，这一场景通过痛苦的亲身经历或
媒体单调的反复播放而传播，显然，它已经成为社会集体想象的一部
分了。

　　确实，有些老师就像《春天不是读书天》中的历史教师那样，[①]但在
我们忽略的地方，也有很多老师与电影中的教师形象形成了鲜明的对
比。理查德·斯廷森(Richard Stinson)就是一个例子。[②] 他所在的高
中，从平平无奇的法定课程到教室中单调的工业化绿色墙壁，从由普
通学生与技校生共同组成的学生群体，到学校坐落在旧金山南部的一
个破旧的工人住宅区，都显示着他的班级与一般的学校相去甚远。的
确，仅从外在环境来看，这所学校符合大众和学术文献所认定的低抱
负、低期待的特征。[③]

　　但理查德·斯廷森并非一般的教育者。从大学历史学专业毕业
到担任瑟曼高中社会科主任，他已经积累了 17 年的教学经验。这一
路走来，斯廷森了解到学生对过去的理解，与作为传教士的儿子、又游
历过世界偏远地方的他是不会一样的。他知道在让学生讨论关于宪
法或者州权这些复杂议题之前，得先抓住他们的注意力。他必须帮学
生将历史与现实间的鸿沟视为外壳，里面住着重要的永恒议题。这种

---

　　① 历史教学的实证研究不太能挑战这样的印象，尤其是谈到"典型的"或常态课时。历史教学
枯燥乏味，有多种原因。有些人归因于老师被迫讲授所有法定课程，而牺牲了对学生而言最重要的
内容，参见 Roy Rosenzweig and David Thelen, The Presence of the Past(New York, 1998)。其他解
释则聚焦于教师的学科内容知识储备不足，参见 Diane Ravitch, The Education of History Teachers,
Peter Stearns, Peter Seixas, and Sam Wineburg, eds. , Knowing, Teaching, and Learning History:
National and International Perspectives(New York, 2000)。本章所提到的研究，与本书第七章中的
案例，清楚地呈现了"非典型性"和非代表性的课堂。

　　② 本章中的名字皆为虚构。

　　③ Reba N. Page, Lower-track Classrooms(New York, 1991).

观念不只是一个教学信条或者抽象的教育哲学。斯廷森在瑟曼高中赢得了创新教师的美名，他愿意做一些非常规的事情来吸引学生喜欢十一年级的美国史课，而这门课程甚至连这所学校的老师都不感兴趣。

下面这些教学案例选自 1986 年 12 月对斯廷森为期两周的观察，当时正值罗纳德·里根（Ronald Reagan）秘密资助尼加拉瓜反政府武装事件被揭露出来。斯廷森获得同行、管理者、地区行政官员和学生们的提名，参与了一项旨在理解资深教师的专业技能的研究项目。下面的案例研究突出了这样一个事实，即使在一位模范教师的手中，就算勇敢和努力地确定教学方向，历史教学中的核心问题还是很容易脱离出掌控。

一、对峙

理查德·斯廷森有 17 年的教学经验，但周三早上第三节课还是让他感到措手不及，完全不像前面两节课那样进展顺利。这节课是美国政府成立这一开放性单元的第三课，通常也是三节课中最简单的。正如过去一样，斯廷森原本计划在课上讨论昨天的活动，这个活动是两天前他十一年级学生想出来的游戏，在昨天也玩了。他计划帮助学生思考这个游戏和美国社会中类似力量间的相似之处，特别是权力斗争和妥协等特征。他也会帮助学生思考这周末要上交的论文，主题是"我们设计的游戏和我们共同居住的美国社会有何相似之处"。

斯廷森已多次教过这个单元，他发现即使这个活动"搞砸"了，也会有一些效果。他在加登里奇（Garden Ridge）这些年看到了很多变化，见证了它从一个安稳的中产阶级白人居住社区到多种族聚居区，房客数量超过了房主，但这项作业一直没有变过。按照以往的经验，他知道，这会为学生理解"非常时期"的动荡，即在约克敦殖民地人民获得胜利和在费城起草宪法之间紧张而又不确定的时期，提供一种有力的类比。

斯廷森周三的计划是要求上第二节课的普通班学生回顾昨天的内容，这节课极可能是一学年中最不寻常的50分钟。在周二来上课时，学生们将书放在桌子上，穿上外套，走出了教室来到学校的网球场。在那里，斯廷森给分列在网球场两边的学生每边一个袋子，里面装有两个羽毛球拍，一个飞盘，一个碰碰球，几个乒乓球，还有粉笔和一块黑板。他一再强调，学生们唯一必须遵守的规则就是：只要能找到使用每一件工具的方法，他们就可以使用这些工具做任何他们想做的事。

这节课所发生的其实此前已出现过多次：一群精力充沛的少年，兴奋地离开教室，飞一般地冲到网球场准备疯玩一场。他们快速地回忆了前一天的规则，然后开始玩了。但不久他们就发现这些规则的缺陷，并开始进行调整。大部分学生没有球拍或者球，只能漫无目的地站在球场边线上看着其他同学开心地玩。这些旁观者开始和玩得活蹦乱跳的人商量，建议修改和建立新的规则，以便找到一种允许更多人都可以参与进来的方式。

斯廷森身高一米八，站在边线上好像是个指挥官，但他除了提醒学生们遵守前一天商定的规则，几乎什么也没有做。他只在活动的最后两分钟时，才大声要求学生们去"认真思考这个游戏意味着什么，因为你将要在周五交一篇论文"。但斯廷森知道相比为学生写论文做准备，还需要做更多。如果放任他们自己来，学生会很难将游戏的具体经验同抽象的宪法辩论联系起来。所以，在第二天的课上，斯廷森安排学生讨论昨天的活动，以帮助学生理解球拍等工具使用过程中的妥协与18世纪建国者所做出的妥协之间的相似之处。

周三的课从简短的时事讨论开始，主要是有关刚爆发的伊朗门事件(Iran-Contra Scandal)。斯廷森要求学生注意贴在黑板上的一篇新闻报道，标题为"民意调查显示里根的支持率下降了 15 个百分点"。"嗨，我一直是他的支持者。"唐尼(Donnie)，一位个子高高而动作略显笨拙、戴着黑色马克卡车帽的学生说道。其他同学也加入进来支持里根总统。很多踊跃发言的学生，都戴着印有埃里温公司(Allied Van Lines)和联合航空(United Cargo)标志的帽子，他们父母在这些运输公司上班。还有一些学生穿着军装式夹克，后背绣有如"苏比克湾"(Subic Bay)和"冲绳"(Okinawa)的字样。至少在这个课堂中，里根总统的名声并没有受到当天新闻的影响。

斯廷森走到教室中间时，学生们安静下来。他说："关于你们周五前要交的论文，我想让你们思考一下你们玩的游戏和现在大家居住的美国社会之间有何相似之处。一些学生在上课前说他们很难看到联系，我希望这次讨论后大家可以产生一些新的想法。"然后，斯廷森走到黑板前，将黑板划分为两部分："游戏"和"美国"。"好，詹姆斯(James)，"斯廷森开始提问，"有相似之处吗？"詹姆斯，一个瘦高的男孩，他将很多笔记本放在桌子上摆成对称的两堆，看起来乱糟糟的。他犹豫了一下，答道："额……我们需要修改规则。"

"没错，"斯廷森大声说道，"我们修订了游戏的规则，特别是在赋分方面。你能联想到美国社会中有什么基本规则或者法律已经被修改了吗？"詹姆斯看来被难倒了，而班上其他同学也是一样。对于斯廷森来说，这并不奇怪，他知道学生需要时间来理解美国的法律体系是经过辩论与妥协才建立起来的，这种认识对于学生理解美国政府的形成是至关重要的。但很多学生或许意识到了这个游戏与美国社会之间的联系，斯廷森想要它变得更加清晰。

"好，"他继续说道，"如果我们改变了游戏规则，那么游戏和美国之间的相似之处就是我们改变了美国的生活方式，不是吗？"这个提示给了学生所需要的结构。埃伦立即说道:"是的,就像大萧条和那些社会项目一样。"约翰补充道:"还有那些宪法修正案。"斯廷森要他说得再具体些。"就像不能喝酒(禁酒令)。""是的,"斯廷森点点头,"很好!"

讨论开始热烈起来,现在斯廷森面带微笑,兴奋地从教室中央快步走到旁边,又回到黑板前。当妮克尔(Nicole)评论游戏是"完全混乱的",斯廷森借用她的回答来说明将要学习的这个历史时期,从独立战争结束到宪法的起草,被称作"非常时期"(Critical period),这段时期以迟疑不决、无所作为和日益增长的不满为特征——这也正是周二游戏的特征。当斯泰西(Stacy)观察到并不是每个人都参与到了游戏中,甚至不是每个人都参与了游戏规则的制定,斯廷森要求她将此与美国社会相联系,她举例说道:"在社会中,有些人会去投票,有些人不去,但即使你没去投票你也要遵守这些规则。"很快,讨论完全由学生自主展开,这真是每个老师梦想的课堂。当一个学生回忆游戏的特征时,另一个学生就指出了美国社会中的类似情况。当同学自主地推进讨论时,斯廷森退居幕后。他认真倾听学生们的评论,并安静地将这些填写在黑板上的表格里。

讨论就这样自然而然地展开了,没有人能料到一个评论会主导讨论的方向。唐尼提出的问题引发了一连串回应,甚至使斯廷森管理课堂的知识和道德情境的能力都受到了挑战,这在他17年的教学生涯中很少碰到。

"斯廷森先生,"唐尼开始说道,"做游戏时你在旁边监视我们,有点像政府或类似的机构,当我们制定规则时你也参与其中。"

"我只为游戏设定了规则,唐尼。两者有何相似之处? 在美国是什么机构给我们制定规则?"

"你是指最高法院吗?"唐尼问道。

斯廷森皱起眉头，反问："首席大法官会说是他为我们制定的规则吗？"

唐尼似乎在跟着斯廷森的思路走。"好吧。"唐尼停顿了一下，整理他的思路。"我们说你相当于最高法院或者宪法，而有个人，比如校长，监督我们的一言一行并做记录。那么，这会是更高形式的政府吗？"

斯廷森的脸上浮现出了满意的表情。他再一次抓住机会引导唐尼和班上其他同学进一步思考："在当今世界，是否有政府或者法律力量告诉美国该做什么？"

一些同学回答道："没门！"其他一些学生则嘲笑这种想法。

"你们也许会笑，"斯廷森边说边从教室的侧面走到正前方，"但你们知道联合国的下属机构国际法庭，已经认为美国在尼加拉瓜问题上违反国际法了吗？由于在尼加拉瓜开发海港和公然采取军事行动，我们被认为违反了国际法。但我现在想问大家的是：有没有什么权力能凌驾于宪法之上？"

学生们坐立不安，但没有人说话。

"好，"斯廷森继续说道，"道德或者宗教权威是不是呢？"

刚一提到宗教，就引起了一阵"哦"和"啊"的骚动，这表明学生觉得这个话题触犯了禁忌。坐在前排的保罗（Paul），似乎是在扮演一段已演出多次的剧本。"所以，斯廷森先生，你是在说有上帝存在吗？"

斯廷森犹豫了。"说嘛，斯廷森先生。"学生们催促着。但斯廷森也好像是在扮演一个老套剧本中的角色，拒绝中圈套。

"好吧，让我问你个问题，唐尼，纽伦堡受审中纳粹分子的辩词是什么？"

"服从上级。"辛迪大声说道。

"是的，辛迪，他们遵守来自上级的命令，并且被告知必须这么做。

那样的辩词会使他们免除……"

斯廷森还没说完,克里斯(Chris)就打断了他:"你知道的,斯廷森先生,32 名纳粹分子被判无罪。"

斯廷森当然知道,他也明白克里斯是知道的,因为克里斯、唐尼和戴夫(Dave)三名学生参加了周三课后的"战争俱乐部"(War Club),他们几乎了解二战的每个细节,从中途岛(Midway)的伤亡人数到德累斯顿轰炸(Firebombing of Dresden)的破坏程度。但这样的评论并没有使斯廷森感到慌乱。

"赫尔曼·戈林(Herman Goering)逃脱罪责了吗? 艾伯特·斯皮尔(Albert Speer)逃脱罪责了吗? 更重要的是,(服从上级命令的借口)就应该让他们免于惩罚吗?"

斯廷森的问题在课堂上引起了一阵小骚动,"是的""没门""当然"刺耳的声音此起彼伏。学生们热情地参与其中,互相争论,试着回答老师的问题。斯廷森之所以强调这个问题,是因为他认为让学生了解美国人一直相信有更大的道德力量在支撑着他们的法律体系非常重要。通过一系列问题,他希望引导学生看到那些他们已经觉察到的事实。

"让我们假设,是否有可辩驳的证据证明我曾参与屠杀无辜平民?"斯廷森继续说道。"我不喜欢杀戮,但我被命令必须这么做,我来问你们,"他提高声音说,"这种情况下,你会去做吗?"

唐尼是第一个回答的。"好吧,那让我来问你,斯廷森先生,如果你拒绝执行上级的命令将会发生什么呢?"

"我将会受到惩罚,我将会……"

还没有来得及说完,蒂姆(Tim)就打断了他的话:"你可能会被枪毙,并被扔到坑里!"

"所以,"斯廷森停顿了一下,一米八高的他对身体瘦小的蒂姆说道，"这是否意味着我这样做是正当的？"

课堂再次陷入自由发表意见的争论中，肯定与否定，指控与反驳之声到处都是。克里斯的男中音盖过了其他声音："告诉我，自我生存还是你并不真正关心的其他民众的生死，哪个更重要？"

斯廷森回应道："你说呢，克里斯？"他直直地看着克里斯，等着他的回答。一时间，教室里安静了下来，气氛也变得紧张起来。但克里斯没有让步："我要保全自己。"

在那一刻，游戏、表格甚至是学生周五之前要写完的论文都被斯廷森抛之脑后。如果放任这种态度不管，那将会违背斯廷森的整个教学理念。难道学生们在十年级时没有学过大屠杀（Holocaust）的单元吗？学生对此难道一点印象也没有吗？他们难道没有意识到说这样的话意味着什么吗？

所有学生的目光都集中在斯廷森身上，而他第一次在课堂上显得慌乱。

"好，让我们看看，"他说，"所以……如果我理解得对，克里斯，你说的是，我有正当理由杀掉那些无辜的人。服从命令就能让我脱罪吗？辛迪，你觉得呢？"辛迪是班里口才最好的学生之一，却在这次讨论中出奇地沉默，斯廷森叫她是希望她会帮助扭转局面。"我想就是这个意思，"辛迪坚定地说，"你正在参与上级所做的非法活动。"

谢天谢地，斯廷森暗自想，在这个道德困境中还有一点理智。他希望这个观点可以将讨论拉回正轨，帮助学生回到他的观点，即在人类颁布的法律之上还有更高的法则。他所要做的就是明确这一观点。"所以，"他接着辛迪的看法说道，"如果你要违背在你头上的政府机构（政府的命令），你将会依据什么法律或者原则呢？"可以肯定，这个更直接的问题会帮助学生看到问题背后的东西，但它看起来不会出现在今天。黛比回答说："你没有——你没有任何可以依据的原则或法律！"

斯廷森的眼睛瞄了一下钟表，离下课只有 15 分钟了。他不得不结束这场讨论，把话题转回到周五前学生要交的论文上。但如果没有恰当地回应这个话题，他又怎能草率地结束讨论呢？再一次，斯廷森还没来得及喘口气，唐尼就回应了黛比的观点。

"有，你有。你是在遵守一个原则。在纳粹的案例中，违反命令也就是违反宗教法则，因为党卫军相信——至少他们中很多人是这样——希特勒是上帝委派给他们的领导、他们的救星。还有件事，二战时我们的士兵正在屠杀他们的士兵；他们也在杀我们的士兵，就只因为这些士兵被命令这样做，而且他们屠杀的规模更大，但并不意味这就比我们的所作所为更恶劣。难道这不是同一回事吗？他们被命令要这么做，否则就会被送上军事法庭。"

斯廷森看起来很疑惑："你是把战斗中的士兵与屠杀无辜平民的（纳粹）警卫队等同起来了吗？"

"是的，都是士兵对士兵。"克里斯的评论赢得了热烈的掌声。学生们的兴奋，或者至少是在克里斯、唐尼和戴夫脸上表现出的兴奋，与斯廷森苍白的神情形成了鲜明的对比。

"即使一个人在四年内屠杀了 4 万人，"克里斯继续说道，"如果他不这样做，他就会被送上军事法庭，如果我们中有一个人少射杀了一个，或者擅离职守什么的，他也会被送上军事法庭。"

"所以你的意思是什么，克里斯？"斯廷森问道，"就因为二战中其他军队也在屠杀，所以党卫军的屠杀也是正当的？也就是服从命令？"

克里斯似乎让步了，或者至少在重新整理想法。"好吧，那来说说越南。在二战中，你至少是在与一支军队作战。但在越南战争中，不是这样的。敌人到处都是，躲在灌木丛里，到处都是敌人。"

越南。至少，这个词终于被说出来了。在整个讨论过程中，斯廷森的思绪已经飞到了美莱村，特别是他的头脑中浮现出一个不满五岁的小男孩形象，脸朝下趴在已被杀死的父亲身边。斯廷森也知道，克里斯和唐尼对越南的印象非常深刻，他们的父亲都在越南战争中受过伤。他犹豫了一会儿，但还是决定举一个他之前想到的例子。这样做是有风险的，但他必须找到一些方法，让这些孩子摆脱道德上的自以为是。

"好，假如你和一个班的小部队在越南，你们进入了一个村子，这个村子给你们带来很多麻烦，打了很多冷枪，负责这个班的中尉生气了。"斯廷森的话又引起了一阵唏嘘之声，但几分钟后，全班同学第一次陷入了沉默。

"所以他命令你，"斯廷森继续说道，"去把所有村民带出来——包括妇女、儿童和老人；很多大男孩和男人并不在那里，他对你说，'嘿，我实在受够了这个该死的村子，现在我们就去处理它，把他们包围起来，朝他们开枪，彻底消灭他们，这样就再也不会给我们制造任何麻烦了'。"斯廷森停顿了一下，刻意慢慢地将脸转向了学生，好像直接在问他们每个人："你会这样做吗？"

没有人说一句话。一些学生坐立不安，将纸折成三角形或者用笔轻轻地敲着课桌。或许斯廷森的方法最后能奏效，他决定再加把劲。

他继续扮演着角色，并不带恶意地盯着克里斯、唐尼和戴夫。"现在我告诉你，"他放大声音说，"把他们拖出去毙了。你会怎么做？"他继续逼问："你是执行命令还是不执行？"

这些男孩避开了斯廷森的眼神。这时，辛迪开口了——她是这节课上唯一提到道德问题的学生——她用同情和带有歉意的语气说道："听着，当你答应了，你就得去做自己不喜欢的事。"

此前未发一言的亚历克斯（Alex）突然开口，用大家都能听到的声音咕哝道："你怎么知道你不喜欢？"

斯廷森感到头晕目眩。他可以理解，亚历克斯逞强的言辞，不过是一个 16 岁男孩想要得到同学惊叹的欲望。但辛迪呢？如果她也这样想，其他人会怎么想？斯廷森瘫倒在办公桌前的椅子上时，距离下课只剩五分钟了。在似乎经历了漫长的静默后，他阴沉着脸看着学生。

"我试着不将自己的情绪带进来，但你们所说的，真的让我感到不安。这个事件发生在 1968 年的美莱村，开枪者威廉·卡利（William Calley）和他的长官梅迪纳（Medina）上尉，都被送上了军事法庭，不是因为没有做而是因为做了这件事。军队本身也认为这是一种不正当的行为。你们怎么认为呢？"斯廷森问道，他的问题是质问也是谴责。"军队自己都认为，这不是美国人应该做的；即使下达了这样的命令，也是出格了，已经违反人性了。"

斯廷森时间把握得刚好，时钟开始响起时，下课铃也快要响起了。只剩一分钟了，他的陈述看起来像是要结束这场艰难的讨论了。但唐尼不愿意就这样算了，他颤抖的声音传递出了激动与愤怒。

"斯廷森先生，这个就像独立战争；一个农民拿起枪射杀敌人然后又返回了田园，这是一样的事情。对于在越南的美国大兵来说，你永远不知道你的朋友是谁，你不知道——你的朋友是不是越共（Viet Cong）士兵，你就是不知道。"

唐尼发自内心说出的这番话，来自她父亲的经历，他父亲在岘港（Da Nang）踩中了地雷而失去了一条腿。

斯廷森同情唐尼但不能接受他评论中的含意。"那你会做什么，唐尼？你是在说我们必须先开枪再问吗？"

"对的，"戴夫说道，他在为自己的朋友辩护，"你永远都不知道谁是对的。他们向我们开枪。人会做出很多误判。"

克里斯加入进来。"你必须采取那种行动，因为你要赢得那样一场战争的唯一方法就是消灭所有人。"

斯廷森明显很慌张。他坐在桌子旁，用结实的双臂抱着头。"克里斯，你刚才说的话中确实有一丝令人不安的意味。如果赢得战争的唯一方式是消灭所有人，我问你，"斯廷森深深地叹了口气，"那会是怎样的胜利？"

克里斯斩钉截铁地说："一个彻底的胜利！"

学生们喧闹和紧张的笑声几乎盖住了下课的铃声。

二、余波

事后批评斯廷森在冲动时做出的教学决策很容易，但我们不能忽略他的历史课与那些被媒体讽刺和学术文献哀叹的历史课之间的显著差异。斯廷森做到了很多人做不到的事。他的课堂充满了活力，是历史问题与文化记忆问题融合之地。对于斯廷森的学生来说，"学校知识"和从日常经验中获取的知识并非毫不相关，至少对于理解过去来说是这样。这是因为斯廷森成功地营造出一种氛围：教育并非"空谈"，而是辩论、讨论和质疑的过程，让这些青少年从"来学校玩"到勇于将自己的观点和自我展示出来。

不管是在教室、报刊阅览室还是市区的大街上，每当过去和现在在有争议的记忆问题上相遇时，各种素材就有可能烧成一场失控的大火。在这50分钟里，教室变成了战场，学生、家长与老师、课程围绕如何记忆过去进行斗争。这里的"课程"并不只是斯廷森教给学生的美国史必修课程，也包括他教室中大量心照不宣却可深刻感知到的隐性课程——他相信历史应该是一种人性化的经验，可以使学生的思维更加细腻，同时培养他们厌弃简单的答案等观念。尽管从未明确表述，但这个目标一直激励着斯廷森这样做。也正是因为这个目标，斯廷森才面临着巨大的挑战，那就是如何引导一群少年去思考社会生活的阴暗面,这个观念可以追溯到《共和国》(*The Republic*)的第二卷,但它也未必正确。

这场激烈的讨论失去了控制,抹杀了战士与平民、二战中盟军的行动与波兰边境特遣队(Einsatzgruppen)对犹太人大屠杀间的区别。斯廷森在课堂上必须争分夺秒,在我们称为学校的地方,他是精神生活的无形裁定者。虽然走廊那头的几何课或者化学课都是50分钟的时间,但是历史课因具有深刻意义而别具一格。那些课程求解两个未知数方程的讨论或者关于阿伏伽德罗常数条件的讨论,或许会引发老师思考关于学习与教学的深刻问题,但他们很少提出什么是人性,如何回应那些令人类感到渺小的力量等问题。而且,几何学和化学教师不必与文化力量抗争,这些文化力量会固定地向年轻人灌输一些意象和叙事,那是为了麻木他们心智而非启发思维。特别是当历史教学冒险进入"活的历史"领域时,对于那些依然活跃在社会记忆中并被经历过它们的人保留着的事件来说,历史老师只是其中一种声音,甚至在音乐电视(MTV)、电影,以及音乐节目主持人(DJ)、父母、邻居、同伴和其他人的众声喧哗中,更常是微弱的声音。

除了以上种种,再加上青少年的文化特质,特别是十六七岁男子汉的好胜心,让人们看到斯廷森和其他老师所面对的挑战。我们或许将唐尼和克里斯的莽撞归因于渴望出风头的"男儿本色"和里根政府时期军国主义的复兴。但同时,当我们听到他们表现出不在意原始暴力的那些话,也就不能不去倾听当代的暴力声音,尤其是发生在校园内的暴力。

在思考讨论斯廷森会做什么时,通常人们倾向于寻求一个正确的行动方案,就好像有一些公式可以教年轻人如何从过去获得意义,并以体面的态度生活。这是我反对的策略。相反,我想以更有开放性的问题来结束本章——通过建议读者站在斯廷森的角度思考下节课将会如何。按照这种精神我提供如下两种方案。

方案 A：有如市政会议的历史课

斯廷森认真思考课堂上发生的事情，他还是无法理解唐尼的回答。到底是什么激发出这种观念呢？他决定给唐尼的爸爸打电话，告诉他这个男孩在课堂上的行为。在电话中，斯廷森决定请唐尼的爸爸来学校讲述他在越南的经历。第二天早上，学生们进入这一主题的第二课时，发现唐尼的爸爸坐正在斯廷森的位置上。谈话从下面这个问题开始。

> 为什么我在越南失去了一条腿？我告诉你们原因：因为我们被我们的"朋友"出卖了。我们被叫去打仗，其实这场战争对我们来说只是小菜一碟。我告诉你们，不管你们历史教科书上说什么，如果我们用我们所拥有的方式去打那场战争，我们本可以赢得这场战争。在越南有很多老百姓被杀吗？当然有。你告诉我在人类历史上哪场战争中平民没有被杀的？对不起，但那就是战争。如果我们没有为出现这种情况做好准备，那我们一开始就不应该参战。而那时我们参战了，自己却把自己的军队给牵制住了。我们很多最优秀、最聪明的士兵最后都被装进装尸袋中运回了家，就是因为华盛顿的很多呆板官员自认为只有自己知道怎么做才对。有很多像你们这么大的孩子身旁跟着的是身体残疾的父亲，因为一些所谓的美国人支持敌人，并在我们浴血奋战时焚毁美国国旗。

方案 B：美莱村大屠杀

当斯廷森思考学生们所说的话——杀害孩子是合理的，因为你被命令这样做——他的头脑中闪现出他曾阅读的第一篇关于美莱村大屠杀的文章。下课后他从文件夹中把它找了出来，那是一篇刊登在

《生活》杂志的文章,标题为"美莱村的屠杀",里面有美国士兵在那个越南村庄杀害妇女和儿童的照片及目击者的描述。[①] 明天的课上,他会让学生阅读这篇文章,并在周四讨论卡利[②]的审判,让学生在周五为卡利写一篇辩护词和军事法庭的判决书。虽然"非常时期"和《联邦宪法》是重要的,但现在有更紧迫的问题需要处理,且学生的兴趣很高,"非常时期"的话题将不得不延后讨论。

三、结论

随着社会继续受到社会问题的困扰,历史在学校课程中的地位依然岌岌可危。当前,在倡导"环境教育""服务教育""和平教育"以及许多其他竞争科目浪潮中,历史被要求为自己的重要性进行辩护。近来,美国校园暴力事件的增长,又增加了"道德教育"(character education)的需求,要求设计课程和课程体系以向美国青少年灌输价值观。

这些做法多半被批评是保守派为了抑制贫民愤怒,并进一步削弱那些已经淡化的课程。但斯廷森的课堂告诉我们,在勇敢地改革历史教学、开发其最深层次的意义时,其实并不需要新课程来解决永恒的价值观问题。在他这样的课堂里,历史无法回避道德问题。像斯廷森这样的老师,允许少年们打破"学校游戏"的固定模式,允许他们表达自己的想法。在这样的课堂中,讨论将不可避免地因争议性问题而出现如判断、冲突和紧张对立等情况,这些都是自由社会的特征。这就是杜威所写的,学校不是民主训练的场地,而是民主实施的地方。要么教室成为我们学习对话的场所,要么我们将承受从未如此学习而导致的持续性后果。

---

① Life(December 5,1969), 36-45.

② 卡利(William Calley, 1943—1971),越南战争期间屠戮美莱村的美军军官。——译者

【说明】 本案例研究是根据斯坦福大学教师评估项目中一位参与者的历史课堂的实际讨论而来,该项目由李·舒尔曼指导并由纽约卡内基公司资助。我对讨论中的一些引文进行了修改,但尽力保留其原意。撰写本案例研究的灵感来自与阿拉斯加大学费尔班克斯分校的朱迪·克莱因菲尔德(Judy Kleinfeld)的对话,它最初发表在阿拉斯加州大学出版社发行(Fairbank,1993)并由她编辑的《跨文化教育教学案例》系列中。本章对这篇文章内容做了修改并为本书呈现最新风貌。

第十章　历史地理解新千年

在一次关于越南战争的访谈接近尾声时，弗雷德·刘易斯（Fred Lewis）表达了对 16 岁的女儿——安妮塔（Anita）关于这场战争所知甚少的忧虑。当这个访谈结束的时候，弗雷德开始思考他将如何教安妮塔有关这一时期的历史。

弗雷德·刘易斯对女儿无知的回应，充分说明了在新千年我们应该如何变得具有历史性（historical），以及当代普通人应该如何思考历史知识的传承。他既不准备带他的女儿去图书馆，也不准备和安妮塔一起坐下来在百科全书中查阅越南战争。他没有提到英卡塔①或者网络。尽管弗雷德和一位越南老兵一起工作，但他也从来没有准备安排一次会面。相反地，他制定了下列关于了解越南战争的计划来教他的女儿。

> 我在想也许我们可以，或者我们将需要拷贝一份《绿色贝雷帽》（*The Green Berets*）②电影，你知道，就是约翰·韦恩（John Wayne）主演的这类电影，这样她可能会对曾经发生的事情稍微有点意识。我不知道这些电影多准确，但至少可以激发出一些问题。

① 英卡塔（Encarta），微软的电子百科全书。——译者
② 反映越南战争的电影。——译者

弗雷德·刘易斯和许多父母一样面临着这样的困境。他们这一代人很难接受自己的孩子对就在几十年前发生过的事情一无所知。就像许多父母一样，弗雷德想要他的女儿稍微知道更多关于她出生之前的事情。为了创造这种意识，他的反应和许多好的老师一样：他想到了课程。实际上，考虑到自己在政治和意识形态方面的偏向，弗雷德关于要找些什么材料和去哪儿找这些材料有着明确的想法。然而，他寻求帮助的对象并不是隔壁的图书馆，而是隔壁的百视达①。

一、思考过去

1996 年，在斯宾塞基金会的支持下，我开始对如弗雷德和安妮塔这样的普通人如何将自己的人生概念化为历史性的存在（historical beings）展开纵向研究。我重点关注的是 15 名青少年和他们父母的生活。这些少年分别就读于西雅图地区的三所学校。第一所学校处于市区繁华地带，按能力分班并开设不同的课程，大班教学，班级里的学生讲着 23 种不同的方言。第二所学校则截然相反，是私立的预科学校，每年的学费超过 10000 美元，小班教学，每个班级 10 名到 12 名学生，他们与具有博士学位的历史老师围坐在一起，讨论当日的功课。第三所学校是安妮塔·刘易斯就读的那所，这所学校致力于帮助学生以"取悦上帝"的方式理解和应用"圣经中的原则"来"推进上帝的王国"。大多数在这所学校上学的学生都来自一些基督教教派中的中产阶级白人家庭。

我从这三所学校各选出了五名学生，他们正准备学习本州规定的十一年级美国史课程。我想了解：在学习十一年级课程之前，这些少

---

① 百视达（Blockbuster），美国老牌影音租赁店。——译者

年如何看待作为历史性存在的自己。这是他们在高中阶段最后一次正式接触美国史。我想知道这一年的美国史学习经历对他们来说意味着什么,一年后,也就是当他们完成高中学业、为未来做准备的时候,他们又会记得多少学习过的内容。整整一年,我和我的研究生团队在这三所学校花了无数的时间来观察历史课堂、进行讲课录音,[①]与15名参与者保持联系,随时收集、编目、整理他们的作业、试卷、课堂笔记、学期论文。

我们的研究兴趣并不局限于课堂,我们也想了解这15名青少年如何理解他们自己的过去,包括他们的家庭与所在社区的历史。这意味着要访谈他们的家庭背景,通常是在他们家的客厅里要求他们说出自己出生的故事(他们也完全是从别人那里听来的),并要讲述他们人生中最重要的一些事件。据此,我们会要求他们绘制一幅包括国家发展进程中最重要事件的图示,[②]它可以让我们看到青少年如何从自己的角度整理历史。这些初始的采访,有的持续了三个小时,总计耗时两年半的时间,是八个正式采访之一。[③]

这里的每个学生都是在自己的家庭中长大的,我们也想要了解他们的家庭生活。教育著作中经常有"家庭即教育者"的说法,但它所表达的意思完全不清晰。为了更好地理解学生发展历史性自我的背景,我们邀请家长与学生一道参与有关艰难生活史的访谈,并在整个研究

---

① 这些采访是由我本人、亚历克斯·施(Alex Shih)、黛安娜·赫斯(Diana Hess)和苏珊·莫斯伯格(Susan Mosborg)一起实施的。

② 在这项工作中,我借鉴了皮特·塞沙斯的构想,参见他的论文:Mapping the Terrain of Historical Significance, Social Education, 61(1997), 22-27.

③ 我们的研究任务和访谈内容,从采访学生阅读日报(看看他们如何联系过去和现在)到要求他们讲述美国历史上争取民权的历程,再到要求他们向我们解释老师写在他们学期论文上的评论意味着什么。

过程中对家长访谈不少于两次。① 最后，三位老师也参加了生活经历的访谈，还有几次与学生访谈方式类似的采访。

二、关于越南战争的访谈

对 150 名学生、家长、老师的正式采访，130 小时的课堂观察以及我们对 2000 多页书面文献的分析所得到的调查结果，我们非常希望能将其全部呈现出来。但是考虑到效率问题，在这里我主要关注最丰富也是在长达两年的数据采集活动中最令人难忘的部分：有关越南战争和 20 世纪 60 年代意义的亲子访谈。

在研究越南战争的时候，我们想要考察一个父母曾亲身经历、但对他们的孩子来说已经成为历史的事件，或许可以说是亲身经历的记忆（lived）与学习的记忆（learned memory）的区别。在考察这一问题时，我们面临着许多困难。我们绝不希望把它搞得像考试的氛围一样。我们的主要目的是让一代人能够和另一代人讨论一个具有历史意义的问题。为了缓解压力并营造一个更为自然的环境，我们决定借助照片和歌曲。②

我们访谈的主题是关于六张标志性的系列图片和一首两分钟的歌曲。图片包括：《生活》杂志上刊登的九岁的潘金淑（Phan Thi Kim Phuc）③在汽油弹袭击后赤裸身体奔跑的图片；一个美国大兵手里拎

---

① 我们还要求家长完成一项有 30 道多项选择题的关于历史事实的测试。父母的回复使得我们可以将他们的分数与孩子在同一项测试中获得的分数进行比较。与保守派声称的几代人的"记忆侵蚀"相反，我们发现父母和学生的分数在统计上没有显著差异，甚至学生表现略优。

② "照片引导"是由人类学家玛格丽特·米德（Margaret Mead）和格雷戈里·贝特森（Gregory Bateson）开发出的一项技术。有关这一技术近期运用的案例，请参见：On the Authority of the Image：Visual Methods at the Crossroads, in Norman K. Denzin and Yvonna S. Lincoln, eds., Handbook of Qualitative Research(Thousand Oaks, Calif., 1994), 403-412.

③ 潘金淑，女，出生于 1963 年，越南人，1972 年 6 月 8 日，在越南 AF"空中袭击者"轰炸机投下的凝固汽油和胶化白磷炸弹袭击下烧伤。——译者

着两个越南孩子的模糊图片；1970 年 5 月，建筑工人在曼哈顿市政厅（Manhattan's City Hall）前面参加了反战集会的图片；1967 年 10 月，一个拿花的年轻人将一朵鲜花放进了在五角大楼前行进的国民警卫队员的枪管里的图片；一个越南士兵手里拿着粉笔，正在寻找在越南战争中牺牲战友的名字的图片；在 1968 年的一部动画片中，死亡天使（Angel of Death）站在墓碑前问萨姆叔叔（Uncle Sam）"我该写下什么作为死亡的原因"的图片。我们播放的音乐是"伍德斯托克音乐（Woodstock）"，由琼尼·米歇尔（Joni Mitchell）作词，克罗斯比（Crosby）、斯蒂尔（Stills）、纳什（Nash）和扬（Young）演唱。几乎一半的少年都会问："他们是谁？"访谈采用了自由回答的方式：父母和孩子们各自写下他们对这些图片和歌曲的反应，然后通过讨论和我们分享这些反应。我们要求孩子们针对每幅图片率先发言，以避免受到父母回答的影响。

最初的几轮访谈后，我们无意中发现了一个比我们想象中更强大的方法。餐巾纸成为采访室中的必备之物。对于很多父母来说，越南战争存在过并且直到现在仍占据着他们的生活，只需一点刺激，他们的感情就会满溢而出。他们在这次采访中的反应也捕捉到了当代政治图谱的缩影：从一些父母将越南战争作为美国开始衰弱的标志，此后美国逐步陷入了犯罪、性和违法的深渊，到一位母亲满脸愁容地对着自己 16 岁的孩子叹息道："那时候我们都有目标，不像现在，每个人都只顾自己。"

对德莱尼（Delaney）的家庭——16 岁的约翰，他的妈妈卡伦（Karen）和爸爸肯（Ken）的访谈，表明这种探究方法很有潜力，可以阐明更大的历史意识问题，而这正是我们的研究动机。德莱尼一家是中产阶级白人，虔诚的基督徒。约翰就读于前述的那所教会高中，他是一个聪明外向的学生，在学校的戏剧社非常活跃，回答问题条理清晰，能够准确地表达自己的观点。约翰的历史课上有 22 名同学，他一直属于最踊跃的发言者。德莱尼家位于风景如画的西雅图郊区，住在一栋新式的两层小楼里，那里有安静的街道、精心修剪的草坪，孩子们骑着自行车在人行道上溜达。

肯和卡伦 45 岁左右，征兵最后的那几年他们都在上高中，也没有兄弟姐妹或者亲人参加越南战争。但两人对越南战争依然深有感触，就像我们案例中的许多回答一样，德莱尼夫妇并没有把越南战争的经历当作是轻轻掠过他们生命的遥远事件，而是把它当作继续影响他们当下的重大时刻。确实，他们强烈的情绪同 16 岁的约翰形成了鲜明对比。在看到刊登在《生活》杂志上那张获得普利策奖的潘金淑的照片时，卡伦哽咽地转向了约翰（他并不认识这张图片）并向他解释这张照片的由来。肯也用颤抖的声音接过话来，用模糊了过去与现在的语言说道："我们最终实现了什么？为什么要这样？使用武力到底使谁受益了？看起来并没有大量的敌军需要他们去战斗。"

一阵沉默之后，约翰的父母恢复了平静。我回头问约翰，是否有什么想要问父母的，或是否有什么让他好奇的。约翰的回答涉及情感在历史理解中的作用。因为距离越南战争很遥远，约翰认为自己比父母更"客观"，因此可以提供更好的历史叙述（historical account）。

> 约翰：我想我的看法更客观，因为我没有经历过它，我不认识奔赴越南战场但没有回来的人，或任何什么的。我没有经历过，我不必追问政府"他们为什么会在那儿"，我想我比（我的父母）更能……

> 采访者：这些事件并没有激起你太多情绪，你觉得这样会帮助还是妨碍你理解所发生的事？

> 约翰：是有帮助的，但如果我面对的是经历过越南战争的人，那就没有丝毫（帮助）了。我认为它让我沮丧，因为我和经历过这

场战争的人缺少共同语言。谈起过去的事情他可能会突然感到悲伤,我却不太可能与他产生共鸣。但我会以符合逻辑的学术方式思考,虽然我不是一个学者或什么的,但我想用一种瓦肯人(Vulcan)①式的合理回应(大笑)——我可以说"好的,这是已经发生过的事情,这是已经发生过的事情,就是这样"——我想我也许能更客观地权衡利弊。

这是一位美国文化下聪明的 16 岁受访者对历史理解的粗糙认知。对于约翰来说,情感会影响历史的客观性,却能帮助"应付某个"经历过战争创伤的人。然而,被约翰视为移情(empathy)基础的情感,却依然未能纳入正规的历史理解范围。对于约翰来说,《星际迷航》(Star Trek)中瓦肯人斯波克先生的性格最能体现历史理解,因为他最鲜明的特征(除了他那对尖耳朵)就是没有感知能力。

约翰的观点必须认真对待,因为这些观点在受访者中并非个例,也确实有一定的合理性。无所节制的情感会对历史理解构成威胁,特别是历史学家在迫于情感压力歪曲甚至隐藏资料或者面对相左的证据依然坚持自己原有观点的时候。我们很难想象完全排斥情感作用的历史研究,就算历史学家对研究主题缺少感情(让学者花费无数个小时在文献上备受煎熬,经常埋首于缺少供暖的档案室里),至少历史学家对自己通过移情试图理解的历史人物也会有感情。约翰是一个聪明认真的高三学生,他印象中的历史研究是不带情感、脱离人类本性的机械性活动。这种认识论基于一个矛盾的潜在逻辑:当历史学家跟这个主题没有个人情感联系时是最客观的,但正是因为有个人的联系才会激发兴趣和热情。奇怪的是,对于约翰来说,毫无动机的人最适合从事历史研究。

---

① 瓦肯人是电影《星际迷航》中的外星人,住在瓦肯星,是星际联邦的成员。——译者

约翰的回答跟我们在启示高中（Revelations High School）所观察到的是一致的，那里的历史教师完全按照课程顺序教授美国史，其中一个突出特点就是课堂上充斥着大量史实，且每周都有针对 AP 考试的客观测验。我们注意到教室的墙壁上贴着《圣经》海报（最大的墙面上用整洁的印刷体写道：“耶稣会做什么？”），这和宣传的“不分时地”的教学精神间还有极大的差距。如果说有什么因素形塑了历史课程风格的话，那应该不是“马可福音”与“马克福音”，而是新泽西州教育考试服务中心制定的政策。①

根据我们在约翰的历史课上的观察，很容易将他的观点与他在课堂上接触到的历史联系起来。当然，这两者确实有一定联系，但我们相信这不是一位教师的教学就能影响的。实际上，约翰关于什么是好的历史研究的观点大部分受到父母的影响。在约翰的父亲看来，历史是需要“分析”的，他甚至顾虑自己在访谈过程中流露出来的感情会不会给我们的研究带来不必要的“偏见”。在这方面，父子两人的想法是一致的。

我们相信，这里的研究是扎实的，对于好的历史的一般判断标准和历史学家的日常研究也提出了相当稳定的看法。在某种程度上，德莱尼一家的观点反映出历史学刚进入现代研究型大学时的普遍看法，但到了 20 世纪 30 年代，这样的观点已经被两任美国历史学会主席卡尔·贝克尔和查尔斯·比尔德质疑了。值得注意的是，这些观点与当代历史学家对自己工作的认识存在分歧。有人甚至声称，在后现代时代排斥情感本身就值得怀疑，它会被视为利用修辞手段掩饰观点中潜

---

①　然而，这只是部分情况，因为这所学校的宗教课程也教过历史。在针对阅读《每日新闻》的采访中，我们要求学生回顾最近密西西比法院一件关于在学校进行宗教祈祷的案件。在来自启示高中的五名学生中，有四位引用了“托马斯·杰斐逊写给丹伯里浸信会的信，这是在宗教课上教过的一份原始资料”。参见：Susan Mosborg, Assessing Historical Significance, Manuscript（University of Washington, 2000）.

在争议的手段。正当历史学倡导主观性和立场这两条后现代主义基本美德的时候，客观性及其可获取性依然存在于德莱尼一家人的心中。

约翰或许觉得自己在越南战争的问题上要比父母更客观、没有那么情绪化，但在访谈过程中，他也多次表现出清晰而强烈的反应，而他用来佐证自己观点的材料，却很难算得上是公正或客观的。一个典型的例子就是约翰对一幅图片的反应，图片中美国大兵的两个胳膊下面各夹着一个小孩。这幅图片本身就是模糊的，受访者对图片的解读也是仁者见仁。约翰对此的解释是：

> 这张图片中，这家伙在跑，或许这并不是他真正在做的事，但看起来好像他在往外跑。他的胳膊下面夹着两个孩子。……我们想起越南战争的时候，总会听到有人在说："哦，婴儿杀手。"

约翰的发言值得关注。在我们的访谈中很少有一个青少年如此清晰地讲述将过去强加进现实的案例。约翰提到，他总是而非一两次听到用"婴儿杀手"指代越南战争老兵。从我们对他的课堂观察与记录中，我们确定除了在 60 分钟的美国史讨论课上，越南人几乎没有出现在其他课堂中。这种事情，他的父母也不太可能提起。

那么约翰到底在哪里有可能听到"婴儿杀手"的绰号呢？或者，更抽象地讲，约翰关于越南战争的信息来自哪里？在访谈的过程中，约翰提到过几次。一次出现在他完成的关于理查德·尼克松（Richard Nixon）的报告中，在其中他想证明"从尼克松在外交事务上所取得的成就来说，他是位好总统"。在研究这份报告时，约翰阅读了"一些传记和自传"，但他说不出任何一本书名（我们也没有耐心地去追问他）。事实上，这是约翰在访谈中唯一一次提供了明确的历史论据，是他用来论证自己"战争对经济有好处"的论点。

采访者：好的，多说一点帮助我深入了解一些吧。或许有人会说战争的代价非常高昂。所有的军备都需要花钱，我们损失了很多飞机，失去了我们的年轻人，并且运送军队去战场也绝对是一笔很大的花费。那么，从你的理解来看，参战如何会获益呢？

约翰：哦，在任何一段历史中你都可以看到，战争会促进经济发展。就像《辛德勒的名单》中辛德勒说的那样，"我尝试了所有的生意，但都没有效果，因为我一直以来都缺少一样东西"。那是什么改变了他的运气？战争。因为随着战争的爆发，你会（在战争中）一直折损飞机、装备、直升机、坦克或者其他东西，这就使得对金属工业的需求日益增加，就得制造这些东西，就需要有人在美国生产。

当我们要求详细说明战争带来的好处时，约翰既没有引用从学校学到的知识，也没有调用经济学知识。他的证据来源于史蒂文·斯皮尔伯格的《辛德勒的名单》，一部根据托马斯·基尼利（Thomas Keneally）的历史小说而非历史拍成的电影。约翰关于战争与利益关系的看法虽然有一定的依据，但这明显偏离了要点。重要的是，此前在撰写有关尼克松的报告而查阅"一些传记和自传"时，他的说法含糊不清，相比之下，这里他很明确地说出了所参考的资料。而他此时的措辞还非常直接，没有"这就如我看过的一部电影《辛德勒的名单》"之类的引言、限定条件或者开场白。约翰假设他和采访者有着共同的文化知识（在这个案例中，不失为一个正确的假设），他可以便利地利用这些共同知识。在评论战争时，约翰诉诸过去，但依据的是他所记得的电影中的过去，一个模糊了事实与小说的过去，在约翰的逻辑推演下成为历史论断的依据。

在约翰和其他人的访谈中，这并不是一个孤例。事实上，另一部电影在约翰的理解中扮演了更重要的角色——这部电影将真实的历史片段融入虚构事件的视觉流中。就是这部《阿甘正传》一直使德莱尼一家坐在一起讨论过去。① 他们家里有这部电影的光碟，他们会聚在一起反复观看。约翰说："当我们讨论越南，我想家人总会联想到《阿甘正传》中的一些台词。你知道，他们经常会提到金钱和贪婪，我终于知道他们为什么会这样了。"同时，这部电影也是德莱尼一家和亲朋好友也包括一位越南战争退伍老兵唐·韦弗利（Don Waverly）聚会时的共同话题。约翰说："唐先生从不谈论越南战争，也从不提及任何有关越南战争的事情……唐先生曾经和我们一起看过《阿甘正传》，当看到越南战争的画面时，他真的非常平静。"

《阿甘正传》是德莱尼一家讨论 20 世纪 60 年代的起点。不像我们案例中那些真会去越南战争纪念碑（Vietnam Veterans Memorial）那儿的家庭，德莱尼一家参考的只是一盒录像带。约翰引用的关于越南战争唯一明确的信息不是来自父母、老师、牧师，也不是来自他所读过的书，而是来自电影《阿甘正传》中的一段对白。

> 采访者：你在访谈一开始就提到了《阿甘正传》。
>
> 约翰：这是一部好电影。
>
> 采访者：你提到它的目的是什么？
>
> 约翰：哦，那部电影正是以 20 世纪 60 年代为核心，讲述的是婴儿潮时代的故事，也就是 1950 年到 1980 年间出生的人们的生活。我认为父母和我对这部电影的体会截然不同。我很多朋友觉得这部电影是他们看过的最无聊的电影之一。我并不同意他

---

① 《阿甘正传》在青少年重建越南战争时代的过程中扮演了重要角色，超过了任何其他单一来源，包括父母、老师或教科书。青少年自发讨论的其他电影包括《第一滴血》《少年轻狂》《野战排》《现代启示录》。所有三所学校都提到了《阿甘正传》；无论是图像或其他媒介，《阿甘正传》是连接两代人的唯一的"文本"。在越南战争采访中，60%的访谈都提到了这部电影，其他文本没有一个接近这个比例。

们的看法，我认为它是一部很好的电影。这部电影讲述了很多内容，我们从中可以学到很多——态度。不过，你看到了越南战争以及一个嬉皮士看着穿着军装的阿甘，然后问道："谁是婴儿杀手？"

就是这个情节：一个看似民主社会学生会（SDS，Student for a Democratic Society）①的成员嘲笑穿着制服的阿甘是"婴儿杀手"，使得约翰声称在日常生活中"总会听到"那句话。这个电影情节是约翰对整个越南战争时期最明确、最清晰的记忆。

约翰的评论可以成为当代电影是如何影响我们理解过去的另一个例证，这个现象对于文化研究学者来说，已是一个老掉牙的课题了。② 很明显，约翰是受到一部，确切地说是多部电影的影响。但这样的观察也只是表面化的。一部电影，在这里是一盒家庭录像带，对于德莱尼一家来说已经成为再访历史的契机。他们聚在客厅，从橱柜中拿出录像带放入录像机。这并不是一趟历史遗迹的游览或者参观历史博物馆，而是为了迎合美国人便于家庭娱乐的需要而制作的录像带。虽然，我们也可以"出去"看电影来了解历史，但在信息化时代，（视频的普及和广泛传播会使）过去变成我们所拥有的某种物品。最重要的是，录像带中"有用的历史"（usable past），就成为触手可及的过去。

如同我们拥有的其他物品一样，当有需要的时候，录像带就可以

---

① 民主社会学生会（SDS，Student for a Democratic Society）是 20 世纪 60 年代美国最重要的学生运动组织。——译者

② 举例来说，可参见：William Adams, War Stories: Movies, Memory, and the Vietnam War, Comparative Social Research, 11(1989), 165-183. 相关文献汗牛充栋，整体综述可以参考：Keith Beattie, The Scar That Binds: American Culture and the Vietnam War(New York, 1998); Linda Dittmar and Gene Michaud, From Hanoi to Hollywood: The Vietnam War in American Film(New Brunswick, NJ., 1990); John Hellmann, American Myth and the Legacy of Vietnam(New York, 1986).

随时拿出来观看。仅在这次访谈中,德莱尼一家就提到了三次观看《阿甘正传》的家庭活动,且有一次是和他们的朋友——参加过越南战争的退伍军人唐·韦弗利一起观看的。我们甚至可以想象到,其他时间德莱尼一家观看这部电影的场景。通过反复地观看,影片的效用已与珍贵的古文献和宗教经文没什么不同了。电影中对白的片段提供了便捷的转喻①——影片中的对话唤起了观众的感情、价值观和联想。由于人们更容易记住细节而非它的出处,于是细节往往保留下来了,而出处却消失了。② 所以,约翰说他经常听到"婴儿杀手"是对的,但他最常听到的这句话应该是编剧罗伯特·泽梅吉思(Robert Zemeckis)为演员写的台词。换句话说,现实中约翰的参照对象是小说化的过去,而不是真实的历史事件。

德莱尼家的观影习惯使"家庭即教育者"的观念发生了变化。毫无疑问,家庭依然具有教育功能,但并不是按照诺曼·罗克韦尔(Norman Rockwell)那样传统的方式。家庭教育已不再是餐桌上一代代的故事传承,而是在客厅的沙发上观看录像。家庭成为这节历史课的教学环境,也作为媒介传播了好莱坞更广泛的文化叙事。在传统社会中,全家人会亲自前往某个历史遗迹——战场、圣地或其他纪念场所——而在这里,用皮埃尔·诺拉(Pierre Nora)的话说,"记忆所系之处",已不是地点本身,而是一件物品。③ 录像带消除了朝圣的需要,并迎合了现代要求。它允许存在仪式,但不必去朝圣,只需按一下键就可以连通过去。

---

① 对不相似却有明确关系的事物,直接用喻体来代替本体的修辞方式。——译者

② Colleen M. Seifert, Robert B. Abelson, and Gail McKoon, The Role of Thematic Knowledge Structures, in John A. Galambos, Robert B. Abelson, and John B. Black, eds., Knowledge Structures(Hillsdale, NJ., 1986).

③ Pierre Nora, Between History and Memory: Les Lieux de Mémoire, Representations, 26 (1989), 1-15.

三、集体记忆与集体闭塞

对德莱尼一家的访谈结果,让我们管窥到利用这种研究方法获取到了什么。德莱尼家是 15 个受访家庭之一。在这一部分,我将分析所有样本中父母和青少年的倾向。

像约翰·德莱尼一样,其他参与这项研究的学生也讲述了丰富的越南战争故事,而且对于那张"一个男人站在一块刻着名字的墙体前"的照片,他们都可以轻易地辨认出这是一个退伍军人站在华盛顿的越南战争纪念碑前。[①] 在观看这张照片时,许多年轻人和他们的父母会讲起越南战争退伍老兵回到美国时曾遭受的虐待,也有人会或多或少地描述故事的细节——一位"遭人唾弃"的越南战争老兵,在路边徒劳地等着搭便车——但主旨是相同的,嬉皮士和整个社会都在折磨着他的生活。

受访者共有的印象说明了集体记忆和历史记忆之间存在一些差异。[②] 例如,各学科的学者都曾就返回美国的越南战争老兵"遭人唾弃"是否为普遍现象做过研究。从杰里·伦布克(Jerry Lembcke)的社会学,到鲍勃·格林(Bob Green)注重档案研究的新闻学,再到托马斯·比米什(Thomas Beamish)、哈维·莫罗奇(Harvey Molotch)和

[①] 到目前为止,我们向青少年展示的六张图片中,越南战争纪念碑是最容易辨认的,这例证了诺拉的观点,即子孙后代记住的是我们如何纪念过去的事件,而不是事件本身。每年有超过 150 万人列队参观越南纪念碑,留下超过 25000 件纪念品。在 15 个家庭中,有 9 个家庭的父亲或母亲或孩子共同前往墙前朝圣。关于这类朝圣的研究,请参见:Kristin Ann Hass, Carried to the Wall (Berkeley, 1998).

[②] 我认同与"集体化"记忆有关的概念问题,这是一种通常被视为个体过程的行为。参见:Amos Funkenstein,Collective Memory and Historical Consciousness, History and Memory,1(1989),5-26.正如一个国家不能哀悼或庆祝一样,准确地说,它也无法记忆。此外,至少从黑格尔以来,人们已经意识到社会过程总是与个人记忆行为有关。在心理学家中,维果茨基最清晰地阐述了这一观点。有关这些问题的综述,请参见:Patrick H. Hutton, History as an Act of Memory(Hanover, N. H. ,1993), as well as the insightful review of Hutton by David Gordon in History and Theory,34 (1995),340-354.

加州大学圣巴巴拉分校理查德·弗拉克斯(Richard Flacks)[1]对 380
份关于"回家"的新闻报道的档案研究。他们的研究表明,这种集体形
象除了在媒体上有过具体陈述,几乎没有其他基础来源。对历史记录
的考察显示,退伍军人受到其他退伍军人虐待的记忆要比嬉皮士更为
强烈。一份对历史档案的研究显示,越南战争老兵遭受其他退伍军人
的虐待比嬉皮士的欺辱还要多。[2] 但是越南战争士兵之间欺凌的故事
并没有在我们的访谈中出现。这些故事以及它们所代表的更大的问
题都在记忆中变得模糊。久而久之,这些故事已经集体在大众记忆中
被屏蔽了。

集体闭塞是集体记忆的反面。它是指那些不再是常识的记忆,也
不容易再次被想起或是被当作理所当然的记忆。集体闭塞要求我们
思考代际文化传承过程中被屏蔽的故事、图片和文化代码。尽管它们
依然存储在历史文献和尚存的一些记忆中,但在社会进行记忆并将其
过去传递给下一代的日常过程中,面临着消失的危险。[3]

出于几个原因,我选择使用"闭塞"(occluded)一词而不是更广泛

---

① Lembcke, Spitting Image; Bob Green, homecoming: When the Soldiers Returned from Vietnam(New York, 1989); Thomas D. Beamish, Harvey Molotch, and Richard Flacks, Who Supports the Troops- Social Problems,42(1995), 344-360.

② 参见:David E. Bonior, Steven M. Champlin, and Timothy S. Kolly, The Vietnam Veteran: A History of Neglect(New York, 1984), 99-118. 博尼欧(Bonior)和他的同事们注意到,早在 20 世纪 80 年代,退伍军人组织就反对在越南退伍军人项目上花费新的联邦经费,比如吉米·卡特(Jimmy Carter)在 1977 年提出的一项计划,旨在提高战争期间不公平的退伍待遇。博尼欧和他的同事们写道:"对于主要的退役军人组织而言,问题远远超过了金钱本身。其中,涉及情感的根源,而总统的方案正好捕捉到了他们对这些奇怪的、陌生的、有时如嬉皮士般的退伍老兵的矛盾心理,他们中已有一些人扔掉了勋章,似乎一点也不以之为神圣。在他们看来,没有荣誉退伍证书的越南战争退伍军人是失败的军人,因为他们在遥远的越南输掉了一场'微不足道的战争'。不知何故,他们对越南战争退伍军人的态度,改变了他们对退伍制度的长期担忧。"(第 108 页)作者指出,到 1977 年,没有一个主要的退伍军人组织选举越南战争老兵担任其最高领导,甚至到 1981 年,境外战争退伍军人组织(Veterans of Foreign Wars),也还没有一个越南战争老兵担任高级职位。

③ 参见 Paul Connerton, How Societies Remember(Cambridge, England, 1989)中相关的争论。康尔顿(Connerton)对记忆的具身进行(bodily enactment)有其煽动性,但我发现它在信息日益丰富、技术日益成熟的全球社会中已经过时了。

使用的"失忆"（amnesia）。首先，"闭塞"表达的是一种阻塞感，这并不是说这些记忆被抹去或是被遗忘，只是不被凸显，也不易被看到。其次，即使记忆被堵塞了，它们也仍旧存在于历史和档案文化中，通过书籍、网络以及大学的专题研讨都可以找到。最后，"失忆"通过传达单一的、社会一致性的过程，可能会扭曲社会记忆的复杂性。而"闭塞"带有偏袒和不透明的意思，会更真实地传达出社会记忆的复杂性。

　　我们关于代际方面的研究表明，在经历的记忆转化为学习的记忆时，很多记忆消失了。举例来说，在我们的研究中，所有出生在美国的父母在看到一个年轻人站在端着枪围成一圈的国民警卫队队员面前，将一朵鲜花插入枪管的照片时，可以很快地构建起它的语境（见图10.1）。即使父母无法确定这一事件的确切时间、地点（1967 年 10 月21 日至 23 日的"向五角大楼前进"，吸引了 50000 名抗议者来到华盛顿），但他们理解图片背后更大的意义：图中的嬉皮士，代表着和平与非暴力，在战争时期国内骚乱时敢于直面警察、国民警卫队或者州国民警卫队。这个在父母那里是理所当然的寓意，对他们的孩子来说却并非显而易见。比如，下面这段对约翰·德莱尼同班同学 16 岁的雅各布·柯夫曼（Jacob Curfman）的访谈。

　　　　雅各布：我完全不知道看的是什么，但看起来像是——像是这家伙处于枪口的威胁之下，而他正在把鲜花放在枪上的刺刀或者什么上，我分辨不出来。但它看起来有点像是在极其恶劣的形势中某种和平的姿态。这个家伙像是针对战争进行表态，他想要和平。这大概就是这张照片要说的。

　　　　采访者：关于（这个人）怎么会站在刺刀前面，你有什么想法？

　　　　雅各布：不太有，我并不确定。或许他在声援美国士兵或者什么，我不知道。但是在做一些他们不喜欢的，或许就会被抓进

图 10.1　向五角大楼前进（1967 年 10 月 21 日）

监狱或者哪儿。

　　采访者：被谁抓进监狱呢？

　　雅各布：北越一方或什么的。

或者再看看克劳丁·赛博尔（Claudine Serber）的回答，他是精英大学预备学校的一名学生。

　　克劳丁：我觉得这是在葬礼上念悼词的场景。这显示出这一时期有很多人失去了生命。

　　采访者：你怎么会觉得他是在葬礼上念悼词呢？

　　克劳丁：因为他只拿着几朵小花……看起来就像是正在念悼词，说着"这个人被杀害了"或者"他是个勇敢的人"……这是一个正式的追悼会，站着的那些人看起来像是死者的亲属。他们站成一圈，好像有点保护坟墓的意思。你知道，他们聚在一起是为了最后一次悼念他。

雅各布·柯夫曼相信拿花的少年是被北越俘虏过的，而克劳丁·

赛博尔(Claudine Serber)认为他是在颂扬一位已经牺牲的美国士兵，这清楚地呈现了很多学生在解读图片潜在文化信息时所要面对的困难。将近半数的学生(15 个学生中有 7 个左右)无法给出恰当的背景说明。然而，学生们清楚地知道"嬉皮士"是什么，知道嬉皮士反对越南战争，甚至知道嬉皮士的装扮，长发及背，戴着约翰·列农(John Lennon)式的眼镜、绑着发带，穿扎染的 T 恤，还有和平标语。按此标准，那个在"五角大楼前游行"的年轻人显然不是嬉皮士，他不符合关于越南的文化课程中经典文献和图片的界定(见图 10.2)。

　　青少年理解越南冲突时，采取的是一种简化的方式。在许多(并

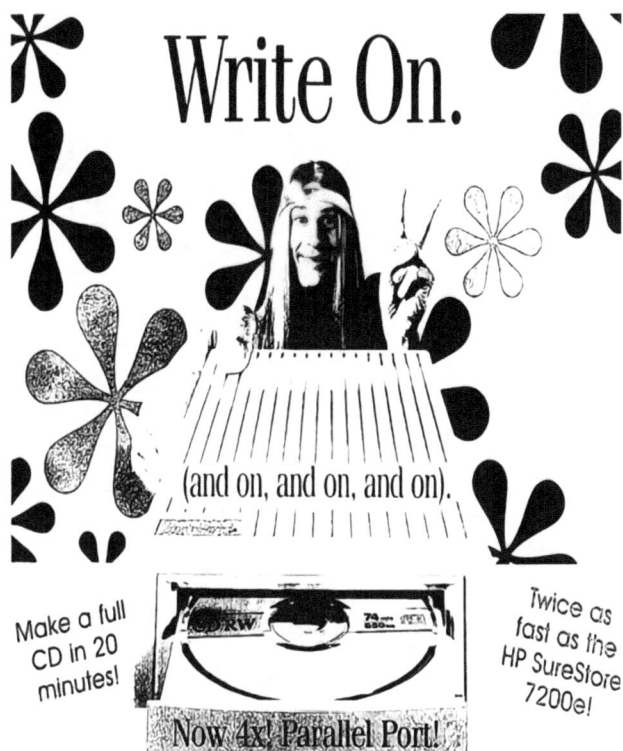

图 10.2　嬉皮士的现代形象

非全部)学生的简要叙述中，这部越南战争剧中的角色鲜明且各异：士

兵在越南打仗,而嬉皮士在国内抗议。嬉皮士在美国社会成为消极因素,不是错在他们反对战争,而是因为他们过分地指责军人。即便是没有参加华盛顿游行的美国人,也会在家无声地抗议。在这样奇妙的重塑历史的反转中,我们都投票给了反战的麦戈文(McGovern)。就如年轻人记忆中的那样,越南战争是一场没有支持者的战争。[①]

那么,青少年在遇到与其记忆直接冲突的证据时,会怎样呢？譬如,有张照片描绘的是一个摇旗呐喊支持尼克松总统的集会,其中有10万名戴着安全帽的建筑工人聚集在曼哈顿的市政厅前,举着这样的标语:"我们这些戴着安全帽的人是在建设美国,而不是破坏它。上帝保佑美国。""这个国家并不是完美的,但在世界上是最好的。""总统先生,您作为统帅,我们支持您。"[②](见图 10.3)出生于美国的 12 位父母中有 11 位,能够轻易地判断出这是一场支持战争的集会,不管他们支持还是反对这场战争。学生安妮塔的父亲弗雷德·刘易斯,以下面这种方式来回应图片。

> 尽管很多人对战争的目的不甚清楚,但不论男女都展现了爱国主义精神……他们虽然并不完全清楚政府为什么要这样做,但仍然支持政府。我发现这些人是典型的蓝领工人……那些每天都在流汗的家伙,而他们,他们会说:"嗯,我们不是知识精英,但我们会支持你。"

埃伦·奥斯恩斯基(Ellen Oshansky)是一个私立大学预科学院学生的妈妈,她对这张照片有着截然不同的反应。

> (照片中的这些人)是一群混蛋,他们盲目爱国、孤陋寡闻、没

---

① 参见：Theodore White, The Making of a President, 1972(New York, 1973), 116.

② 参见：R. M. Fried, The Russians Are Coming! The Russians Are Coming! (New York, 1998).

图 10.3　1970 年 5 月 20 日建筑工人在曼哈顿市政厅前的游行

有脑子，被冲动支配，觉得攻击别人会显得自己有力量、更重要……我发现他们见识短浅、孤陋寡闻。他们不去思考，也不去分析。这些就是今天愿意听拉什·林堡①节目的人，只想听让他们感到痛快的话……就是"不问是非支持祖国"。

至于青少年，由于缺少"集会"的概念，又只知道"抗议战争"，看到这幅图片也未能将其作为改变自己原有观念的新证据，反而将这个视觉形象纳入自己对越南战争的既定理解中。60％的学生把挥舞旗帜的建筑工人理解成越南战争的抗议者。雅各布·柯夫曼说出了许多

---

①　美国著名的政治与时事广播脱口秀主持人，20 世纪 80 年代末开始在 WABC 电台主持 The Rush Limbaugh Show 节目，听众多达 2000 万人。——译者

学生的困惑。

　　雅各布：(这张照片)和其他照片在一起应该是放错了，因为我们在这类照片中看到的大部分人是在抗议，而不是挥舞旗帜……所以，我真的不知道该如何看……并且那个标语"我们这些戴着安全帽的人是在建设美国，而不是破坏它"好像有点蔑视战争的味道，但我猜，他们试图展示自己在努力维持国家的运转。

　　采访者：你为什么会觉得他们在蔑视战争呢？

　　雅各布：嗯，因为那个标语。我意思是整张照片所显示的态度像是非常爱国，但这个标语引起了我的注意。它说"我们在建设美国，而不是破坏它"，像是士兵做的那样，或者是政府或其他什么做的那样。

对于雅各布来说，标语中提及的破坏力量是指美国士兵或者美国政府。① 安德烈亚·克拉克(Andrea Clarke)是一个公立高中的学生，她的爸爸在战争期间服役于海军，她对自己的解释更加笃定。

　　安德烈亚：我认为这是在抗议战争。

　　采访者：(感到惊讶)抗议？

　　安德烈亚：是的，抗议。看起来像是某个团体。所有的这些人，看起来像是建筑工人或者做类似工作的，都戴着帽子，而且似乎有许多不同种族的人在那儿。标语上写着，"我们这些戴安全帽的人"，很明显看出，他们是从事体力劳动的或者类似工作的人。所以他们不想(继续这场战争)——很明显这些人觉得这场战争破坏他们的工作、他们的家园，也在破坏整个国家。

格洛丽亚·劳伦斯(Gloria Lawrence)是一个私立预科学院的学

---

　　①　参见：Michael G. Kammen, Mystic Chords of Memory: The Transformation of Tradition in American Culture(New York, 1991), 657.

生,将照片解释成"建筑工人的罢工"。

> 他们想让士兵返回家园……这些人正在进行罢工,冒着丢失
> 工作的危险,为了在越南的美国士兵去抗议,他们希望士兵们能
> 够回家,因为那些士兵是他们的家人,他们的兄弟、表兄弟、儿子。
> 我确定这是正在进行的抗议活动的一部分。

四、记忆的图像

相比这项研究中家长们展示出的多样化观点,学生对越南战争的理解非常狭隘。我们在三个教室里看到的历史教学完全不同,但我们却未预料到学生的回答竟会如此一致。尽管他们归属于不同的政治、民族、种族、宗教和意识形态的小团体,他们一致性的反应证明了流行于这些团体的文化课程的威力与影响。

在这项工作中,我们开始了一趟实证研究之旅,进入历史和记忆相互碰撞的世界。在这个世界中,有的人利用认识大部分事物的常识建构能力来了解过去,有的人则利用学科化的思维习惯来认识历史。在我们分析资料时,相较于关注人们的理解是否符合权威观点,我们关注更多的是人们如何建构自己的历史记忆导图,去勾勒人们如何思考过去及历史地理解现在。现在,那些为学校历史教学设计教科书和课程的人,既不承认也未能认清集体记忆是一个重要的力量——确实,它在教与学中都是一股不容忽视的力量。但我认为,集体记忆的

内容为我们在学校想教给学生的知识提供了框架。①

　　最近,罗伊·罗森茨韦克和戴维·西伦(David Thelen)②电话调查了 1000 名美国人,了解历史是如何被运用到日常生活中的。这一研究方法可以让研究者对与过去有关的日常活动(以及人们赋予这些活动的意义)的发生率有一个大体的印象,如追溯家族谱系或参观历史博物馆。尽管这些信息可能有价值,但无法呈现个人的回应与家庭、学校、教堂和社区等背景因素的关系,也无法详细描绘理解的过程,这一过程会让教育者接触到学生认知图像(cognitive landscapes)中细微的角落与缝隙。

　　这里的研究方法所涉及的样本较小,得出的结论也有一定的局限性。这些结论为我们提供了关于日常历史理解的理论雏形,而不是直接说出非研究人员如何反应及其发生的概率。尽管如此,这些教育背景、宗教观点及世界观迥异的受访者表现出的一致性使我们相信,我们在这个样本中看到的反应趋势并非特例。

　　集体记忆就像一个过滤器。③ 随着时间的推移,不仅历史事件的细节会变得模糊,而且历史中被记住或被掩盖的部分也在不断地被当代社会重塑:国家纪念某一事件而非其他事件,小说家、电影制片人讲述某个故事而非其他故事,以及一些奇怪的社会需要,都是利用历史

---

　　① 在由加州大学洛杉矶分校国家学校历史课程中心出版的《美国国家历史课程标准》[National Standards for United States History(Los Angeles,1995)]中,人们很难找到关于当代文化如何塑造现代历史意识的严谨研究。这些标准的制定者不为实证资料所动,他们在很大程度上依幻想而行,以为只要改变教科书就可以改变历史的教学和理解方式。约翰·威尔斯(John Wills)的一项关于课堂教学的民族志研究表明,即使在课堂上使用有关印第安人的新材料,并且教师也明确支持新视角,而文化力量所塑造的信念会被载入更大的文化文本中,压倒性地战胜了教科书的叙述。参见 John Wills, Popular Culture, Curriculum, and Historical Representation：The Situation of Native Americans in American History and the Perpetuation of Stereotypes,Journal of Narrative and Life History，4(1994)，277-294.

　　② Roy Rosenzweig and David Thelen，The Presence of the Past(New York，1998).

　　③ 参见:Pierre Nora,Between History and Memory:Les Lieux de Mémoire,Representation,26(1989),1-15.

的某些要素而屏蔽了其他的元素。

确实,这正是最后一个方面——现实的需要塑造了过去——使得法国社会学家莫里斯·阿尔布瓦克斯(Maurice Halbwachs)宣称集体记忆根本就不是关于过去的,而是完全反映当代社会需要和社会状况的。按照阿尔布瓦克斯的说法,现代化的推进与快速的社会变化在现在与过去之间隔开了一道鸿沟,就像"两棵树的树顶相接,但仍不能长成一棵植物,因为它们不可能有联系"①。

新阿尔布瓦克斯学派(neo-Halbwachians)的社会学家巴里·施瓦兹(Barry Schwartz)和雅艾尔·巴维尔(Yael Zerubavel)则采取了温和的立场,他们更注重历史记忆和历史记载(如历史学家作品所呈现的)之间的辩证关系。② 像皮埃尔·诺拉,这些学者将注意力集中在记忆的场所,如战场、纪念碑、博物馆以及与过去相关的文化产品,像小说、畅销书、电影和论文。然而,迄今为止,几乎没有人去探究历史记忆是如何在普通人的生活中发挥作用的:路边的行人如何体现(或者不能没有)集体记忆理论家所设想的广泛社会历程呢?

如果没有这个视角,我们就会陷入詹姆斯·韦茨奇所批评的状况:把文化产品的生产与消费混为一谈。③ 个人会受到精英文化的影响,也会影响精英产品的创造。试图绕开个人去推论集体记忆的概念(特别奇怪的是,没有人具有集体记忆)④ 就会搁浅在简化论

---

① 阿尔布瓦克斯的这段引文来源是:Barry Schwartz, The Reconstruction of Abraham Lincoln, in David Middleton and Derek Edwards, eds., Collective Remembering(London, 1991), 104.

② 参见:Yael Zerubavel, New Beginning, Old Past: The Collective Memory of Pioneering in Israeli Culture, in Laurence J. Silberstein, ed., New Perspectives on Israeli History: The Early Years of the State(New York, 1990).

③ 参见:James V. Wertsch, Can We Teach Knowledge and Belief at the Same Time? in Peter N. Stearns, Peter Seixas, Sam Wineburg, eds., Knowing, Teaching, and Learning History: National and International Perspectives(New York, 2000).

④ 相关观点参见:James Fentress and Chris Wickham, Social Memory(Cambridge, Mass., 1992).

(reductionism)和本质论(essentialism)的岸边。为了理解社会是如何记忆的,我们需要对文化传承、适应与重塑进行微观和宏观的分析。

很明显,我们正处于努力理解数据的最初阶段。最终我们希望能揭示青少年如何将意义赋予过去,借以更好地参与和拓展他们的历史观念,并在必要时提出质疑。从这个意义上说,我们的调查不只是对文化研究的尝试。作为一名认知心理学家(在这个词的原始意义上)——其实是一名跨学科的工作者,运用人类学、社会学和心理学来努力了解意识现象[1]——我也是一个社会改良论者。考虑到当前青少年理解能力的现状(这种状况在其他研究中也得到了验证),新课程应朝什么方向发展? 我们如何为新进的历史教师设计有效的培训项目? 根据这些及类似的发现,我们可能会设计什么软件,能提出什么线上问题? 在设计新的教育媒介时,我们究竟是在为谁设计? 对于教育革新的"最终用户"[2]的既有理解和信念,我们实际上了解多少?

最近,我把这些研究发现告诉了朋友沙格兰(Chagrined),他是一位资深的高中历史教师。他失望地指出,历史教师本身就过分依赖影像和文化课程的产品,实在应该把这些东西从教室移除。但我认为这样也无济于事。微积分教室可能是我们学习高等数学的地方,但我们可以随时随地学习历史,学校并非唯一的场所。所以,就算将影像从教室中拿走,它们可能会原封不动地出现在家中、DVD、有线电视和卫星电视上,以及几乎所有的地方。我们与其假装可以摆脱流行文化,比如没收影像、封杀说唱音乐和电视游戏、关掉音乐电视和电影频道,还不如试着了解这些力量如何塑造历史意识,以及如何利用它们来增进学生的历史理解,而不是一脚踢开,或者更糟糕的,直接简单地忽视。

---

[1]　关于认知科学的最新发展与其早期跨学科的源头两者间的差别,参见:Jerome Bruner, Acts of Meaning(Cambridge, Mass., 1990).

[2]　指历史教师和学生。——译者

【说明】　本章是专为本书所写，其中有部分段落修改后收录在彼得·N.斯特恩斯(Peter N. Stearns)、彼得·塞沙斯和萨姆·温伯格等所著的 *Knowing，Teaching，and Learning History：National and international Perspectives*（New York，2000）中。1999 年 9 月，在德国汉诺威举办的"传统的传承"研讨会上，我曾就本章内容发表过演讲。感谢哈拉尔德·威尔（Harald Welzer）教授邀请我参加这次研讨会，以及他对这项研究的鼓励。我也要感谢该研究项目的合作伙伴苏珊·莫斯伯格、丹·波拉特（Dan Porat），因为他们让本章的构想更加完善和成熟。最后，里德·史蒂文斯（Reed Stevens）与我的多次讨论让我受益良多。

后　记

　　信息时代的到来、人工智能的发展,对学校历史教育提出了严峻的挑战,超越历史知识记忆、指向追求历史思维、达成对标核心素养,已经成为未来历史教育发展的必由之路。然而,什么是历史思维?如何发现历史思维及其逻辑构成?又怎样帮助学生有效学习和获得历史思维?20世纪80年代至今,关于这些历史教育领域的基础性问题的研究在我国以不同的课题和方式展开并取得了不少成果,但在理论上依然有使研究者兴奋的广阔空间,在教学实践中有令广大一线教师困扰的问题亟待解决。

　　十年前,我来到华东师范大学跟随聂幼犁先生攻读博士学位,先生希望我能以美国中学历史课程作为毕业论文的选题。广泛阅读后,我陷入资料的海洋,无从下手。在美国从事社会科研究与教学工作的林琳教授建议我从阅读萨姆·温伯格教授的《历史思维:描绘历史教育的未来》一书开始,我一翻开这本书就被深深地吸引住了,温伯格教授将认知科学引入历史教育研究,开创了一个迷人的研究领域。正如东吴大学林慈淑教授所说,尽管本书英文版问世已近20年,它的价值并未有丝毫减损。迄今为止,它仍然是国际历史教育研究中数一数二的重量级作品。环顾目前相关学术成果,很少能如本书一样探讨历史教学面向既深且广。

为了更好地理解这本书,我开始尝试翻译,并邀请我的好友、英语语言文学硕士乔建华女士加入。译事三难——信、达、雅。诚如严复先生所言:"求其信,已大难矣!"为了如实表达作者的意思,我们字斟句酌,几易其稿,常常废寝忘食,但也乐在其中。不过,繁忙的学业和工作也导致这项工作一再搁浅,以致拖沓十年之久。2021年,我开始跟随李伟健教授从事历史教育心理学博士后研究工作,因此我们又重新开始对这本书的翻译和校对工作,由我的研究生王婷翻译了第八章,张朝阳、我与乔建华女士共同完成了序言的翻译和校对工作。翻译完成后,我又邀请我的研究生邱海亮、董佳琪、赵丹丹、叶思楠、徐凯、施灵秀、顾洁莹、易静、俞雨蝶等同学对每个章节仔细审读,并由我和张朝阳负责最终的文字审定,以求尽最大努力避免"翻译腔"。然而,由于译者水平有限,书中难免有翻译不当甚至错误之处,理应由我完全负责。

感谢好友乔建华女士,翻译期间她已身怀六甲,仍每天坚持高强度的校对工作,她近乎吹毛求疵般的文字推敲令我感动!没有她的辛苦付出,也不可能完成这本书的翻译!谨以此书恭祝她弄瓦之喜!

感谢温伯格教授在翻译期间为我们提供的帮助,澄清了令我们感到疑惑的问题并慨然为本书作序。

感谢美国天普大学出版社的玛丽·罗斯女士(Mary Rose Muccie)为我提供书中的照片来源。

感谢浙江大学出版社的吴伟伟女士、刘婧雯女士和陈翮女士,她们以出版者的专业眼光提出了修改意见,促成了本书的出版。

感谢浙江师范大学出版基金的资助,使这本书得以跟读者见面。

张禄佳

浙江师范大学浙江省基础教育研究中心

2023年3月9日